Silke Fritzsche

KÖRPERSPRACHE

Das Fritzsche Prinzip

Sich selbst und andere treffsicher entschlüsseln

JERRY
MEDIA VERLAG

1. Auflage 2014

www.jerrymedia.eu

Lektorat: Susann Isabell Bendt
Fotografie: Jörg Singer
Cover: Jörg Singer, Sabine Kauffeld-Veigel
Grafik: Susanne Gläser
Satz: Sabine Kauffeld-Veigel
Druck: AZ Druck- und Datentechnik GmbH

ISBN: 978-3-9523672-3-0

Inhalt

Vorwort: Entschuldigen Sie bitte, ist es möglich …? 6

Kapitel 1 Körpersprache 14

Vom Körpersprecher zum Körperleser 14
Die zentralen Bestandteile der Körpersprache 18
Spagat von Absicht und Wirkung 19
Mimik 22
Stirnbereich 27
Mitte des Gesichtsbereichs 30
Mund- und Kinnbereich 32
Fragen zur eigenen Mimik 34
Gestik 35
Händedruck 45
Körperhaltung 51
Körperhaltung im Sitzen 57
Körperhaltung im Gehen 61
Abstand 63
Linke und rechte Körperhälfte 66
Tonfall 72

Kapitel 2 Das Fritzsche Prinzip 77

Test: Neue Typologie der Körpersprache und Persönlichkeit 77
Die Grundtypen 78
Körpersprache-Test: die erste Etappe 80
Der Verhaltenstest: die zweite Etappe 87
Mit der Körperintelligenz eine Entscheidung treffen 88
Verzahnung der Testergebnisse: die dritte Etappe 91

Kapitel 3 Auswertung 94

Körpersprache-Profil und Persönlichkeitstyp 94
Stärken der Persönlichkeitstypen 97
Schwächen der Persönlichkeitstypen 98

Kapitel 4 Verhalten 102

Allgemeines Verhalten und Einzigartigkeit 102
Der Jäger-Schöpfer 102
Der Jäger-Finder 103

Der Schöpfer-Bewahrer 105
Der Schöpfer-Jäger 106
Der Bewahrer-Schöpfer 107
Der Bewahrer-Finder 109
Der Finder-Bewahrer 110
Der Finder-Jäger 112

Kapitel 5 Kommunikation 114

Der Jäger-Schöpfer 114
Der Jäger-Finder 115
Der Schöpfer-Bewahrer 116
Der Schöpfer-Jäger 118
Der Bewahrer-Schöpfer 119
Der Bewahrer-Finder 120
Der Finder-Bewahrer 122
Der Finder-Jäger 123

Gesprächsführung 125

Die einzelnen Persönlichkeitstypen im Gespräch 127
Der Jäger-Schöpfer 127
Der Jäger-Finder 129
Der Schöpfer-Bewahrer 130
Der Schöpfer-Jäger 132
Der Bewahrer-Schöpfer 133
Der Bewahrer-Finder 135
Der Finder-Bewahrer 137
Der Finder-Jäger 138

Körpersprache der Persönlichkeitstypen 141

Die Körpersprache des Jäger-Schöpfers 142
Die Körpersprache des Jäger-Finders 143
Die Körpersprache des Schöpfer-Bewahrers 144
Die Körpersprache des Schöpfer-Jägers 145
Die Körpersprache des Bewahrer-Schöpfers 147
Die Körpersprache des Bewahrer-Finders 148
Die Körpersprache des Finder-Bewahrers 149
Die Körpersprache des Finder-Jägers 150

Kapitel 6 Konflikte ... 152
Blitz, Donner und (R)Einigung ... 152
Konfliktpotenzial der Persönlichkeitstypen ... 153

Konfliktfallen der Persönlichkeitstypen ... 154
Der Jäger-Schöpfer ... 154
Der Jäger-Finder ... 156
Der Schöpfer-Bewahrer ... 159
Der Schöpfer-Jäger ... 161
Der Bewahrer-Schöpfer ... 163
Der Bewahrer-Finder ... 166
Der Finder-Bewahrer ... 168
Der Finder-Jäger ... 170

Die Konfliktvita ... 173
Persönliche Konfliktgeschichte ... 176

Kapitel 7 Arbeit und Beruf(ung) ... 180
Der Jäger-Schöpfer ... 181
Der Jäger-Finder ... 185
Der Schöpfer-Bewahrer ... 188
Der Schöpfer-Jäger ... 190
Der Bewahrer-Schöpfer ... 194
Der Bewahrer-Finder ... 197
Der Finder-Bewahrer ... 201
Der Finder-Jäger ... 204

Kapitel 8 Entwicklung ... 207
Das eigene Potenzial zum besseren Miteinander ... 207
Der Jäger-Schöpfer ... 208
Der Jäger-Finder ... 208
Der Schöpfer-Bewahrer ... 209
Der Schöpfer-Jäger ... 209
Der Bewahrer-Schöpfer ... 210
Der Bewahrer-Finder ... 211
Der Finder-Bewahrer ... 211
Der Finder-Jäger ... 212

Kapitel 9 Das Fritzsche Prinzip – Häufige Fragen ... 213

Literatur ... 221

Entschuldigen Sie bitte, ist es möglich …?

12.10.2003. Tier Mensch. Nummer 2 884.
Ich bin auf dem Weg nach München. Im Zugrestaurant beobachte ich einen Mann im Gespräch mit folgendem Körpersprache-Profil: Ernsthafter Gesichtsausdruck mit einem direkten, aufmerksamen Blickkontakt, die Hände bewegen sich kaum und wenn, dann hauptsächlich die rechte Hand und nur im Körper-Innenraum, seine Oberkörperspannung ist hoch, er sitzt kerzengerade, seine Stimmmelodie klingt eher gleichmäßig – ohne auffällige Amplituden, leicht monoton. Nach einer Minute spreche ich ihn an: „Entschuldigen Sie bitte, ist es möglich, dass Sie Small Talk hassen, in Konflikten sehr lange ruhig bleiben, um aber dann mit scharfen, sarkastischen Bemerkungen zu explodieren, es überhaupt nicht mögen, wenn man Sie während des Sprechens leicht am Arm berührt, Überraschungsbesuche als Übergriff empfinden und sich Ihr Urteil hauptsächlich auf reine Faktenlage begründet?“ Der Mann schaut mich entgeistert an: „Woher wissen Sie das? Hat Sie meine Frau geschickt?!“
In den nächsten zehn Minuten habe ich große Mühe, dem Mann glaubhaft zu versichern, dass ich nicht als Detektivin in einem beginnenden Scheidungskrieg eine Rolle spiele, sondern dass er vielmehr ein Teil meines laufenden Forschungsprojekts sei. Ich lade ihn als Wiedergutmachung für den ungewollten Schreck auf eine Tasse Kaffee ein und er entspannt sich sichtlich. „Aber warum tun Sie das, das muss Sie doch in unmögliche Situationen bringen?“, fragt er mich. Oh ja – er weiß gar nicht wie recht er hat.

Während der letzten Jahre fand ich mich – im Zuge meiner Forschung – in allen möglichen und unmöglichen Situationen wieder: Ich erhielt Restaurantverbot, weil ich die Gäste mit scheinbar merkwürdigen Fragen belästigte, bekam an einem Abend, als ich mich mit körpersprachlichen Flirtsignalen beschäftigte, drei Heiratsanträge (was wiederum mich in Schrecken versetzte), stolperte in eine Schlägerei, als ich das Dominanzverhalten analysierte, und wurde von der Straße weg zu nächtelangen Familienfeiern bei Fremden eingeladen. Alles in allem: Wer im richtigen Leben forscht, lebt abwechslungsreich, zuweilen gefährlich und findet sich oft in skurrilen Situationen wieder. Aber es gab und gibt auch mein sicheres Territorium: die Coachings, Workshops, Seminare und Vorträge. An dieser Stelle möchte ich mich bei allen bisher mehr als 12 000 Teilnehmern bedanken – darunter Tatortermittler, Vorstandsvorsitzende, Hausmeister, Fernsehmoderatoren,

Anwälte, Bankangestellte, Geschäftsführer, IT-Spezialisten, Hotel-Manager, Journalisten, Lehrer, Studenten, Polizisten oder Ingenieure – die ich nicht nur in Körpersprache, Persönlichkeitsentwicklung und Kommunikation lehrte, sondern von denen ich stets auch sehr viel lernen durfte.

Also: Warum spreche ich wildfremde Menschen direkt auf ihr Persönlichkeitsmuster an – und bringe sie und oft genug mich selbst damit in eine blöde Situation?

Das lässt sich nicht so leicht beantworten: Dass mich menschliches Verhalten in Kombination mit der individuellen Körpersprache fasziniert, wäre zu kurz gegriffen. Ursachen gibt es viele. Aber den Auslöser für die Entwicklung des „Fritzsche Prinzips" hat eine kleine, quirlige Frau Ende vierzig in einem meiner ersten Seminare zu verantworten.

„So, und was mache ich nun damit? Wie soll mir denn das im Job helfen? Im Alltag!?", mit provokativ in die Hüfte gestemmten Armen baut sich die schmächtige Frau vor mir auf und knallt mir ihren ausgefüllten Test auf den Referententisch. Wir schreiben das Jahr 2001, den 15. Januar. Ich gebe eines der Seminare, in denen meine Teilnehmer einen der gängigen Persönlichkeitstests absolvieren. „Dieser Test soll Ihnen helfen, Ihre Stärken und Schwächen besser einzuschätzen…", setze ich mit der Erklärung an.

„Quatsch!", unterbricht mich die Frau resolut und wirft eine ihrer braunen Locken aus dem Gesicht. „Schauen Sie, Frau Fritzsche, mein Vater sagte immer, ich sei eine liebe, disziplinierte Tochter gewesen, aber meine Mutter schimpfte ständig über mein chaotisches Wesen! Was soll ich da denn bei den Eigenschaften als richtig ankreuzen?! Also, was bin ich denn nun – oder für wen bin ich was?"

Die 25 Teilnehmer schauen neugierig, was ich darauf erwidern will. Was mir die wütende Endvierzigerin vorwirft, ist nichts weniger, als dass ich ihre kostbare Zeit mit einem Test verschwende, der so gar nichts mit dem Leben zu tun hat und ihr einfach nicht hilft.

Bevor ich antworten kann, steht der sportliche Geschäftsführer aus der zweiten Reihe auf und kommt der temperamentvollen Frau zu Hilfe. „Sie hat völlig recht", hallt sein dunkler Bass durch den Seminarraum mit Blick auf einen gepflegten alten Gutsherren-Garten. „Ich, zum Beispiel, will meine Führungsriege mit zwei Leuten aufstocken, die auch wirklich zu uns passen. Ich kann doch nicht bei jedem Bewerbungsgespräch erst 80 Fragen zum Verhalten ankreuzen lassen, auswerten und am Ende stimmt der ganze Käse immer noch nicht, weil die Leute sich selbst falsch einschätzen. Ich muss einfach nur schnell wissen, wer wie tickt. Am besten schon, wenn der Bewerber durch die Tür kommt! Dafür brauch ich was!“

Das Gemurmel wird lauter. „Jetzt schlägt die Gruppendynamik gleich zu und dann ist der Teufel los“, denke ich und laufe langsam und bemüht sicher in die Mitte des Raumes. Während ich in jedes einzelne Gesicht schaue, wird es still. Gespannt wartet die Gruppe auf meine Rechtfertigung. Ich betrachte die alte verschneite Eiche vorm Fenster, die von draußen zu winken scheint, aber mir nun auch nicht wirklich helfen kann. „Sie haben völlig recht!“, sage ich endlich. „Bitte nehmen Sie jetzt Ihre Tests und zerreißen Sie sie!“ Verblüfft schauen mich meine Teilnehmer an.

Dieser Tag war der Auftakt zu einer nunmehr mehr als einem Jahrzehnt andauernden Auseinandersetzung mit den Fragen: Wie kann ich Menschen helfen, andere in der ersten Minute schnell und richtig einzuschätzen? Wie kann ich Menschen unterstützen, ihre eigene Persönlichkeit richtig zu erkennen – für sie selbst und ein besseres Miteinander? Und: Welche Rolle spielt die Körpersprache als Indikator für das eigene Selbst, als Hinweisschild auf das ureigene Naturell? Ich musste selbst einen Test entwickeln, der schnell, treffsicher und präzise Menschen befähigt, sich und andere zu erkennen und zu verstehen.

Ich forschte in der Literatur: Die Persönlichkeitsforschung hob auf die Verhaltensweisen und deren Störungen ab, die Gehirnforschung auf bewusste und unbewusste Steuermechanismen unseres Verhaltens, die Körpersprache-Forschung in der Erklärung von Körpersignalen. Sehr lehrreich, aber ich fand nichts, was tragende Brücken zwischen den einzelnen Forschungsrichtungen schlug und damit meinen Teilnehmern ganz praktische Lebenshilfe für Berufliches und Privates leisten konnte.

Meine eigene These war Folgende: Wenn unser Gehirn die unbewussten emotionalen Impulse, Verhaltensweisen und Persönlichkeitsmerkmale direkt in Körpersignale verwandelt, die beispielsweise in Gesichtsausdrücken oder Gesten deutlich werden, dann kann das keine Einbahnstraße sein. Es muss auch umgekehrt funktionieren: Das hieße, die Körpersignale eines Menschen müssten auch seine grundsätzliche Persönlichkeit entschlüsseln. Und das für jeden sofort sichtbar und damit zu deuten – ohne endlose Verhaltensfragen zur Selbsteinschätzung zu beantworten. Von diesem Gedanken war ich fasziniert.

Meine zentralen Fragen: Was kann ich genau aus der Körpersprache über die Persönlichkeit erfahren? Welche Verbindung gibt es tatsächlich zwischen der Körpersprache und der Persönlichkeit eines jeden Menschen?

Die Fachliteratur lieferte mir viele interessante Anregungen und Einsichten, aber keine ausreichenden Antworten. Wie konnte ich ein systematisches Testverfahren entwickeln, das schnelle Antworten auf die wichtigsten Fragen von Menschen gab: Wie wirke ich? Wie bin ich? Woran kann ich andere schnell erkennen?

So fasste ich den Entschluss, selbst das intelligenteste aller Tiere zu beobachten und zu erforschen: den Menschen.

Meine Herangehensweise: 3000 Menschen zunächst nur zu beobachten und nach ihren Körpersignalen zu kategorisieren, um dann weitere 500 mit meinen Beobachtungen und Rückschlüssen auf Persönlichkeit und Verhalten zu konfrontieren. Stimmten meine Rückschlüsse aus den Körpersignalen zur Persönlichkeit tatsächlich mit der charakterlichen Selbsteinschätzung und der Einschätzung des Umfelds überein?

Damit begann mein eigentliches Experiment. Ich wurde zum Menschenbeobachter. Das „Tier Mensch“, wie der Verhaltensforscher Desmond Morris unsere Spezies gern nennt, wurde das zentrale Objekt meiner Wissbegierde. Ich wollte kein künstliches Forschungsterrain – oft genug sind gerade in amerikanischen Studien ausschließlich Studenten Forschungsgegenstand – sondern vielmehr das echte Leben in seiner ganzen Vielfalt. Ich wollte Menschen in ihrem natürlichen Umfeld nach Körpersignalen und ihrem Verhalten beobachten: Kinder, Frauen und Männer jeden Alters, Verliebte, Zerstrittene, Schweigende in allen möglichen Situationen – im Café, am Arbeitsplatz, im Seminar, am Waschbecken der Toilette, im Sportklub, beim Shoppen.

Nach den Beobachtungsstudien stoppte ich. Jetzt ging es mir darum, die typischen Körpersignale – wie zum Beispiel eine bestimmte Geste – mit dem beobachteten Verhalten und der Selbsteinschätzung von Persönlichkeitsmerkmalen zu vergleichen. Bei den folgenden 500 Personen stimmte ich meine Beobachtungen mit der Selbsteinschätzung der Probanden und ihres Umfelds ab; ich hatte erste Tests entworfen, die ich im Zug, in Seminaren, in Cafés und auf der Straße zum Einsatz brachte und auf Stimmigkeit überprüfte.

Ich systematisierte die nonverbale Sprache, wie zum Beispiel Körpersignale im Gesicht, in der Handsprache, der Schrittgröße, dem Tonfall und glich sie mit konkreten Verhaltensmerkmalen ab. Welche Gesten traten typischerweise bei bestimmten Persönlichkeitstypen auf? Welche Gesichtsausdrücke? Wie war die Stimmführung? Wie veränderte sich die Körperhaltung, im Sitzen, im Stehen, unter Stress? Wie viel Abstand zum direkten Gegenüber beanspruchte die jeweilige Person? Ich kategorisierte die Körpersprache in ihre Bestandteile: Mimik, Gestik, Körperhaltung, Abstand und Tonfall. Diesen Kategorien ordnete ich meine Beobachtungen zu. Dabei kam ich auf erstaunliche Resultate: Die Körpersprache gab mit bestimmten Signalen ganz unvermittelt und direkt Auskunft über die wesentlichen Verhaltensmerkmale einer Person. Ich konnte bald an den Gesten ablesen, ob es sich um einen faktenorientierten Menschen handelte oder um jemanden, der viele Facetten mochte, aber nie zum Punkt kam oder der besonders harmonieliebend war. Ich hörte am Tonfall, ob ich es mit einem spontanen Menschen zu tun hatte oder mit einem, der Überraschungspartys hasste. Ich erkannte an der Körperhaltung, ob jemand in ein bestimmtes Team passte oder nicht. Dieses Wissen wollte ich unbedingt an meine Teilnehmer in den Coachings, Seminaren und Workshops weitergeben. Das Körpersprache-Profil erwies sich als persönlicher Fingerabdruck des Ichs. Also entwickelte ich einen Körpersprache-Test, einfach und schnell in der Anwendung, mit großem Nutzen für den beruflichen und privaten Alltag.

Seit mehreren Jahren setze ich das „Fritzsche Prinzip", die neue Typologie der Körpersprache, in Unternehmen ein und das mit durchschlagendem Erfolg.

Ich freue mich, dass ich so vielen Menschen ein schlagkräftiges, aber einfach verständliches Handwerkszeug der Körpersprache an die Hand geben darf. Ein emotionales Lesegerät der Persönlichkeit und der Kommunikation. Ich bekomme viele Mails, die über lang anhaltende Erfolge nach dem Coaching berichten. Tausende Menschen habe ich bis dato begleiten dürfen, ob in der Wirtschaft, den Medien oder in Universitäten in Deutschland und der Schweiz.

Mittlerweile nutzen viele ehemaligen Teilnehmer das erlernte Wissen, um sich das Leben einfacher zu machen: in Verhandlungen, Kommunikationssituationen, in der Teambildung, bei Bewerbungen, in Medienauftritten, bei Präsentationen und im Alltag. Oft wird es auch mit großer Begeisterung im Privaten eingesetzt, in den Mails steht dann: „Super, Frau Fritzsche, ich verstehe jetzt endlich meinen Mann!“ Ich muss dann schmunzeln, denn gelehrt hatte ich das Körpersprache-Profil eigentlich für die schwierige Verhandlung mit dem Geschäftspartner aus Zürich. Genau das ist das Wunderbare: Das Lesen von Körpersprache-Typen ist vielfältig in allen Lebenssituationen einsetzbar.

Schließlich – und nach vielen Anstößen von Kunden, Mitstreitern und Kollegen – habe ich mich entschieden, diese Erkenntnisse zu veröffentlichen.

Das „Fritzsche Prinzip“ finden Sie in diesem Buch. Es ist eine Entdeckungsreise zu sich selbst und zu anderen.

Was bringt Ihnen dieses Buch?

Es qualifiziert Sie, der täglich mit seinem Körper spricht zu jemandem, der seine eigene Körpersprache und die anderer lesen kann. Sie werden sozusagen vom Körpersprecher zum Körperleser. Wir suchen Antworten auf Fragen wie: Was sagen meine Körpersignale über mich selbst aus? Wie wirkt meine Körpersprache auf andere? Woran erkenne ich andere?

Dabei werden Ihnen die grundlegenden Körpersprache-Typen begegnen: Jäger, Schöpfer, Finder und Bewahrer. Manche werden Ihnen als Grundtyp bereits wohlwollend vertraut sein („Ach, der ist doch wie mein Arbeitskollege!“), mit anderen werden Sie wahrscheinlich weniger Berührungspunkte haben („Solchen Typen gehe ich grundsätzlich aus dem Weg!“). Leider entstehen unbegründete Abneigungen auch oft aus körpersprachlichen Missverständnissen – so agiert der eine vielleicht mit riesigen Gesten, spricht sehr laut in einem rhythmischen Tonfall, der Sie eher an die alten Zeiten der Heavy Metal Band AC/DC erinnert. Trotzdem könnte gerade diese Person interessant für Sie selbst sein, denn die völlig andere Körpersprache als Ihre eigene kündigt etwas Wichtiges für Sie an: Dieser Mensch „tickt“ anders als Sie, verfügt über andere Stärken und „Baustellen“ in seinem Naturell – er könnte Sie demnach wunderbar ergänzen. Wenn – ja wenn – Sie sich für einen Moment auf diese merkwürdige (?) Person einlassen (statt sie vielleicht gleich von vornherein abzuschreiben). Die nächste gute Nachricht: In der Zusammenarbeit ergänzt Sie dieser Menschentypus, der sich so sehr von Ihnen unterscheidet, am besten. Aber das geschieht nicht von selbst, dafür müssen wir alle körpersprachliche Übersetzungsarbeit leisten.

In den nächsten Kapiteln soll es darum gehen, wie Sie Ihre eigene Wirkung besser einschätzen können, wie Sie mit Menschen einer anderen Körpersprache am besten sprechen und welcher Job zu Ihnen passt. Konflikte anders zu lösen und sich auf sein eigenes Entwicklungspotenzial zu fokussieren, statt auf die Vorzüge anderer zu schielen, sind weitere Themen im „Fritzsche Prinzip".

Wie können Sie dieses Buch am besten nutzen?

Sie können sich die Kapitel so erschließen, wie es am besten zu Ihnen passt. Entweder Sie stürzen sich gleich auf die Tests (Kapitel 2 und Kapitel 3), erstellen Ihr Körpersprache-Profil und lesen dann die Auswertung zur Ihrer Persönlichkeit. Gleich ein Tipp an dieser Stelle: Aus der Erfahrung meiner Seminare wollen viele den Test dann auch gern für ihren Mann, ihre Frau, Kinder, Kollegen oder den Chef anwenden. Kopieren Sie die Testseite deshalb am besten gleich am Anfang mehrfach. Durch die Tests erfahren Sie Ihre Stärken und Schwachpunkte, Ihr Denk- und Sprachmuster, Ihr Verhalten im Gespräch und im Konflikt (Was bringt Sie auf die Palme – und wen bringen Sie auf die Palme?). Sie erhalten Tipps zu Ihrer Arbeitsweise, zu Ihrer Selbstmotivation und mit wem Sie warum am besten klar kommen. Danach können Sie sich Stück für Stück mit den anderen Körpersprache-Typen beschäftigen und auf eine Entdeckungsreise in Ihr persönliches Umfeld gehen. Oder: Sie erschließen sich die einzelnen Körpersprache-Typen systematisch (ab Kapitel 4). Wer verhält sich wie? In den Beschreibungen können Sie sich selbst oder die Menschen aus Ihrer Umgebung entdecken. Legen Sie sich fest, wo Sie sich selbst am besten einordnen würden. So sehen Sie sich? Nun gut, dann gleichen Sie die getroffene Selbsteinschätzung Ihrer Persönlichkeit mit dem Körpersprache-Profil ab und absolvieren Sie das Testverfahren zum Schluss.

Aber egal, wie Sie herangehen wollen, starten Sie bitte unbedingt mit dem Handwerkszeug des Körpersprache-Profils – dem Kapitel 1 („Vom Körpersprecher zum Körperleser"). Hier werden Ihnen die Bausteine der Körpersignale – Mimik, Gestik, Körperhaltung, Abstand und Tonfall – erläutert und mit vielen Beispielen aus meiner Praxis als Coach anschaulich erklärt. Kleine Geschichten zeigen mit einem Augenzwinkern, wie wir manchmal in den besten Absichten über unsere eigene Körpersprache stolpern oder was unser Körper alles so im Alltag erzählt, wenn wir glauben, wir würden schweigen.

Noch eine kleine Bitte an Sie: Bei allen Testaufgaben und Übungen, die im „Fritzsche Prinzip" Ihre körpersprachlichen Sinne schärfen sollen, betrachten Sie sich bei den Testaufgaben bitte mit den Augen eines guten Freundes. Wohlwollend und mit der Eigenschaft einer wahren Freundschaft beschenkt – dem ehrlichen Blick, der manchmal ein wenig wehtun kann. Aber ein Blick, der enthüllt, wer wir wirklich sind – mit all unseren Stärken, Schwächen und Eigenheiten – eben ein echtes Unikat.

Jemand, der mit seinem ganz eigenen Fingerabdruck vom Ich seinen Weg geht.

Silke Fritzsche
Leipzig, im Januar 2014

Kapitel 1 Körpersprache

Vom Körpersprecher zum Körperleser

Die Körpersprache ist die mächtigste Sprache, die der Mensch besitzt. Sie ist die älteste, ehrlichste und schnellste Sprache der Welt. Sie allein entscheidet über den ersten Eindruck, den Sie hinterlassen und sie allein sendet Ihnen sofort ein „Okay- oder NICHT-Okay Gefühl", wenn wir jemanden zum ersten Mal sehen.

Als Körpersprecher sind wir Profis. Im ersten Lebensjahr kommunizieren wir mit unserer Außenwelt ausschließlich mit unserem Körper. Wir schreien, lachen, schmatzen, bäumen unseren kleinen Körper auf, wenn wir etwas nicht wollen oder strecken unsere Arme zu Mutter und Vater, um Schutz und Trost zu finden. Wir sind darauf angewiesen, dass unsere Eltern oder Betreuer gute Körperleser sind. Instinkte und Intuition sind gefragt.

Grundsätzlich haben wir dabei gute Karten. Denn die Körpersprache ist älter als das gesprochene Wort. Erst, seit sich in unserer Evolutionsgeschichte das menschliche Zungenbein ausbildete und der Kehlkopf sich senkte, können wir sprechen – der Körper sprach schon lange Zeit davor. Der direkte Impuls für unsere Körpersignale wird vom Gehirn gesteuert und benötigt ungefähr 100 Millisekunden, um in ein Körpersignal übersetzt zu werden. Diese rasende Geschwindigkeit ist zu schnell für uns, um bewusst gegenzusteuern. An jedem Körpersignal haftet eine Emotion: wie zum Beispiel Freude, Wut, Verwirrung oder Angst. Der Körper verrät, was durchdachte Worte verbergen können. Damit ist der Körper stets schneller als das Wort. Während sich das Wort eilig bemüht, das Gegenüber vom Inhalt zu überzeugen, ruft die Körpersprache stets: „Bin schon da!" Und gibt dem Gesagten den eigentlichen Sinn. Für den einen ist es ein Segen, für den anderen ein Fluch.

Ich bitte meine Teilnehmer gern, in meinen Coachings und Seminaren nach einem kleinen Auftritt vor der Gruppe ein „Körpersprache-Gedächtnis-Protokoll" anzulegen. Was genau haben zum Beispiel ihre Hände getan, während sie sprachen? Welche typischen Gesten gab es? Mit der rechten oder linken Hand? Wo waren die Arme und Hände? Im Brustraum? In der Mitte des Körpers? In Schoßhöhe? Wohin haben sie geschaut? Haben sie gelächelt? Standen sie auf der Stelle? Auf dem linken oder rechten Bein? Oder sind sie gelaufen?

Haben sie laut oder leise gesprochen? Melodisch, monoton oder rhythmisch? Diese und andere Fragen sind im Gedächtnisprotokoll der Körpersprache zu beantworten. Das fällt vielen sehr schwer. Und gerade diejenigen, die sich sehr sicher mit ihrer Einschätzung fühlen, erleben oft eine große Überraschung. Denn die körpersprachlichen Signale der Mimik, Gestik, des Tonfalls und der Körperhaltung geschehen oft unbewusst. Erst auf dem Videomitschnitt entdecken meine Teilnehmer, was sie eigentlich alles mit ihren Armen, Beinen und ihrem Gesichtsausdruck erzählen. Einer dieser Teilnehmer, der als Anwalt arbeitet, rief nach einer Videoanalyse empört aus: „Mein Körper ist ein Miststück, der verrät ja alles!"

Sind wir also unserer Körpersprache hilflos ausgeliefert? Ja und nein. Die Körpersprache anderer Menschen zu beobachten und uns selbst zu reflektieren und wieder besser wahrzunehmen, ist lernbar. Ja, Übung und ein bisschen Kopf- und Gefühlsmuskelkater gehören schon dazu.

Körpersprache verstehen heißt: !

1. Wahrnehmen lernen
2. Informationen sammeln
3. Informationen einordnen
4. Informationen interpretieren

Aber es lohnt sich ungemein, denn immerhin hat die Körpersprache eine Wirkkraft von rund 70 Prozent, manche sprechen gar von 80 Prozent. Uns soll es genügen zu wissen, dass weit mehr als die Hälfte unserer Aussagekraft über die Körpersprache bestimmt wird. Diese unsere universelle eigene Sprache neu zu erlernen, gibt uns Klarheit über unsere tatsächliche Wirkung auf andere, und wir erkennen künftig schon vor dem ersten gesagten Wort, wie der andere meint, was er gleich sagt. Und welche grundsätzliche Persönlichkeit sich hinter der Körpersprache verbirgt. Sie erlangen einen großen Fundus an Menschenkenntnis, künftig entspannteren Umgang mit Ihren Mitmenschen und klare Kommunikation. Je nach Fall mit weniger Konflikten – oder endlich mal mit Konflikten, die die Luft reinigen.

Körpersprache ist die Sprache der Gefühle, die an Gedanken geknüpft sind. Damit sprechen wir die Gefühlssprache nonstop –

manche sogar noch im Schlaf. Diese Sprache nicht nur täglich zu sprechen, sondern auch zu verstehen, erleichtert uns den Umgang mit anderen ungemein.

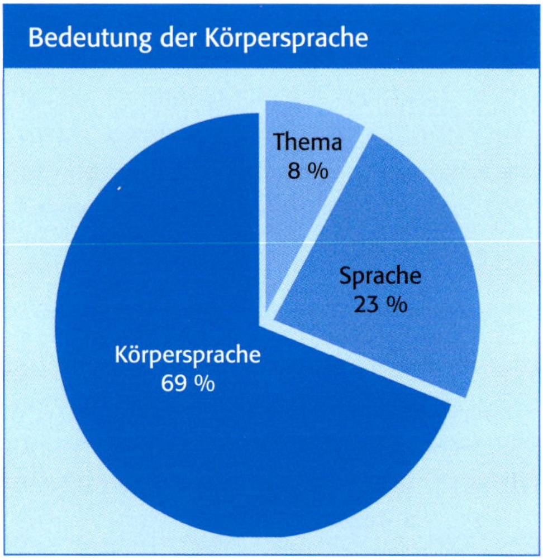

Die Wirkungskraft der Körpersprache auf andere

Das Körpersprache-Abc zu kennen, schult unsere emotionale Intelligenz. Eine Intelligenz, die uns hilft, die eigentliche Sichtweise hinter den Worten zu entdecken. Und den Umgang mit uns selbst. Mit mir selbst, fragen Sie jetzt vielleicht. Wie soll ich das denn verstehen?

Ein anderer schüttelt vielleicht den Kopf und sagt sich: Ich sehe mich als rational-sachlichen Menschen, mir sieht man meine Gefühle nicht an. Soso. Aber rational zu sein, heißt doch nicht, nicht zu fühlen. Vielleicht zeigen Sie Ihre Gefühle nicht im italienischen Temperamentsstil mit großen Gesten und dramatischem Tonfall, aber glauben Sie mir, Sie zeigen Sie! Mikroausdrücke im Gesicht, das kleine Heben der Augenbraue, das unbewusste Zucken der Schultern, ein zusammengekniffener Mund, all das liest Ihr Gegenüber ab und interpretiert dies, ob Sie wollen oder nicht. Sachliche Menschen reden nur etwas anders – aber sie sprechen Gefühlssprache wie jeder andere auch. Kommunizieren Sie nicht mehr, sind Sie leider nur eins: tot. Aber wenden wir uns dem Leben, dem Austausch, dem Dialog zu: Wir kommunizieren nonstop körpersprachlich. In der Interaktion mit anderen Menschen sind unsere Körpersignale stets schneller als das gesagte

Wort. Unsere Sprechsprache folgt zeitversetzt unserer Körpersprache. Als Körpersprecher sind wir damit dem Wortsprecher überlegen.

Körpersignale sind unbewusst, ehrlich und direkt. Gesteuert durch unsere Gefühle, zu dem, was wir sagen und denken, als lautlose Antwort auf das Geschehen um uns herum. Wir kneifen den Mund zusammen, wenn wir etwas nicht sagen wollen, lächeln vielleicht hämisch, wenn der von uns ungeliebte Kollege sich den Finger einklemmt, hacken im Streit mit dem Zeigefinger auf unser Gegenüber ein und jeder, der beispielsweise durch ein Fenster diese Situation beobachtet, weiß auch ohne Worte sofort: hier handelt es sich um eine Aggressionsgeste. Interessanterweise sprechen wir selbst dann in Körpersprache, wenn wir ganz allein sind: Wir schütteln den Kopf, wenn wir mit einem eigenen Gedanken nicht einverstanden sind, schlagen uns mit der Hand vor die Stirn, wenn uns eine vergessene Sache endlich wieder einfällt oder wir den Hausschlüssel an einer Stelle finden, an der wir zuvor schon dreimal nachgesehen hatten. Wir reiben uns die Hände als Ausdruck einer Gratulation an uns selbst, wenn uns etwas gut gelungen ist – oder auch wenn wir jemanden übervorteilt haben.

Körpersprache in Fakten:

Pro Woche – ausgehend von durchschnittlich 16 Wachstunden und davon acht Stunden gefüllt mit Kontakten, Begegnungen oder Gesprächen mit anderen Menschen – tauschen wir rund eine halbe Million körpersprachliche Signale aus, die für uns die Bedeutung des gesagten Wortes definieren. Vielredner schaffen es gar, wöchentlich bis zu eine Million dieser Signale über Mimik, Gestik, Körperhaltung, Abstand und Tonfall auszutauschen. Im Vergleich: Männer und Frauen sprechen durchschnittlich am Tag 16 000 Worte. Aktuelle Studien widerlegen das Märchen von der weiblichen Quasselstrippe und dem männlichen Schweiger. Vielmehr unterscheiden sich die Geschlechter eher in der Redefreudigkeit bei den jeweils gewählten Themen. Die gesprochene Sprache mit durchschnittlich 16 000 Wörtern pro Tag wird getoppt von der nonverbalen Sprache. Denn wir kommunizieren täglich mit durchschnittlich 100 000 nonverbalen Signalen. Damit sprechen wir täglich etwa sechsmal mehr in Körpersprache als in unserer Muttersprache!

Im Laufe eines Jahres senden wir an unser Umfeld rund 35 Millionen Körpersignale, die der andere versteht oder missversteht. Kein Wunder also, wenn wir oft den Satz sagen: „Aber das habe ich doch gar nicht so gemeint!"

Die zentralen Bestandteile der Körpersprache

Wenn wir uns unserer Körpersignale bewusster sind, wissen wir, WAS wir dem Gegenüber zusätzlich zu unserer gesprochenen Sprache eigentlich so alles NOCH erzählen. So verstehen wir besser, wie wir Missverständnisse auslösen können; der Satz, der oft einem Streit folgt, „ Das habe ich doch gar nicht so gemeint!“, entlarvt meist den Spagat zwischen unserem Gesagten und unseren Körpersignalen.

Das Zusammenspiel aller Körpersignale

Spagat von Absicht und Wirkung

Die Absicht der Aussage entsteht im Gehirn. Die Aussage in die Außenwelt zu übersetzen ist eine wichtige Aufgabe der Körpersprache.

Vielleicht haben Sie gesagt: „Ja, ich komme gern!", aber dabei unbewusst den Kopf geschüttelt. Worauf soll Ihr Gegenüber sich nun verlassen? Auf Ihre verbale Zustimmung oder auf Ihr Kopfschütteln, was in unseren Breitengraden ein klares „Nein" bedeutet? Widersprüche wie diese senden wir tagtäglich aus und nehmen sie wahr – bewusst oder unbewusst. Und: wir beantworten diese auch, verbal und nonverbal. Wenn wir in unsere Alltagssprache schauen, dann hat die Macht der Körpersprache schon seit Jahrhunderten einen festen Platz gefunden. „ Ein Blick sagt mehr als tausend Worte", „Der rückt mir auf die Pelle!", „Da ließ sie den Kopf hängen" oder „Das ging ins Auge!" sind nur einige Beispiele, die zeigen, wie die Körpersprache in unserem Bewusstsein lebt. Wir alle wissen bei vielen dieser Redewendungen instinktiv, was der Sinn dieser Aussagen ist. Nur, was die eigentliche Ur-Bedeutung in Bezug zu unserem Körper ist, das lernen wir leider weder in der Schule, noch später. Die Redewendungen, die sich auf unsere Körpersprache beziehen, geben Auskunft über das emotionale Befinden in der jeweiligen Situation. Körpersprache ist der Gefühlsmarker der Situation.

Absicht
Kommunikationsweg
Wirkung
Was ist meine Absicht?
Wie wirkt das auf mich?
Mimik
Blickkontakt
Thema (8 %), Sprache (23 %)
Tonfall
Körpersprache 69 %
Gestik
Abstand
Haltung

Ich lade Sie jetzt auf die Reise in die Welt der Körpersprache und zu Ihrem Körpersprache-Ich ein. Wir ent-puzzeln die komplexe Körpersprache in die Elemente Mimik, Gestik, Tonfall, Abstand und Körperhaltung. Die Körpersprache lässt sich nur im Zusammenspiel aller Körpersignale präzise deuten. Dennoch setzen wir die Lupe an und betrachten die einzelnen Elemente – warum?

Jedes unserer Körpersprache-Elemente trägt eine ganz eigene Wirkkraft in sich, die im Zusammenspiel aller Körpersignale wie die Spitze eines Eisbergs herausragt und anzeigt, welche Emotion „obenauf" liegt. Da es sehr hilfreich ist, auf dem Weg zum Körperleser schnell die Kern-Emotion zum Gesagten und zur Persönlichkeitsstruktur zu erkennen, werden wir hier zum Ent-Puzzler. Das schafft die Voraussetzungen dafür, dass wir in den späteren Kapiteln das nötige Handwerkszeug besitzen, um unser Körpersprache-Ich zu entschlüsseln.

Was verrät jedes Körpersprache-Element über unsere Gefühle und Gedanken?

Mimik

Die Sprache des Gesichts hat eine zentrale Bedeutung in der Körpersprache. Über unsere Körpersignale drücken wir viele Gefühle aus, die sich besonders leicht in der Mimik ablesen lassen.

Mimik

Dazu gehört: Gesichtsausdruck, Blickrichtung, Augenkontakt, psychosomatische Prozesse wie Blasswerden oder Erröten.

Mimik umfasst alle Erscheinungen im Gesicht.

Grundgefühle nach Paul Ekman sind Freude, Trauer, Verachtung, Ekel, Wut, Überraschung und Angst. Aus diesen Basis-Emotionen setzen sich verschiedene „Misch-Emotionen" wie Scham, Stolz, Ärger oder Erschrecken zusammen.

Ekel

Freude

Verachtung

Überraschung

Trauer

Erschrecken

Angst

Wut

Hätten Sie das entsprechende Gefühl dem richtigen Gesichtsausdruck zugeordnet?

In der Körpersprache hat gerade die Mimik eine unschlagbare Aufgabe. Augen und Mund sind zentrale Teile der Gesichtssprache. Die Augen schaffen Kontakt zur Welt. Wir glauben zunächst das, was wir sehen und das hat einen Grund. Der Mensch ist ein Augentier, 80 Prozent aller Sinneseindrücke nehmen wir über unsere Augen wahr. In alltäglichen Aussagen wie: „Das glaube ich nur, wenn ich es mit eigenen Augen gesehen habe!“, offenbart sich die für uns herausragende Bedeutung des Sehsinns. Das heißt aber auch, unser Gehirn glaubt eher das, was es sieht als das, was es hört. Blickkontakt heißt so, weil er Kontakt, also eine Beziehungsbrücke zum Gegenüber schafft. Nicht umsonst lernen wir bereits als kleine Kinder „Schau den anderen an, wenn du ‚Guten Tag‘ sagst!“ Die Alltagsintelligenz belegt – ohne angemessenen Augenkontakt entsteht keine positive Ebene zum Gegenüber. Wir sind gekränkt, wenn wir mit Blicken gemieden werden – und: Jeder Flirt beginnt mit einem langen Blick in die Augen. Im Wort „kränken“ steckt „krank“, und tatsächlich kann eine kalte Umgebung uns seelisch krank machen; gleichzeitig tanzen die Glückshormone im Gehirn Samba, wenn wir lachen und lächeln. Eine entspannte positive und wertschätzende Umgebung gilt deshalb nicht umsonst als Gesundbrunnen für unsere Psyche. Die Nervenzellen geben das Startzeichen auf der inneren Autobahn der Gefühle.

Körpersprache in Fakten

Der menschliche Körper hat 650 Muskeln, allein über 50 im Gesicht. Davon eignen sich 43 Muskeln, um mimische Ausdrücke wie Lachen, Wut oder Schmollen zu zeigen. In unterschiedlichen Muskelkombinationen kann der Mensch so rund 3000 verschiedene sinnvolle Gesichtsausdrücke für die Kommunikation ausdrücken. Schwerstarbeit leisten aber nur acht Muskeln im Gesicht, dazu zählen zum Beispiel: Der Augenbrauenheber (Musculus frontalis), der uns unter anderem beim aufmerksamen Gesichtsausdruck hilft, der Augenbrauensenker (Musculus corrugator supercilii), der Schützenhilfe beim Stirnrunzeln leistet, der Große Jochbeinmuskel (Musculus zygomaticus major), der den Jochbogen mit dem Mundwinkel verbindet und zur Lachmuskulatur gehört, und der gerade in der Pubertät gern genutzte Schmollmuskel (Musculus mentalis).

Alle Muskeln des Gesichts durch reine Willenskraft beherrschen zu wollen, ist aussichtslos. Unser Gehirn „wohnt" hinter dem Gesicht und kann den Gesichtsausdruck nicht selbst reflektieren. Zudem wird der lautlose Dialog unseres Gesichts direkt durch die Kraft der Emotionen gesteuert, die wie Magneten an unseren Gedanken und Gefühlen heften.

Da haben wir den Schlamassel: Weder können wir unsere Emotionen auf Knopfdruck bewusst steuern noch sehen wir uns selbst. Lediglich die Reaktion aus dem Umfeld auf unseren Gesichtsausdruck gibt uns ein Feedback. Ein emotionales Feedback. Denn oft genug haben wir den Eindruck, der andere guckt uns besonders blöd oder ärgerlich an. Aber vielleicht *re*-agiert er nur auf unseren Gesichtsausdruck? Sind wir so sicher, dass nicht wir den auslösenden Gesichtsausdruck eines Miesepeters hatten, den uns das Gegenüber nur zurückspiegelt?

Das Kleingeld des Glücks
Freitagabend an der Supermarktkasse. Die Einkaufswagen stehen dicht gedrängt in einer langen Schlange. Ein vielleicht 5-jähriges Mädchen, das vor mir mit seiner Mutter wartet, hopst ungeduldig von einem Fuß auf den anderen und lugt über den Einkaufswagen hinweg nach hinten, wo die Wagenschlange irgendwo in den Regalen verschwindet. „Wie ein langer Zug mit Wagen", ruft es aufgeregt. Seine Mutter nickt genervt und bringt mit raschen Bewegungen die roten Schleifen, die die wilden dunklen Locken des Mädchens bändigen sollen, in Ordnung. „Mama, warum sind die Leute so böse?", fragt die Kleine und zeigt mit dem Finger auf die Passagiere an den Einkaufswagen.
„Die sind doch nicht böse!", antwortet die Mutter sichtlich unangenehm berührt über die Frage ihrer Tochter. „Doch!", beharrt die Kleine. „Guck doch mal, keiner lächelt!"
Die Mutter schiebt den Wagen eine Schrittlänge nach vorn: „Sie sind einfach müde vom langen Tag", erklärt sie dem Mädchen. Die Kleine zieht erstaunt die Augenbrauen hoch und scheint über die Antwort der Mutter nachzudenken. „Heißt das", bohrt die Kleine weiter, „dass der lange Tag das Lächeln klaut?"
Ihre Mutter schaut erstaunt und zuckt dann resigniert die Schultern. Der nächste Schub und sie sind endlich an der Kasse: „Guten Abend, na, Sie haben aber leckere Sachen eingekauft!", begrüßt die Kassiererin die Mutter mit einem strahlenden Lächeln. Mit Schwung und Kon-

zentration zieht sie Eier, Käse und Joghurts über den Kassenpiepser, als sei es die wichtigste Sache der Welt.
Die Kleine beobachtet das Ganze mit großer Aufmerksamkeit, und als sich die Kassiererin mit einem fröhlichen „na, dann tschüss und viel Spaß – das Sandmännchen wartet sicher schon", verabschiedet, hellt sich das Gesicht des Kindes auf. „Mama", ruft sie freudig. „Die Frau hatte aber bestimmt einen ganz, ganz kurzen Tag!"
Was die Kleine so wach und intensiv beschäftigte, dafür sind wir Erwachsenen leider manchmal blind. Wir lassen es zu, dass Stress, Hektik und Sorgen uns viel zu oft das Lächeln aus dem Gesicht wischen. Dabei ist Lächeln eine Einzigartigkeit des Menschen. Aus dem ursprünglichen Angstgesicht der Primaten entwickelte der Mensch (und nur der Mensch!), die Fähigkeit, zu lächeln. Lächeln öffnet die Herzen, lächeln schafft Sympathie und Vertrauen. Und ja: Viel lächeln hält gesund – wie Gehirnforscher und Ärzte herausfanden, heilen beim Viel-Lächler sogar Wunden besser. Was halten Sie von einem kleinen Lächel-Experiment? Begrüßen Sie sich morgens schon mal lächelnd selbst im Spiegel. Lächeln Sie Ihr Gegenüber beim „Guten-Morgen!"-Sagen strahlend an, schenken Sie wildfremden Menschen auf der Straße ein Lächeln. Einfach mal so – und lassen Sie sich überraschen, was passiert. Mut zum Erst-Lächler? Warum nicht? Werden lange Tage dadurch kürzer? Vielleicht nicht, aber schöner in jedem Fall. Oder wie der Schauspieler Heinz Rühmann einst resümierte: „Lächeln ist das Kleingeld des Glücks!"

Nehmen wir unser Gesicht mal unter die Lupe: Drei Bereiche – die Stirn, das Mittelgesicht und den Mundbereich – gilt es als künftiger Körperleser zu verstehen.

Was genau sagen die drei Bereiche des Gesichts aus?

Stirnbereich

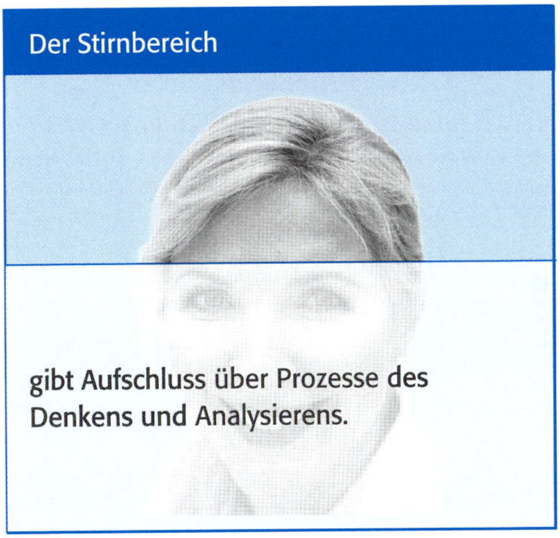

Was wollen wir eigentlich sagen, wenn wir die Stirn runzeln?

Was heißt es, wenn mein Gegenüber mir eine steile senkrechte Falte zwischen Stirn und Nasenwurzel präsentiert? Aber viel wichtiger für unseren Weg vom Körpersprecher zum Körperleser ist es, zu wissen: Was genau macht meine Stirn?

Selbstbeobachtung – Stirnbereich

Zeit: drei Minuten

Was brauchen Sie? Spiegel oder Kamera zum Aufnehmen

Aufgabe: Schauen Sie entspannt. Schauen Sie Ihre Stirn an. Je nach Lebensalter hat Ihre „Lieblingsmimik" im Stirnbereich vielleicht schon Spuren hinterlassen. Als neugieriger, wissbegieriger Mensch sehen Sie vielleicht Fältchenspuren von waagerechten Linien; sind Sie hingegen jemand, dem Details sehr wichtig sind und der gern nachfragt oder sich gern festgrübelt, entdecken Sie vielleicht senkrechte Falten.

A. Ziehen Sie jetzt Ihre Augenbrauen nach oben. Was sehen Sie? Fällt Ihnen diese mimische Bewegung leicht? Machen Sie sozusagen oft und gern „große Augen"?

B. Ziehen Sie Ihre Augenbrauen zusammen. Was sehen Sie?

Fragen:

1. Auf meiner Stirn im Ruhezustand sehe ich Folgendes:

....

....

2. Das Heben der Augenbrauen fällt mir a) leicht oder b) schwer?

....

3. Welche Gefühle zeige ich damit?

....

....

4. Das Zusammenziehen der Augenbrauen, bei dem schmale Augen entstehen, fällt mir a) leicht oder b) schwer?

....

5. Welche Gefühle zeige ich damit?

....

....

6. Schlussfolgerung: Welche Körpersignale mit welcher Bedeutung sende ich besonders oft?

....

....

Interpretation des Stirnbereichs in Kombination von Mund und Augen

Waagerechte Falten auf der Stirn rufen nach dem Augenbrauenheber. Sie entstehen durch das Hochziehen der Augenbrauen und vergrößern das Blickfeld. Wir sprechen dann davon, dass jemand „große Augen" macht. Was bedeutet das? Der Mensch signalisiert damit, dass er noch mehr Informationen und Reize aufnehmen will oder muss.

Gefühle, die vor allem über waagerechte Stirnfalten ausgedrückt werden, sind Aufmerksamkeit, Überraschung oder Schreck. Oft in Verbindung mit offenem Mund und Verwunderung.

Die senkrechten Stirnfalten verraten einen emotionalen Zustand von Konzentration auf jemanden oder etwas Bestimmtes. Beobachten Sie dies bei einer Person, die beispielsweise gerade Kreuzworträtsel löst oder sich bei einem Gespräch an einem Punkt festhakt, mit dem sie nicht einverstanden ist.

Diese Falte hat in der Alltagssprache verschiedene Namen: die Grübelfalte (Wir haken an einem Punkt einer Geschichte fest: „Warum ist gerade MIR DAS passiert?“), auch Zornesfalte genannt (geht einher mit fest gepresstem Mund) und kündigt, wie der Name schon sagt, Zorn und Wut an.

Die Mitte des Gesichtsbereichs

Die Gesichtsmitte

Der Mensch ist ein „Augentier“. 80 Prozent aller Stimuli senden und empfangen wir über die Augen.

Zum Mittelgesicht gehören der Bereich der Augen, Nase, Wangen und der Teil der Oberlippe.

Die Augen sind weithin als „das Fenster zur Seele“ bekannt. Wir sprechen von „strahlenden“, „lebendigen“ oder „toten“ Augen, weil in der Sprache der Augen eine große Bandbreite von Emotionen steckt. Der emotionale Ausdruck in unserem Blick entsteht durch die Bewegung der Muskeln rund um die Augenpartie und die Intensität des Blicks, den Glanz unserer Augen und der Größe der Pupille. Was heute in wissenschaftlichen Studien bewiesen werden kann, nämlich, dass Menschen mit großen Pupillen uns instinktiv sympathischer sind als jene mit kleinen Pupillen, wussten die Frauen bereits im Altertum. Um ihre Anziehungskraft auf die Männer zu verstärken, träufelten sie sich früher die Substanz Belladonna ins Auge, beschreibt Samy Molcho. Dieser atropinhaltige Saft der schwarzen Tollkirsche wurde in die Augen getropft und vergrößerte so die Pupillen.

Die Pupille wird nämlich größer, wenn wir etwas oder jemanden begehren. Dieses Interesse nehmen wir unbewusst auf und reagieren als lautlose Antwort auch mit einer Vergrößerung der Pupillen. Aus der Körpersprache übersetzt hieße das etwa: „Wenn du mich magst, dann mag ich dich auch!" Das Spiel ist zwar recht durchschaubar – und doch fallen wir freudig regelmäßig darauf rein. Die Kraft und Vitalität des Blicks wird durch die Beweglichkeit der Augen bestimmt. Je sicherer unser Blick wirkt, desto aktiver bewegen sich unsere Augen zwischen denen unseres Gegenübers. Nicht nur deshalb heißt es „Ich seh dir in die Augen, Kleines" (berühmter Spruch aus dem Film „Casablanca") – und nicht „Ich seh dir in EIN Auge, Kleines!" Letzteres können Sie gern versuchen, Ihr Gegenüber wird diesen Blick als fixierend und unangenehm empfinden. Auch der in früheren Rhetorikschulen gelehrte Blick auf die Nasenwurzel wirkt auf Dauer leer, kalt und emotionslos. Ursprünglich sollte dieser starre Blick auf die Nasenwurzel Sicherheit vermitteln, wohl wissend, dass der direkte Blick in die Augen des Gegenübers eine Schnellstraße der Gefühle sein kann. Menschen, die sich in einer unsicheren Situation befinden, kann der direkte Blickkontakt des Gegenübers dann völlig aus der Fassung bringen. Der Nasenwurzel-Blick kann durchaus als SOS-Blick angewandt werden, wenn man sich völlig verunsichert und nervös fühlt – aber als Dauerblick ist er wertlos, weil er die Beziehungsebene, auf dem jedes gute Gespräch fußt, zerstört.

Nachgedacht – Blickkontakt

Schätzen Sie doch mal, wie lange dauert der sogenannte „gute Blickkontakt" einer Begegnung? Gemeint ist dabei die Zeit, in der Sie noch nicht mit Worten sprechen. Nehmen wir als Beispiel eine Begrüßung: Was glauben Sie, sollten Sie Ihr Gegenüber wenigstens eine Sekunde anschauen oder zwei bis vier Sekunden oder ist es besser, sich zunächst mit den Augen sechs bis neun Sekunden zu begrüßen?

Antwort:

....

....

Auflösung:

Das hängt davon, wo Sie in der Welt unterwegs sind? Völlig richtig. Im arabischen Raum ist der Blickkontakt, vor allem unter Männern, wesentlich

länger als in der westlichen Zivilisation. Das Blickritual von sechs bis neun Sekunden in den Ländern von Tausendundeiner Nacht entspricht unserem Flirt- oder Machtkampfblick. Missverständnisse zwischen den Kulturen sind demnach oft schon körpersprachlich vorprogrammiert. In Asien hingegen gilt der kurze Sekundenblick als angebracht, danach wandert der Blick zwischen Hals und Augen hin und her. Die Afrikaner hingegen haben die Angewohnheit, während des Gesprächs gänzlich wegzuschauen. Erst nachdem der Inhalt übermittelt wurde, nehmen sie wieder Blickkontakt auf und warten auf die Reaktion zum Gesagten.
In Mitteleuropa gilt der Zwei-bis-Vier-Sekunden-Blick als angenehm: Begrüßen Sie Ihr Gegenüber also zuerst mit den Augen, bevor Sie mit Worten sprechen.

Mund- und Kinnbereich

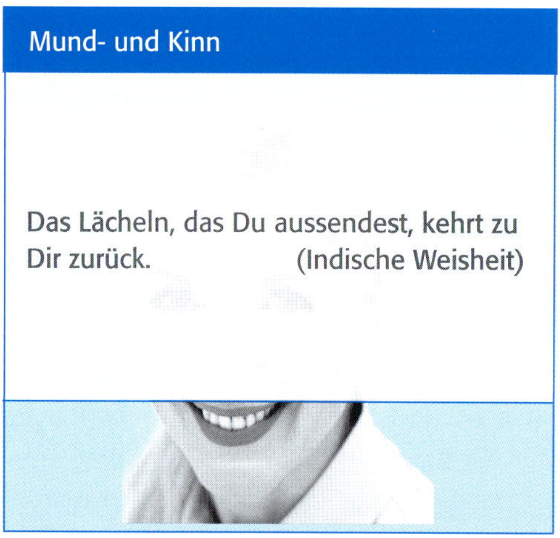

Der Mund- und Kinnbereich verarbeitet geistige Nahrung.

Der Mund entwickelte sich dereinst aus dem Urschlund. Bei den einfachen Organismen blieb dies die einzige Schnittstelle zur Außenwelt. Aber auch der Mensch verarbeitet die Interaktion mit dem Außen bis heute über den Mund. Er nimmt Nahrung auf. Materielle (Brokkoli, Bockwurst oder Schokolade) und geistige Nahrung (Wissen, Neuigkeiten, Informationen). Diese geistige Nahrung sind Informationen aus der Umwelt, die vom Mund körpersprachlich kommentiert werden: Bei Unentschlossenheit wölben sich die Lippen spitz nach vorn, der geöffnete spitze Mund kokettiert nach einem Kuss, der gepresste Mund lässt weder eine Information rein noch raus. Finden wir ein Ereignis bitter, ziehen wir die Mundwinkel zurück; überrascht uns dagegen eine Neuigkeit, bleibt uns glattweg der Mund offen stehen. Warum? Der geistige Nahrungsbrocken scheint uns dann zu groß, und so reagiert unser Körper mit Muße: Lassen wir halt den Mund noch ein bisschen geöffnet, vielleicht kann mein Mensch dann die Information noch verarbeiten.

Wohin mit dem rausgefallenen Wort?
Kennen Sie folgende Szene? Zwei Freundinnen unterhalten sich am Tisch und tratschen ein wenig. Maria erzählt dabei etwas, was ihr im Vertrauen gesagt wurde. Es ist ihr herausgerutscht – sie ertappt sich selbst beim Ausplaudern einer Vertrauenssache. Und schon springt ihr der Körper zu Hilfe. Mit der Hand fährt sie durch die Luft und hält sich die Hand vor ihren Mund. Warum? Der Körper sagt zu Maria: „Dir ist ein Wort aus dem Mund gefallen, ich fange es mit der Hand wieder ein und stecke es dir zurück in den Mund."
„Ein gesagtes Wort ist wie ein geworfener Stein", das ist bekannt. Glaubt Maria, sie könnte wirklich Worte zurück in den Mund stecken? Mitnichten. Also warum tut sie so etwas Unsinniges? Sie kapituliert schlicht vor der Macht der Körpersprache.

Lächeln ist eine einzigartige Fähigkeit, mit der die Spezies Mensch miteinander wortlos kommuniziert. Mit Leichtigkeit erkennen selbst schon kleine Kinder den Unterschied zwischen dem echten und dem gespielten Lächeln. Die wichtigste Wirkungskraft, die uns der Mund schenkt, ist das Lächeln. Ein ehrliches Lächeln ist der kürzeste Weg zwischen zwei Menschen, heißt es im Volksmund. So sehr sich der Lächler auch müht – empfindet er weder Freude, Sympathie noch Zuneigung, so gerät das Lächeln zum falschen Lächeln. Woran erkennen wir das? Beim echten Lächeln lächeln nicht nur der Mund, sondern auch die Augen, was wir an den kleinen Lachfalten, auch uncharmant „Krähenfüße" getauft, erkennen können. Das unechte Lächeln findet nur im unteren Teil des Gesichts statt, der Mund allein ringt sich das freundliche Lächeln ab, aber der Augenbereich verrät: Alles nur Fassade!

Jemand, der angelächelt wird, fühlt sich positiv angenommen. „Der findet mich in Ordnung“, „Er wird mir nichts tun“, „Er mag mich“ kommt als verbale Botschaft bei ihm an. Nochmal betont: Beim echten Lächeln! Das unechte Lächeln, der „Dauergrinser“ oder „Kampflächler“ löst beim Gegenüber völlig andere Gefühle aus; aufgrund der emotionalen Täuschung kann ein falsches Lächeln sogar Aggression und Konfliktbereitschaft beim Gegenüber hervorrufen.

Das Kinn reckt sich gern nach vorn, wenn es um eine aktive Informationsaufnahme geht oder auch, wenn man jemanden herausfordern will. In einer Wohlfühlsituation, beispielsweise beim entspannten Zuhören und Genießen, bleibt das Kinn in der Ausgangsposition oder zieht sich zurück.

Fragen zur eigenen Mimik

Die Grundlagen zum Abc der Mimik haben Sie nun bereits erfahren. Wie sieht es mit Ihrer eigenen Mimik aus? Welche Signale senden Sie aus? Die folgenden Fragen helfen Ihnen, die Körpersignale Ihres Gesichts besser einzuschätzen.

Übung Mimik

Bitte kreuzen Sie Zutreffendes an:

Haben Sie einen ernsten Gesichtsausdruck? .... ☐

Reagieren Sie im Ärger mit oft zorniger Mimik? .... ☐

Wirkt Ihre Mimik aktiv, mit vielen verschiedenen Gesichtsregungen? .... ☐

Lächeln Sie oft? .... ☐

Haben Sie einen wohlwollenden Blick? .... ☐

Versuchen Sie, im Konflikt Ihre Mimik still zu halten? .... ☐

Halten Sie im Gespräch direkten Blickkontakt? .... ☐

Weichen Sie in Konfrontationen lieber mit dem Blick aus? .... ☐

Haben Sie oft einen fröhlichen Gesichtsausdruck? ❑

Recken Sie ihr Kinn nach vorn, wenn Sie sich angegriffen fühlen? ❑

Lachen Sie oft und haben lebhafte Gesichtszüge? ❑

Haben Sie einen freundlichen, ruhigen Gesichtsausdruck? ❑

Lachen Sie eher weniger und haben einen ernsten, sachlichen und ruhigen Gesichtsausdruck? ❑

Gestik

Die Gestik ist die Sprache unserer Hände. Die Handsprache unterstützt das gesagte Wort. Gesten geben unserer Aussage Kraft oder werten einen Satz ab – beispielsweise durch eine wegwerfende Geste. Unsere Hände sind ein sehr ausdrucksstarkes und gleichzeitig sensibles Sprechwerkzeug. Allein an der Fingerkuppe eines Erwachsenen befinden sich auf einem Quadratzentimeter ungefähr 3000 Nervenenden, bei kleinen Kindern sogar 6000. Wir greifen nach der Welt, um sie zu be-*greifen*. Die Hände sind eine unserer ersten Schnittstellen zur Umgebung, mit ihnen ertasten, erfühlen und berühren wir die uns umgebende Welt.

Die Handsprache ist zentraler Begleiter all unserer Aussagen. Zu den tatsächlichen Handlungen gesellen sich ein Leben lang die kommunizierten Handlungen, die verbale Ankündigung des Tuns, das in den gesagten Worten steckt. Die Hand als Ausgangspunkt aller *Hand*-lungen. Sie zeigt die wirkliche Kraft der Aussage und beantwortet die Frage: Wie viel Energie und Gefühlsschub steckt in meinen Worten? Genug, um zu *hand*-eln?

Auch wenn ich mich an dieser Stelle des Buches mit folgender Aussage noch auf dünnem Eis bewege: Menschen mit zielgerichteten Handbewegungen, die in den Gesten einen klaren Endpunkt setzen oder Personen mit Präzisionsgesten (vgl. Foto) sind nach den Tausenden von Auswertungen im Fritzsche Modell eindeutig gewissenhafter und zuverlässiger in ihrem Tun, als jene, die mit fließenden Handbewegungen sprechen. Letztere sind oft sehr schnell im Gefühl und in der Begeisterung, müssen sich jedoch disziplinieren, damit der begeisternde Gedanke in konkretes Handeln übersetzt wird und kein Strohfeuer bleibt.

Typische Präzisionsgeste

Diese Geste unterstreicht in der getroffenen Aussage einen ganz bestimmten Aspekt.

Allgemein gibt die Gestik einen direkten Aufschluss über unser Temperament. Dabei unterscheiden wir in große Gesten, kleine Gesten, Tempo und Bestimmtheit. Was sind große und kleine Gesten?

Gestik

Große Gesten

Kleine Gesten

Die Gestik drückt die verschiedenen Temperamente aus.

Große Gesten verlassen den Körperraum. Wenn Sie über viel Temperament verfügen, Aufmerksamkeit genießen und vermutlich mit eher lauter Stimme sprechen, dann gestikulieren Sie hauptsächlich mit großen Bewegungen. Auch Menschen, die gern „das große Ganze" im Blick haben und die sich bei allzu vielen Einzelheiten und Details schnell langweilen, verfügen über ausladende Gesten. Extrovertierte Menschen tendieren zu großer ausladender Handsprache.

Kleine Gesten finden im Körperinnenraum statt. Ruhigere, bedachte Menschen nutzen die Handsprache eher im Innenbereich des Körpers. Ebenso führen sachliche, faktenorientierte Menschen nur kleinere Handbewegungen aus und diese dabei sehr oft mit der rechten Hand. Die rechte Hand wird als Handlungshand interpretiert, die linke als Gefühlshand. Introvertierte Personen sprechen demnach lieber dicht am Körper, sozusagen eher in ihrer eigenen Körperwelt.

Ob die Gesten eher klein oder groß sind, hängt demnach vom Temperamentsfluss des Persönlichkeitstyps ab.

Unabhängig davon ist grundsätzlich zu sagen:
Je stärker wir gefühlsmäßig reagieren, desto akzentuierter und direkter wird die Gestik.

Wirkungskraft der Gesten

Gesten in Bezug auf Tempo und Richtung →	Wirkung
Große Gesten, Oberarme vom Körper entfernt	
a) ruhig, betont langsam b) rasch, lebhaft, fließend	a) eindringlich, pathetisch (oft auf der Bühne zu beobachten) negativ: protzen, angeben b) mitreißend, überzeugend negativ: wütend, einschüchternd
Kleine Gesten, Oberarme dicht am Körper	
a) ruhig, langsam b) schnell, aufs Gegenüber gerichtet c) hastige, unkoordinierte große oder kleine Gesten	a) überlegt, sachlich negativ: unentschlossen und zu detailorientiert b) Kontakt und „Wir-Gefühl" schaffen negativ: kontrollierend, besitzergreifend c) unruhig, verwirrend, unsicher

Exakter müsste ich von der „Arm-Hand-Sprache“ sprechen, denn der Handimpuls nimmt die Arme mit. Je mehr die Oberarme am Oberkörper „kleben“, desto mehr stützt und schützt sich der Mensch selbst. Das kann so weit gehen, dass wir uns selbst umarmen, um uns Trost und Schutz zu geben. Wenn meine Kunden beispielsweise eine Präsentation vor einer Gruppe halten, beobachte ich oft die sogenannte „halbe Umarmung“.

Die halbe Umarmung

So wird zum Beispiel der linke Arm mit der rechten Hand festgehalten, vor dem Körper entsteht eine Barriere, ein Schutz vor den anderen. Der emotionale Impuls ist das Gefühl der Angst, was wir in solchen Situationen in Nervosität, Unruhe oder Unsicherheit übersetzen. Diesen Gefühlsimpuls leitet unser Gehirn in den Körper um – und er, unser Helfer in jedem Augenblick, antwortet prompt. Diese halbe Umarmung ist eine Antwort des Körpers und heißt so viel wie: „Du fühlst dich vor den vielen Menschen unwohl? Kein Problem, ich bin bei dir, schütze dich und nehme dich in den Arm!“ Unser Körper reagiert auch in dieser Situation blitzschnell auf unsere Gedanken und unsere Stimmung. Natürlich verrät er auch dem Gegenüber, was gerade mit uns los ist.

Offene und schützende Gesten

Alle Gesten zu kategorisieren, würde den Rahmen dieses Buches sprengen. Wir beschäftigen uns besonders mit jenen Gesten, die uns beim körpersprachlichen Lesen der eigenen Persönlichkeit und der des Gegenübers als Körpersprache-Marker nützlich sind.

Wir unterteilen zum besseren Verständnis in offene und schützende Gesten. Bei offenen Gesten zeigen wir unserem Gegenüber die Innenfläche unserer Hand. Also jenen Bereich, der es möglich macht, dem anderen etwas zu geben. Die Gebeseite der Hand kann materielle Dinge, beispielsweise ein Buch, ein Geschenk, einen Schlüssel überreichen, sie kann streicheln, sie kann aber auch einer verbalen Aussage eine besondere Bedeutung geben. Sie unterstreicht und betont den Sinn unserer Aussage. Instinktiv fühlen wir uns durch die Gebe-Hände nicht bedroht. In früheren Zeiten wurden die Innenflächen gezeigt, um zu demonstrieren: „Schau, ich bin unbewaffnet!" Die offene Hand reichen wir bei der Begrüßung und drücken so Vertrauen und Respekt aus. Wer seine sensible, offene Hand zeigt, der gilt als vertrauenswürdiger als jemand, der etwas zu verstecken oder zu schützen scheint.

Die schützenden Gesten dienen dem Selbstschutz. Entweder im Sinne der Verteidigung oder des Angriffs, frei nach dem Spruch: „Angriff ist die beste Verteidigung!" Schützende Gesten sind meist abwehrende Handbewegungen im Hals-Kopf-Bereich, die Hand bewegt sich vom eigenen Körper weg und blockt das Gegenüber ab. Abgrenzende Gesten definieren die Schutzzone im Brust- und Bauchbereich und heißen soviel wie: „Bis hierhin und keinen Schritt weiter!" Dabei nutzen wir die Rückseite der Hände, um jemanden oder etwas imaginär wegzuschieben. Kehrt sich die Gebe-Hand, also die Innenfläche der Hand, nach unten, dann wird etwas verdeckt, geschützt oder verborgen. Wie auch immer die Absichten sind, wir spüren es sofort. Wir wissen aber oft nicht genau, warum. Die Rücken-Hand ist das Gegenteil von offen und wir reagieren skeptisch auf diese Person und ihre Worte. Menschen, die gern etwas mit ihren Händen bedecken – Oberschenkel, Tische, Stuhllehnen – verstecken damit auch oft ihre wahren Absichten und Gefühle. Für offene Gespräche müssen Sie hier viel Geduld und einen klaren Blick mitbringen. Die Anwälte, die ich coache, können ein Lied davon singen, wie sie sich immer wieder an derart körpersprachlich agierenden gegnerischen Parteien in Verhandlungen die Zähne ausbeißen.

Beispiele offener Gesten

Offen

Einladend

Einbeziehend

Beschwörend

Beispiele schützender und angreifender Gesten

Abwehren

Abgrenzen

Aggressiv

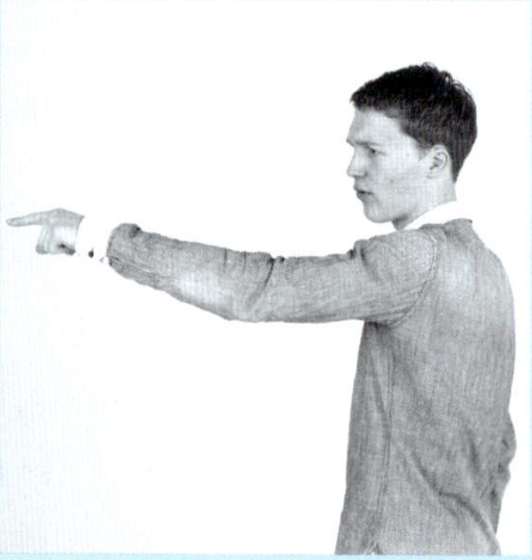

Unser blinder Fleck
In einem Coaching beschwerte sich eine Geschäftsführerin darüber, wie schwer ihr Team zu führen sei. Irgendwie würde sich keiner so recht öffnen, und obwohl sie sich selbst als sehr menschlich einschätze, so habe sie fast den Eindruck, ihre Mitarbeiter ließen sie gegen eine Mauer laufen. Eine Mauer des Schweigens und des Misstrauens. Während sie mir dies berichtete, passierte körpersprachlich Folgendes: Sie verringerte den Körperabstand auf weniger als eine Armlänge, drang demnach in meine persönliche Schutzsphäre ein. Den Zeigefinger, in Richtung meines Herzens gerichtet, bewegte sie im Sekundentakt mit kleinen Stößen. Die Übersetzung der Körpersprache für mich hieß: „Ich missachte deine Schutzzone und dringe ungefragt ein, so bedrohe ich dich. Mit meinem Zeigefinger löchere ich dich wie einen Schweizer Käse. Und damit es dir auch wirklich weh tut, direkt mitten ins Herz!“ Ich zeichnete dieses Gespräch mit der Kamera auf. Danach fragte ich die Geschäftsführerin nach ihrem Körpersprache-Gedächtnis. Was hatte sie mit ihren Händen gemacht? Wie hatte sie gesessen? Wie nah?
„Ach, wissen Sie“, antwortet sie mir lächelnd, „Ich halte meine Hände eigentlich immer still. So ein Rumgefuchtle mag ich gar nicht!“
Bei der gemeinsamen Videoanalyse fiel sie aus allen Wolken. „Frau Fritzsche“, rief sie aus, “glauben Sie mir, das mache ich sonst nie!“ Und während sie mir wortreich versicherte, dass dies eine große Ausnahme sei, hackte ihr Zeigefinger bereits wieder auf mich ein. Es brauchte noch einige Gedächtnisprotokolle und Coachings, bis die Geschäftsführerin ein echtes Gefühl für die Sprache ihres Körpers entwickelte. Dass sie ihre Mitarbeiter körpersprachlich bedrohte, war ihr überhaupt nicht bewusst gewesen. Nachdem wir ein Körpersprache-Profil erstellt hatten, konnte sie bessere Rückschlüsse zu ihrer eigenen Persönlichkeit ziehen und ihr Selbstbild korrigieren. Der Kontakt zu ihren Mitarbeitern verbesserte sich zusehends, und als sie nach fünf Jahren schließlich das Unternehmen wechselte, zelebrierten die Angestellten eine rührende Abschiedsveranstaltung, bei der sie Dutzende von „Danke-Karten“ überreicht bekam.
Ein Danke für eine klare, aber vertrauensvolle und menschenorientierte Führung.

Jene Gesten, bei denen sich der eine über den anderen stellt oder die durch die Unternehmensstruktur vorgegeben sind, nennen wir Hierarchie-Gesten. Mit dieser speziellen Handsprache sollten wir sorgsam umgehen. Denn hier gilt vor allem: Das Gegenteil von „gut gemacht" ist „gut gemeint". Meine Coachees kommen manchmal mit den Hierarchie-Gesten durcheinander. Was gehört nun dazu, was nicht? Stellen Sie sich einfach eine Geste vor, sagen wir die „Schulter-Klopf-Geste". Ein Lob sagen Sie? Ja und nein. Zunächst eine Hierarchie-Geste.

Können Sie sich Folgendes vorstellen? Der Praktikant Tobias klopft an die Tür des Geschäftsführers und gleich danach heftig auf die Schulter des Chefs, am besten mit den Worten: „Also nach den ersten beiden Wochen Praktikum kann ich sagen, Sie machen Ihren Job gar nicht so schlecht, Chef!" Man wüsste an dieser Stelle nicht genau, ob das Praktikum vielleicht vorzeitig endet. Fakt ist aber, dass diese Hierarchie-Geste es in sich hat. (Wenn eine Geste gleichermaßen vom Praktikanten und vom Chef ohne Störgefühl ausgeführt werden kann, liegt keine Hierarchie-Geste vor. Dieses Bild als Eselsbrücke, wenn Sie unsicher sein sollten, ob Sie gerade Hierarchie-Gesten nutzen oder nicht.) Auf den ersten Blick ein Lob, kann diese Geste aber auch heftig beleidigen. Nämlich genau dann, wenn beide auf Augenhöhe sind. Denn diese Geste setzt voraus, dass ich das Gefühl habe, über dem anderen zu stehen. In Zeitlupe betrachtet, klopft der eine den anderen nämlich nach unten. Er klopft ihn körperlich klein, während er verbal lobt. Nicht wenige beschleicht bei dieser Art von Lob ein mulmiges Gefühl, denn: Wer lässt sich schon gern kleinmachen?

Beherrschen wir unter Gleichgestellten eine spezielle Fähigkeit besser (und beide wissen davon!), kann das Schulterklopfen durchaus ein Lob bedeuten.

Hierarchie-Geste Schulterklopfen

Chef lobt Mitarbeiter

Mitarbeiter lobt Chef

Händedruck

Im Überblick über die Gesten darf eine entscheidende Berührung zwischen zwei Menschen nicht fehlen: der Händedruck. Der Tastsinn liefert mit *Nach*-Druck eine Zusatzinformation zu dem berühmten ersten Eindruck. Und das mit großer Wirkung. Traue ich dem anderen, ist er so offen, dass er sich ganz in meine Hand begibt? Oder spüre ich nur eine halbe Hand, die Fingerspitzen, die schnell wieder weggezogen werden? Für einen Verhandlungsstart wäre Letzteres ein ganz schlechter Einstieg. Oder aber drückt der andere die Hand so fest, dass Sie das Gefühl haben, er wolle Sie Ihnen brechen? Seien Sie sich gewiss: Sie haben es mit einem Machtmenschen zu tun. Oder legt er beim

Händedruck noch die zweite Hand über Ihre – und zieht sie dabei ein wenig zu sich? Auch hier haben Sie es mit einem Kontrollmenschen zu tun, der Sie sicherlich zu seinem eigenen Nutzen zu manipulieren sucht. Die schlaffe Hand, auch gern der „tote Fisch" genannt, wird so interpretiert, dass der Mensch, der an der Hand dranhängt, wenig eigene Meinung und Durchsetzungskraft besitzt. Am gewieftesten ist die Hohlhand, sie bietet sich als ganze Hand an, sobald aber der Händedruck beginnt, wölbt sich der Handrücken nach oben, sodass die Berührung der Hand-Innenflächen vermieden wird. Die Botschaft lautet: „Ich tue nur so, als wäre ich offen. Aber ich behalte stets etwas zurück." Möchten Sie gern so auf andere wirken?

Selbstbeobachtung – Händedruck

Zeit: eine Minute

Stufe 1: Öffnen Sie Ihre Hände und legen Sie beide wie beim Gebet zusammen. Die Handinnenflächen sollten sich gänzlich berühren. Jetzt vollführen Sie mit einer Hand eine Vierteldrehung entgegen dem Uhrzeigersinn, während die Handflächen weiter aufeinanderliegen. Ihre obere Hand liegt nun zwischen dem Daumen und dem Zeigfinger der anderen Hand. Beide Hände umfassen sich. Geben Sie sich selbst in dieser Form mehrfach die Hand. Wie fühlt es sich an? Variieren Sie den Druck. Wählen Sie den angenehmsten aus. Diesen „Wohlfühldruck" wiederholen Sie bitte siebenmal, um das Körpersprache-Gedächtnis zu trainieren.

Stufe 2: Holen Sie sich Feedback zur Ihrem Händedruck. Nachbarn, Freunde oder (wohlgesonnene) Kollegen eignen sich dafür hervorragend. Sie sollten mindestens drei, besser sieben bis zehn Personen darum bitten. Bitten Sie um eine ehrliche Rückmeldung und fragen Sie genau nach, wenn es nur heißt „irgendwas stimmt nicht". Ist Ihr Griff zu schlapp oder zu fest, bitten Sie Ihr Gegenüber, Sie zur richtigen Druckkraft mit einem „Stopp" zu lotsen. Prägen Sie sich die Intensität des Händedrucks ein, und üben Sie ihn täglich siebenmal an der eigenen Hand, um ihr Körpersprache-Gedächtnis neu zu programmieren.

Sollten Sie oft und viel mit Menschen zu tun haben, weil Sie beispielsweise als Führungskraft, Lehrer oder Verkäufer arbeiten, dann empfehle ich Ihnen, diese Übung sehr gewissenhaft durchzuführen. Mit Ihrem Händedruck hinterlassen Sie Ihre oft einzige körperliche Visitenkarte, die zeigt, wie „handfest" Sie wirklich sind.

Mein Händedruck ist ....

....

....

Wie gibt man richtig die Hand? Wie geben Sie die Hand? Was sagt es über mein Gegenüber aus, wie er mir seine Hand reicht? Das sind auch jene Fragen, die ich immer wieder an die Teilnehmer meines Coachings richte.

Ich frage dann: „Haben Sie einen guten Händedruck?“ Zwanzig Gesichter von zwanzig Teilnehmern nicken. Wenn wir dann tatsächlich in eine Testrunde gehen, in der jeder jedem die Hand gibt, werden die Gesichter manchmal lang. Im Durchschnitt hat weniger als die Hälfte einen passablen Händedruck, den die übrigen Anwesenden als angenehm empfinden. Aber wie soll man ändern, was man gar nicht weiß? Die Teilnehmer geben ein „Stopp!“ oder „Mehr“-Zeichen, um die Intensität des Händedrucks zu steuern. „Was, so fest darf ich zudrücken?“, fragt die Teilnehmerin, der von den anderen der „tote Fisch“ bescheinigt wurde. Warum weiß sie es nicht selbst? Unser Körpersprache-Gedächtnis formt sich auch nach den Erfahrungen, die Sie selbst einspeisen. Geben Sie zwanzig Jahre den „toten Fisch“, merkt sich dies Ihr Körpersprache-Gedächtnis und gibt Ihnen ein „Okay-Gefühl“. Nur allen anderen ist nicht wohl dabei.

Verschaffen Sie sich Klarheit über Ihren Händedruck. Wenn Sie diese Übung zum Selbstcoaching übersprungen haben, empfehle ich den Schritt zurück. Bei der Analyse Ihres Händedrucks könnten Sie eine Überraschung erleben.

Händedruck

Hohlhand

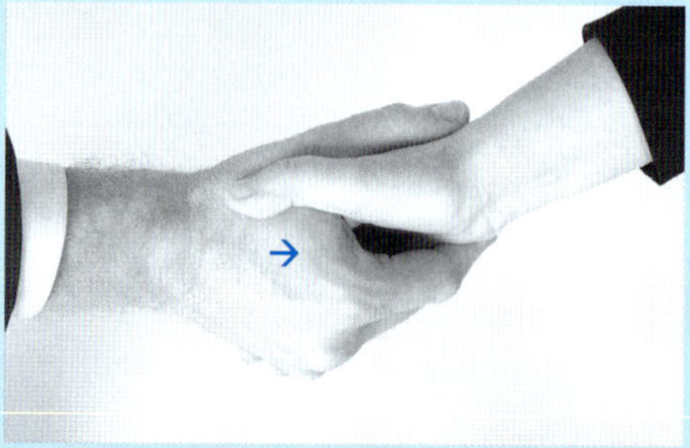

Handrücken wölbt sich nach oben

Toter Fisch

Die schlaffe Hand wird gegeben

Machthand

Beim Händedruck wird das Gegenüber zusätzlich in die eigene Distanzzone gezogen

Ziele der nächsten körpersprachlichen Selbstreflexion:
1. Körpersprache-Gedächtnis zur eigenen Handsprache aktivieren
2. Vorbereitung zum Körpersprache-Test

Selbstbeobachtung – Gestik

Zeit: fünf bis zehn Minuten

Stellen Sie sich vor einen Spiegel oder – noch viel besser – nehmen Sie sich mit einer Kamera selbst auf.

Jetzt überlegen Sie sich ein Thema, das Ihre Gefühle in Wallung bringt. Ob dies Fußball, der letzte verkorkste Urlaub, die tolle Frau aus der Blumenboutique oder der blöde Ochse aus der Vorstandssitzung ist, spielt keine Rolle. Wichtig ist nur, dass Sie dabei viel fühlen. Notieren Sie hier Ihr Thema:

....

Sie haben jetzt 1 Minute 30 Sekunden Zeit, Ihr Thema leidenschaftlich vorzutragen. Stellen Sie sich auf alle Fälle hin. Drei, zwei, eins und los!

Schauen Sie sich Ihren Mitschnitt noch nicht an. Aktivieren Sie zunächst Ihr Körpersprache-Gedächtnis und notieren Sie jetzt, woran Sie sich erinnern:

Welche typische Handbewegung haben Sie gemacht?

....

....

....

Auf welcher Höhe „arbeiten“ Ihre Hände?

....

Nutzen Sie eher offene oder schützende Gesten?

....

Arbeitet eher Ihre linke oder Ihre rechte Hand?

....

Verwenden Sie große oder eher kleine Gesten?

....

Wie sehen Ihre Gesten aus? Zielgerichtet? Fließend? Akzentuiert?

....

Sind Ihre Gesten eher schnell oder eher langsam?

....

Schlussfolgerung: Inwiefern haben Ihre Hände das Gesagte unterstützt?

....

....

....

....

Sollten Sie Ihren kleinen Vortrag mitgeschnitten haben, dann schauen Sie ihn bitte erst JETZT an. Und korrigieren oder ergänzen Sie in einer anderen Farbe, woran Sie sich nicht erinnern konnten. Vielleicht haben Sie auch Gesten gefühlt, die Sie gar nicht gemacht haben. All das ist möglich und auch völlig in Ordnung.

Was Ihr Körpersprache-Gedächtnis sich gemerkt hat und was Sie nun gesehen haben, stimmt überhaupt nicht überein? Dann empfehle ich Ihnen, sich täglich fünf Minuten Zeit zu nehmen und diese Übung für mindestens zehn Tage zu wiederholen. Sie werden sehen, dass sich Ihr Körpersprache-Gedächtnis erheblich verbessert.

Körperhaltung

Die Haltung beschreibt unsere jeweilige Körperposition im Gesamtblick. Wie stehen, gehen und sitzen wir?

Die äußere Haltung spiegelt die innere Haltung

Kopf ruht waagerecht im Nacken, Blick geradeaus

Schultern hängen gerade

Hände und Arme hängen locker am Körper

Kopf, Hals und Wirbelsäule sind in eine gerade Linie gebracht

Becken unterstützt in gerader Position die Körperteile

Beine stehen hüftbreit

Füße leicht nach außen gerichtet

Die Körperposition zeigt, wie viel Halt-ung wir in uns spüren und zeigt der Außenwelt an, wie viel Energie, Vitalität und Sicherheit wir in einer Situation empfinden.

Kriterien für entspanntes, sicheres Stehen

Scheitelpunkt, Schulter und Becken sollten auf einer gedachten, geraden Linie sein. Das ist leichter gesagt als getan. Haltungsschäden, die sich aus unserer Entwicklung vom Bewegungsmenschen zum Sitz- und Stehmenschen ergeben, können wir tagtäglich beobachten. Auch an uns selbst.

Den wichtigsten Halt für sicheres Stehen und Gehen bieten unsere Füße. Nur wenn die Fußsohlen einen guten Kontakt mit dem Boden haben, kann ich meinem Körper ein Gefühl von Festigkeit vermitteln. Ich spreche dabei vom „Erden“ oder der „Erdung“. Wippen wir mit einem Fuß oder stellen diesen auf die Kante, versucht unser Körper die mangelnde Erdung durch andere Körpersignale auszugleichen. Da wird merkwürdig mit dem Becken gewippt, mit den Armen gerudert oder der Oberkörper versteift sich, um die fehlende Bodensicherheit zu kompensieren. Selbst in der Mimik sind kompensierende Signale unzureichender Erdung zu erkennen. „Steh‘ gerade“, das hören wir oft in unserer Kindheit. Gerade und sicher stehen – aber wie? Brust raus, Bauch rein – das ist eine alte Empfehlung. Probieren Sie es aus. Sie stehen dann stocksteif und können diese Haltung sowieso nicht lange aushalten.

In meinen Coachings verweise ich vor allem Menschen, die in der Öffentlichkeit stehen – wie beispielsweise Fernsehmoderatoren – immer wieder auf das „Erden“ hin, um ausgleichende Zuckungen des Körpers zu vermeiden. Haben Sie schon mal bei Moderatoren im Fernsehen eine merkwürdige rhythmische Kopfbewegung oder ein sich ständige wiederholende Taktbewegung des angewinkelten Ellenbogens beobachtet? Das sind typische Ausgleichsbewegungen des Körpers, wenn er keinen sicheren Stand findet. Ziellose Bewegungen des Körpers verwirren aber das Gegenüber, was in einer Fernsehsendung wenig förderlich ist. Aber natürlich spielt eine sichere, natürliche Körperhaltung auch in jedem anderen Beruf und im privaten Alltag eine große Rolle. An der Körperhaltung lesen wir verschiedene Gefühlszustände, aber auch grundlegende Wesenszüge von Menschen ab wie beispielsweise: sicher, traurig, distanziert, zugewandt, arrogant oder unsicher.

Körperhaltung und Gefühlszustand

sicher

arrogant

traurig

schmollend

→

Körperhaltung und Gefühlszustand

wütend

brav

Um den Körper in eine gute Ausgangsposition für jede weitere Bewegung zu bringen, würde ich an dieser Stelle das „Erdungsritual" mit Ihnen üben wollen. Um Missverständnisse zu vermeiden: Sie müssen nicht den ganzen Tag in der gleichen Position verharren, um sicher zu wirken. Es ist vielmehr eine Ausgangshaltung, die Ihnen für jede weitere Bewegung den besten Start gewährleistet. Sie stellen Ihren Körper sozusagen aufs richtige Gleis, damit er sich problemlos von A nach B bewegen kann. Diese Übung sieht sehr leicht aus, ist es aber für viele nicht. Trainieren Sie nicht nur frontal vor dem Spiegel, sondern auch seitlich. Das sollten Sie am besten mit einer Kamera, einem Fotoapparat oder dem Smartphone aufzeichnen oder von einer zweiten Person aufzeichnen lassen. Warum? Selbst nach dem Aufrichten der Wirbelsäule verharren viele in der Alltagshaltung, ohne dies zu spüren.

Im Nackenbereich zeigt sich der Unterschied

Alltagshaltung

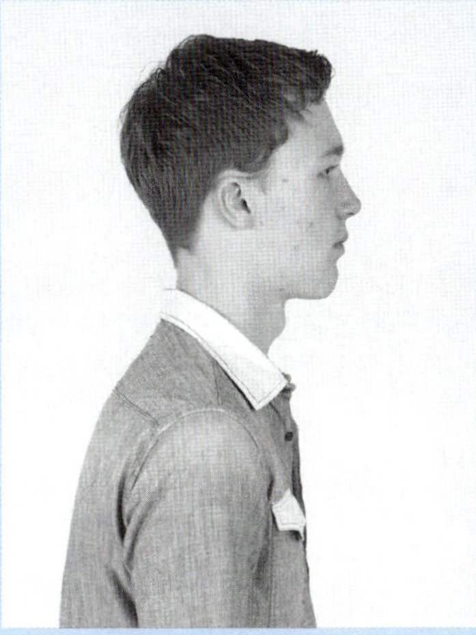

Aufrechte Haltung

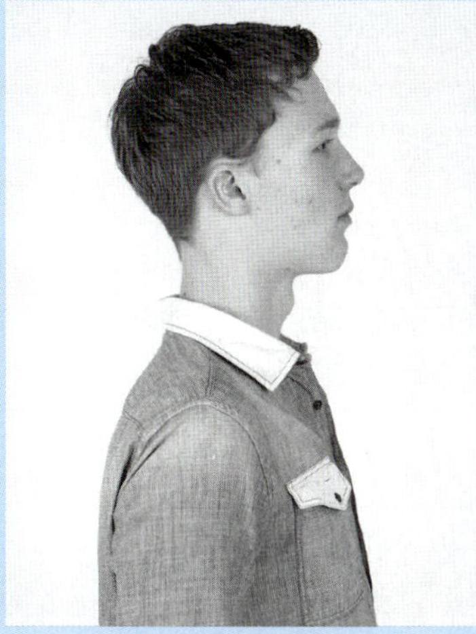

In meinen Coachings haben etwa 80 Prozent der Teilnehmer die Alltagshaltung, bei der der Kopf vor den Körper geschoben wird, Nackenschmerzen inklusive. Aber nur knapp 20 Prozent wissen, dass sie so stehen. Erst nach der seitlichen Aufnahme raunt es unter den Teilnehmern: „Aber das merke ich doch gar nicht!" Auch hier schlägt uns unser Körpersprache-Gedächtnis ein erneutes Schnippchen. Wenn wir tagtäglich schief stehen, loggt unser Gedächtnis es schließlich irgendwann als „Okay"-Gefühl ein. Wir stehen demnach gefühlt „richtig", weil wir es so gewohnt sind. In einem Workshop mit Lehrern fiel mir gleich zu Beginn ein Mann auf, der wie ein Fragezeichen dastand. Als ich ihn im Verlauf des Trainings mit dem „Erdungsritual" (vgl. folgende Selbstbeobachtung) aufrichtete, rief er empört: „Frau Fritzsche, ich stehe völlig schief und falle gleich um!" Auch die Rückmeldung seiner Kollegen, so gerade habe er noch nie gestanden, konnte ihn nicht umstimmen. Erst die Kameraaufnahme brachte ihm die Einsicht. Deshalb: Hegen Sie ein gesundes Misstrauen gegen Ihr Körpersprache-Gedächtnis und überprüfen Sie anfangs, ob Ihr Körpersprache-Gefühl mit der Realität übereinstimmt.

Selbstbeobachtung – Erdungsritual

Zeit: zwei Minuten

Ziel: den Körper in eine sichere Ausgangsposition für jede folgende Bewegung zu bringen

Material: Ganzkörperspiegel oder Aufnahmegerät oder Fotoapparat (zweite Person notwendig)

Aufgabe:

❶ Stellen Sie sich hüftbreit auf den Boden – ohne Schuhe. Achten Sie darauf, dass Ihre Fußsohlen ganz auf dem Boden aufliegen. Stellen Sie sich vor, aus Ihren Füßen wachsen Wurzeln in die Erde, die Sie halten.

❷ Tippen Sie mit Ihrem Finger auf den Scheitelpunkt auf Ihrem Kopf. Merken Sie sich diese Stelle und lassen Sie die Arme wieder entspannt am Körper hängen.

❸ Stellen Sie sich vor, Sie werden vom Scheitelpunkt an einem unsichtbaren Faden nach oben gezogen. Folgen Sie dieser Bewegung und strecken Ihre Wirbelsäule. Dabei drücken Sie Ihre Schultern leicht nach hinten unten und ziehen Ihr Becken leicht nach vorn.

❹ Atmen Sie tief ein und aus und spüren Sie, was im Körper passiert. Schöner Nebeneffekt für viele: Nach dieser Übung sind Sie einen bis vier Zentimeter größer.

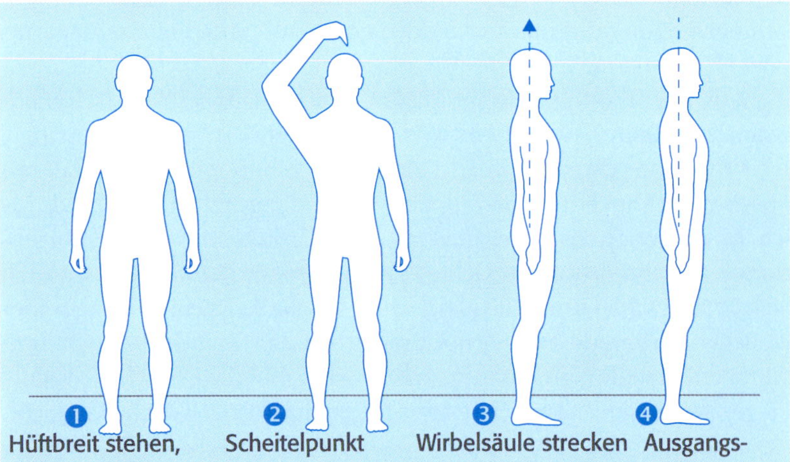

❶ Hüftbreit stehen, Füße fest am Boden. ❷ Scheitelpunkt finden ❸ Wirbelsäule strecken ❹ Ausgangsposition

Körperhaltung im Sitzen

Im Sitzen kann man einfacher die Haltung bewahren als im Stehen – denken wir. Ein großer Irrtum, wie sich oft herausstellt. Denn auch in dieser Haltung hat unser Körper seinen eigenen Kopf. Da halten wir uns an den Armlehnen fest und zeigen, wie sehr wir Halt suchen oder umschlingen mit den Füßen die Stuhlbeine und gewähren uns eine schützende Fußumarmung. Unser Körper ist und bleibt ein kleines Plappermaul, und während wir uns sitzend in größerer Sicherheit wähnen, erzählt die Körpersprache fröhlich weiter, was eigentlich mit uns los ist.

Für unsere Zwecke wollen wir uns bei der Vielfalt von Sitzhaltungen besonders auf drei verschiedene Grundtypen konzentrieren, aus denen sich die meisten Sitzhaltungen ableiten lassen:

1. das aufrechte Sitzen
2. das zugewandte Sitzen
3. das passiv-aufnehmende Sitzen

Wie wir wissen, ist die Körperhaltung Ausdruck von Energie und Sicherheit, die sich durch einen hohen oder schlaffen Muskeltonus vermittelt. Diese Erkenntnis ist wichtig, um grundsätzliche Sitzhaltungen selbst zu deuten. Die Art, wie wir sitzen, zeigt dem anderen, wie viel Energie wir für eventuelle Bewegungen und Handlungen tatsächlich aufwenden wollen.

Selbstbeobachtung – Sitzhaltung

Zeit: eine Minute

Material: Stuhl

Fläzen Sie sich mal so richtig auf den Stuhl. Lümmeln Sie in völlig entspannter Haltung. Das Körpergewicht des Oberkörpers liegt hinter dem Becken. Jetzt stehen Sie schnell auf. Frage: Wie viel Energie benötigen Sie? Haben Sie gar dabei vor Anstrengung leicht gestöhnt?

Jetzt setzten Sie sich nur auf die Hälfte des Stuhls. Das Gewicht Ihres Oberkörpers befindet sich vor dem Becken. Stehen Sie schnell auf. Die gleiche **Frage:** Wie viel Energie brauchten Sie, um dieses Mal aufzustehen?

Antwort:

Ganz klar, wenn Sie „auf dem Sprung" sitzen und Ihr Oberkörper sich vor Ihrem Becken befindet, sind Sie mindestens doppelt so schnell in der Senkrechten wie beim „Lümmelsitz". Ihr Gegenüber wird kaum mit der Stoppuhr da sitzen und Ihr Aufstehtempo messen, aber natürlich weiß er instinktiv, dass er vom „Rumlümmler" weniger Einsatz erwarten kann. Für bestimmte Situationen kann dies ein K.O.-Kriterium sein. Sind Sie beispielsweise in einem Bewerbungsgespräch und versuchen, den Personalchef von Ihrer engagierten Einstellung zu überzeugen, aber Ihre Körperhaltung spricht eine andere Sprache. Wirkt Ihre Sitzhaltung eher wie "Kommt´s heute nicht, kommt´s morgen", dann könnte es eine unerwartet kurze Begegnung werden.

Auch im Privatleben kann die falsche Körperhaltung für einigen Aufruhr sorgen. Ein gepflegter Krach am sonntäglichen Frühstückstisch gefällig? Kein Problem. Körpersprachlich kombinieren Sie hier einfach 1. fläzende Sitzhaltung mit 2. genervt-gelangweiltem Gesichtsausdruck und 3. monotonem Tonfall. Zählen Sie dann alle Aktivitäten auf, die Sie angeblich gern mit Ihrem Partner unternehmen würden. In neun von zehn Fällen klappt's dann auch mit dem Sonntagsstreit.

Für Gesprächssituationen haben die oben genannten Sitzhaltungen verschiedene Wirkungen:

1. Das aufrechte Sitzen

Sie sitzen im 90-Grad-Winkel, der Oberkörper ist aufrecht und gerade, die Füße stehen auf dem Boden. In dieser Haltung signalisieren Sie sachliches, aufmerksames Interesse am Gegenüber und seinen Informationen. Es ist die neutralste Sitzhaltung. Personen, die mit sehr aufrechtem Oberkörper in ihrer natürlichen Körpersprache so sitzen, sind auf ausgezeichnete Zuhörer, die sehr genau auf jedes Detail Ihrer Aussagen achten. Zudem entpuppen diese Menschen sich meist als sehr gewissenhaft und verlässliche Persönlichkeiten, die sich eher introvertiert verhalten.

2. Das zugewandte Sitzen

Das zugewandte Sitzen signalisiert aktives Interesse, eine flexible Haltung und durchaus den Impuls, nich tnur mitzudenken, sondern auch mitzumachen. Wir empfinden diese Haltung als sehr aufmerksam und nehmen sie selbst besonders dann ein, wenn uns etwas oder jemand fesselt. Ein leicht geöffneter Mund verstärkt diese Wirkung noch.

Beugen sich Ihre Gesprächspartner während des Sitzens größtenteils zu Ihnen herüber, so haben Sie es meist mit Menschen zu tun, denen an einer guten Beziehung zu ihrem Umfeld gelegen ist und die großen Wert auf Harmonie und ein Wir-Gefühl legen.

Wirkung von Sitzhaltungen

Das aufrechte Sitzen

Das zugewandte Sitzen

3. Das passiv-aufnehmende Sitzen

Diese Sitzhaltung birgt ein großes Missverständnis in sich, da diese Haltung oft mit verschränkten Armen einhergeht. Gemeinhin gelten verschränkte Arme als Abwehrhaltung. Wenn wir uns die Lage der Arme aber genauer ansehen, dann ist diese Deutung nicht ganz richtig. Die Arme und Hände bedecken den Bauchbereich, den Solarplexus – unser Sonnengeflecht. Ähnlich einem Spinnennetz im Altweibersommer besteht unser Sonnengeflecht aus Tausenden von Nervenzellen. Es ist sozusagen unser emotionales Gehirn, der Teil unseres Körpers, in dem wir unser sogenanntes Bauchgefühl lokalisieren. Da spüren wir die „Schmetterlinge im Bauch", wenn wir uns verliebt haben. Aber es ist auch der Teil, der uns Krämpfe und Schmerzen bereitet, wenn wir unter Prüfungsangst leiden. Dann ist Gewitterstimmung im Sonnengeflecht. Verschränken wir die Arme über dem Bauchbereich, heißt es im Gespräch demnach nichts anderes als: „Ich nehme mich mit meinen Emotionen, mit dem, was ich zum Thema denke und fühle, erst mal zurück – und höre dir zu!" Wir erleben hier nichts anderes als eine passive Zuhörhaltung. Durchaus positiv, denn Sie gibt dem Gegenüber genügend Raum, um zu sprechen. Sehr oft können Sie diese Sitzhaltung beispielsweise bei Vorträgen beobachten.

Wirkung von Sitzhaltungen

Die passive Zuhörhaltung

Zur Abwehrhaltung wird das Ganze erst, wenn wir auch noch die Schultern nach oben vorn ziehen und damit Halsschlagader, Herz, Kinn und Kehle schützen. Das dies unsere empfindlichsten Stellen sind, ist bereits in unserem Steinzeitgehirn abgespeichert, und noch wie zu Urzeiten reagieren wir auf Angriff mit Abwehr, auch wenn dieser Angriff heute eher mit Worten als mit der Keule erfolgt.
Solange jedoch der Schulterbereich entspannt ist, können Sie davon ausgehen, dass Ihr Gegenüber Ihnen gerade entspannt-aufmerksam zuhört.

Zuhören oder Abwehren?
Beim Meeting einer großen Bank war ich zur Supervision eingeladen und konnte folgende Szene beobachten:

Eine Führungskraft, die über die Strategie und Planungsschritte des neuen Jahres referierte, sah sich ungefähr 100 Mitarbeitern gegenüber. Während der ersten paar Minuten verschränkten mehr und mehr Kollegen und Mitarbeiter die Arme und begaben sich in die Zuhörhaltung. Nach etwa fünf Minuten saß mehr als die Hälfte aller Zuhörer in dieser Position. Die Führungskraft, die mit einem schwungvollen Tonfall die Präsentation eröffnet hatte, verfiel immer mehr in eine kämpferisch-überzeugenden Ansprache. Weitere Kollegen änderten nun die Sitzhaltung und verschränken die Arme. Ich spürte, wie die Führungskraft immer ungehaltener und nervöser wurde. Keiner wusste, warum.

Schließlich platzte dem Chef der Kragen: „Wie wollen wir gemeinsam erfolgreich durchs neue Jahr kommen, wenn Sie jetzt schon alle gegen mich sind? Reißen Sie sich gefälligst zusammen. Ich erwarte Loyalität, sonst suchen Sie sich was anderes!“ Mitarbeiter und Kollegen warfen sich irritierte und verwunderte Blicke zu. Nach dem Meeting sprach ich den Chef auf seinen unerwarteten Anpfiff seiner Mitarbeiter an. „Na, hören Sie, “ beschwerte er sich bei mir, „wenn die sich alle so rotzfrech hinsetzen und mich ablehnen, da muss einem doch die Hutschnur reißen!“ Als ich ihm den Unterschied von Zuhörhaltung und Abwehrhaltung erläuterte, antwortete er nur mit einem kurzen: „Oh!“

Körperhaltung im Gehen

Sehr oft konzentrieren wir uns beim Versuch, unser Gegenüber zu deuten, sehr auf die Mimik und Gestik – dieses Feuerwerk an Körpersignalen, was uns auch oft zu blenden sucht. Unbeachtet und daher sehr verräterisch sind hingegen unsere Füße. Sie erzählen, wohin wir tatsächlich gehen wollen, während wir wortreich vielleicht etwas ganz anderes versichern.

Beobachten Sie zwei Menschen im Gespräch. Zeigt die Fußspitze eines Gesprächspartners zur Tür? Na, dann wissen Sie doch, wo er eigentlich hinwill.

Denken wir an das Erdungsritual zurück – dort sprachen wir von einer Ausgangsposition. Wir stellen uns ins Gleis. In welchem Gleis stehen Ihre Füße? Zeigen Sie beim Laufen direkt nach vorn? Auf parallelen Schienen bewegen wir uns am effektivsten ins Ziel. Oder zeigen die Fußspitzen nach außen? Ihr Gleisbett dehnt sich sozusagen nach beiden Seiten aus – sodass Sie irgendwann im Spagat stehen müssten. Das kann durchaus sinnbildlich für jemanden sein, den tausend Dinge interessieren und der sich tatsächlich manchmal innerlich zerreißt. Ist es nun dieses oder eher jenes oder doch was anderes? Zeigen die Fußspitzen nach innen, dann kreuzen sich Ihre Gleisschienen früher oder später. Auf dem Weg zum Ziel baut sich derjenige selbst Stolperstellen und bremst sich aus.

Sind die Füße erst mal auf dem Weg, bestimmt der Persönlichkeitsimpuls die Schrittgröße. Der emotionale Widerspruch zwischen Freiheitswunsch und Sicherheitsbedürfnis drückt sich in der Schrittgröße eines jeden Menschen aus. Heben wir ein Bein, um zu laufen, stehen wir zwangsläufig nicht mehr sicher auf beiden Beinen. Wir müssen die Balance halten. Je länger wir diesen Balanceakt auf uns nehmen und damit unsere bodenständige Sicherheit riskieren, desto risikofreudiger sind wir in unserer Persönlichkeitsstruktur. Wer also mit großen Schritten geht, gehört eher zu den Wagemutigen, die in der Außenwirkung selbstsicher und zielstrebig erscheinen. Diejenigen, die ihr Handeln sorgfältig überlegen und auch die Details durchdenken, gehen eher in kleineren Schrittabständen. Das Balance-Risiko wird so von vornherein eingedämmt und der Sicherheitsfaktor erhöht. Sicherlich haben Sie auch schon Menschen mit kleinen Tippel-Schritten beobachtet. Diese Schrittfolge deutet oft auf Personen, die sich, wie die fleißigen Bienen, Stück für Stück ihren Erfolg erarbeiten.

Durch Stöckelschuhe und High Heels eignen sich Frauen einen eigenen Gang an, der ihren ursprünglichen Schritt verfälscht. Als elegant gilt, wenn eine Frau auf einer unsichtbaren geraden Linie einen Fuß direkt vor den anderen stellt und mit großen Schritten läuft. Auf dem Laufsteg wurde diese Gangart perfektioniert, weil sie dazu führt, dass die weiblichen Hüften besonders verführerisch schwingen – von jeher auch als Zeichen sexueller Attraktivität für das andere Geschlecht gewertet. Allerdings bietet dieser Gang sehr wenig Stabilität beim Gehen, zumal das ganze Gewicht auf dem vorderen Fuß abgefedert wird. Von wirklicher Standfestigkeit kann hier keine Rede sein. Ein Nachteil? Nun, nicht in jedem Fall – weckt es doch meist sofort die unbewussten Beschützerinstinkte des männlichen Geschlechts. Nicht nur deshalb hält sich diese unglaublich unbequeme Fußbekleidung hartnäckig und erlebt regelmäßig die eine oder andere Renaissance. Zum eingleisigen Gang (ein Fuß in einer Linie vor den anderen stellen) gesellen sich die durch die Absätze optisch verlängerten Beine, der gehobene Po und die schwenkende Hüfte. Für Männer ein Feuerwerk erotischer Signale. Für viele Frauen der Garantieschein für schmerzende Füße. Für Orthopäden eine verlässliche Kundschaft und dauerhafte Einnahmequelle.

Abstand

Wann sind Sie das letzte Mal mit jemandem auf Abstand gegangen? Rücken Sie manchmal jemandem auf die Pelle? Und was meinen wir eigentlich damit?

Wechselspiel von Nähe und Distanz

Stopp! Du rückst mir auf die Pelle!

Wie viel Abstand braucht der Mensch?
„Hilfe, meine Sekretärin ist gestört!" Mit diesen Worten beschwert sich die Geschäftsführerin eines kleinen Unternehmens über ihre sonst hochgelobte Mitarbeiterin. Sie beschreibt mir, dass es unmöglich sei, ihr in Ruhe eine Aufgabe zu erläutern, weil sie ständig durch den Raum laufe. „Wo genau läuft sie denn hin?", will ich wissen.
„Das sieht wie folgt aus", antwortet die Geschäftsführerin, „sie steht beispielweise am Ordnerregal und ich gehe auf sie zu, um ihr etwas zu

sagen. Ab diesem Zeitpunkt läuft sie vor mir weg. Immer einen Schritt nach hinten. Neulich lief meine Mitarbeiterin so lange rückwärts, bis sie mit dem Rücken am Fenster stand. Ich dachte, die springt gleich!"
Ich muss schmunzeln, als ich mir die kleine Verfolgungsjagd durchs Büro vorstelle: „Was tun Sie denn, wenn ihre Sekretärin immer weiter nach hinten ausweicht?"
Unterstrichen von einer energischen großen Geste sagt sie: „Na, was wohl? Ich laufe ihr nach. Ich will ja mit ihr reden!"
„Was empfinden Sie denn dabei, wenn Ihre Sekretärin von Ihnen weggeht?", hake ich nach. „Ich habe schon überlegt, ob ich schlecht rieche. Mundgeruch kann ich ausschließen. Vielleicht mag sie mich nicht leiden. Keine Ahnung, aber so ist es schwer, mit ihr zu arbeiten!"
Die Geschichte der Sekretärin hört sich völlig anders an:
„Meine Chefin ist eine selbstbewusste Frau, die ich dafür bewundere, wie zielsicher und energiegeladen sie unser Unternehmen in dieser schwierigen Zeit führt. Aber was für mich wirklich zum Dauerproblem wird: Sie nimmt mir völlig die Luft zum Atmen, kommt so nah an mich ran, dass ich die Sommersprossen in ihrem Gesicht zählen könnte. Dann fasst sie mich noch ständig an. Wenn ich stehe, geht es, dann kann ich immer ein Stück weggehen. Aber wenn ich sitze und sie legt mir auch noch die Hand auf die Schulter … Frau Fritzsche, es ist wirklich furchtbar für mich, dieses ständige Angefasse. Was soll ich denn nur machen?"

Nun, was denken Sie? Wie ist dieses Problem zu lösen? Gibt es neben einem klärenden Gespräch auch ein körpersprachliches Signal, wie die Sekretärin diesen Einbruch in die Abstandszone abwehren könnte?
Antwort:

....

....

....

Der Abstand als körpersprachliche Kategorie beschreibt den Raum zwischen einem oder mehreren Menschen. Im Grunde spielt er keine Rolle, wenn die gegenseitigen Grenzen gewahrt sind. Wird aber der persönliche Distanzraum gestört, kommt es zu großem Unbehagen, und die gesamte Gesprächssituation gerät nachhaltig ins Wanken. Von einem Wohlfühlabstand sprechen wir, wenn etwas mehr als eine Armlänge zwischen zwei Menschen liegt.

Faustregel für einen guten Körperabstand

Warum? Weil uns dann das Gegenüber nicht berühren kann. Das fußt auf unseren alten Instinkten der Vorzeit, wo uns weniger der aufdringliche Gesprächspartner mit nicht enden wollendem Small Talk quälte, sondern ein feindliches Sippenmitglied mit einem gezielten

Schlag auf unsere Kehle seinem Unmut Luft machte – mit durchaus unerfreulichen Konsequenzen für unser weiteres Dasein. Diese Urangst tragen wir genetisch in uns und reagieren noch heute mit Stress-Symptomen wie erhöhtem Herzschlag oder Unruhe, wenn sich andere uns zu sehr nähern. Ganz nah an uns heran darf nur ungefragt, wem wir zutiefst vertrauen: Kinder, Partner, Familie und enge Freunde. Wichtig ist es zu wissen, dass die genannte Armlänge nur einen Durchschnittswert, eine Orientierung darstellt. Ruhigere, introvertierte Menschen brauchen mehr Distanz, etwa anderthalb Armlänge Abstand darf es schon sein. Extrovertierte Personen kommen mit einer knappen Armlänge gut aus und fühlen sich dabei wohl. Damit ist eine Konfliktstelle zwischen den verschiedenen Persönlichkeitstypen schon markiert. Die individuelle Wohlfühlzone stimmt nicht überein. Gefühlte Ablehnung oder übergriffige Berührung wird von den verschiedenen Persönlichkeitstypen sehr unterschiedlich empfunden. In späteren Kapiteln gehe ich darauf näher ein.

Empfindlich und irritiert reagieren introvertierte Menschen, wenn das Gegenüber nicht nur ganz dicht rankommt, sondern sie dann auch noch im Gespräch berührt. Hier handelt es sich um ein klassisches Missverständnis zwischen einem extrovertierten und einem introvertierten Persönlichkeitstypen. Der nach außen gerichtete, kontaktfreudige Mensch unterstreicht seine Worte nicht nur durch Luftgesten, sondern auch durch Kontaktgesten. Er berührt sein Gegenüber leicht am Arm oder tippt die Person an, um einen wichtigen Punkt seines Satzes zu betonen. Diese Kontaktgesten sind durchaus ein Zeichen von Sympathie. Bei nach innen gerichteten Menschen verfehlt diese Sympathiebekundung völlig ihre Wirkung. Sie empfinden diese Situation als distanzlos und teilweise übergriffig. Auf alle Fälle fühlen sie sich nachhaltig unwohl, was den Kommunikationsfluss mit dem Gegenüber intensiv stört.

In meinem Coachings höre ich sehr oft Geschichten im Stil von „der tatscht mich immer im Gespräch an“ oder eben im Gegenteil „je freundlicher ich mit ihr spreche, desto mehr zieht sie sich zurück“. Das sind ganz klassische körpersprachliche Missverständnisse.

Linke und rechte Körperhälfte

Um die Körperhaltung gut zu lesen, beschäftigen wir uns noch mit unserer linken und rechten Körperhälfte, die eine starke Aussagekraft zum rationalen und emotionalen Anteil unserer Persönlichkeit hat.

Unser Körper wird über unsere beiden Gehirnhälften gesteuert. Sie lenken unseren Körper und teilen sich die Arbeit auf. Die linke Gehirnhälfte steuert unsere rechte Körperseite, die rechte Gehirnhälfte reguliert die Bewegungsabläufe der linken Körperseite. Verbunden sind beide Gehirnhälften mit einer Brücke, dem sogenannten Corpus callosum. Je reger der Informations- und Gefühlsverkehr über diese Brücke fließt, desto konzentrierter und aufmerksamer sind wir. Teamwork zwischen beiden Gehirnhälften ist ein Muss für klares Denken, für das Entwickeln von Ideen und lebendiger Kommunikation. Keine Gehirnhälfte kann gut alleine leben – unsere beiden Hemisphären im Kopf haben eine Ehe auf Lebenszeit. Sie vertragen sich wie im richtigen Leben am besten, wenn sie sich ausreichend Zeit füreinander nehmen und viel miteinander kommunizieren. Nehmen wir nur eine Gehirnhälfte stark in Anspruch, beispielsweise, indem wir jemandem zuhören, der uns Zahlenreihen aufsagt, ermüden wir sehr schnell. Wenn Sie für andere gut verständlich und einprägsam sein wollen, dann regen Sie abwechselnd die Gehirnhälften Ihres Gesprächspartners an. „Was soll ich tun?", fragt sich jetzt vielleicht der eine oder andere. Im Klartext heißt das: Wechseln Sie beim Erzählen oder Erläutern zwischen emotionalen Informationen und rationalen Fakten. Emotionale Informationen regen die rechte Gehirnhälfte Ihres Gegenübers an – wie anschauliche Beispiele, Zitate oder kleine Geschichten. Ergänzen Sie Ihren Sachverhalt mit Zahlen, Fakten oder Daten, damit auch die linke Gehirnhälfte Ihres Zuhörers gut „gefüttert" wird. So erreichen Sie bei Ihrem Gesprächspartner die höchste Aufmerksamkeit – denn es ist die beste Form der gehirngerechten Sprache.

Instinktiv wissen wir bereits als Kinder, dass beide Gehirnhälften gleichzeitig beschäftigt werden müssen, damit wir konzentriert und ausdauernd lernen können: Schauen Sie sich Ihre eigenen alten Mathehefte an oder beobachten Sie Ihre Kinder. Kritzeleien und kleine Zeichnungen sind in Matheheften keine Seltenheit. Kinder suchen die (Über-)Beanspruchung der linken Gehirnhälfte, dem Wohnort der Logik und Zahlen, instinktiv auszugleichen, indem sie beispielsweise durch Zeichnen, Malen oder Singen die rechte Gehirnhälfte anregen. Damit verbessern sie unbewusst ihre Konzentration, um Rechenaufgaben besser lösen zu können. Bevor Sie das nächste Mal mit Ihrem Kind über das Rumgekritzel in Schulheften schimpfen, überlegen Sie vielleicht ob es nicht besser wäre, die Konzentration Ihres Sohnes oder Ihrer Tochter zu fördern. Kaufen Sie ein Kritzelheft!

Das Gehirn

Linke Gehirnhälfte

Zahlen
Ratio und Logik
Analyse (Details)
Regeln und Gesetze
Wissenschaft
lineares Denken
Verständnis von Zeit

Rechte Gehirnhälfte

Körpersprache
Phantasie
Intuition und Gefühl
Synthese (Überblick)
Kreativität
Kunst, Musik, Tanz
ganzheitliches, nonlineares Denken
räumliches Bewusstsein

Die linke Gehirnhälfte steuert die rechte Körperseite – und die rechte Gehirnhälfte lenkt die linke Körperseite.

Unsere linke Körperseite wird über unsere rechte Gehirnhälfte gesteuert. Dort befindet sich die Gehirnregion, in der überwiegend unsere Gefühlswelt abgespeichert wird. Im Alltag sagen wir gern „Das habe ich doch mit links gemacht!", was heißen soll, ohne große Anstrengung, mit Leichtigkeit. Leichtigkeit, die sich beispielsweise in Tanz, Musik oder Intuition spiegelt. Wir verweisen damit auf unsere emotionale Körperseite. Die rechte Körperseite, dirigiert von der linken Gehirnhälfte, ist unsere rationale Körperseite. Menschen, die viel mit der rechten Hand sprechen oder auch beim Gehen besonders die rechte Körperhälfte betonen, sind oft Handlungsmenschen. Die körpersprachlichen „Linkssprecher" sind eher Gefühlsmenschen. Doch was bedeutet es, wenn beide Hände sehr ausgewogen gestikulieren? Dann haben Sie es mit einem Menschen zu tun, der guten Zugriff auf seine Gefühls- und Handlungswelt hat. Oft sind dies sehr ausbalancierte Personen.

Übung – rechte und linke Körperhälfte

Kopf dicht? Synchronisieren Sie!

Sie fühlen sich unkonzentriert, ausgepowert und „dicht" im Kopf? Das heißt: Ihre linke und rechte Gehirnhälfte streiken und haben die Zusammenarbeit kurzfristig aufgekündigt. Sie müssen aber geistig-fokussierte Arbeit leisten? Und der Abgabetermin drückt? Vielleicht wartet eine Präsentation, Abhandlung, ein Vertrag auf Ihrem Schreibtisch und muss detailliert bearbeitet werden? Hier hilft die Synchronisation des Gehirns. Der Weg vom Gehirn zum Körper ist keine Einbahnstraße – auch Ihr Körper und seine Bewegungen wirken ins Gehirn zurück und können die Leistungsfähigkeit erheblich steigern. Die einfachste Methode, um das Gehirn wieder zum Denken und damit zur Zusammenarbeit von rechter und linker Gehirnhälfte zu überreden, ist Bewegung.

Gleichmäßige synchrone Bewegungen der linken und rechten Körperhälfte von mindestens 20 – 30 Minuten bringen auch unsere Gehirnhälften wieder ins Gleichgewicht. Am besten geeignet sind ein schneller Spaziergang, bei dem Sie beide Arme mitbewegen, Yoga oder langsames (!) Joggen.

Viele, die den inneren Schweinehund überwinden können, kennen den Effekt, der nach ungefähr 20 Minuten Laufen einsetzt. Sie nennen es „Den Kopf wieder frei haben!"

Auch auf der Suche nach einer neuen Idee empfiehlt sich Bewegung. Denn in einem bewegten Körper lebt bekanntlich ein bewegter Geist. Übrigens: Die sogenannten Geistesblitze entstehen nur dann, wenn die rechte und linke Gehirnhälfte miteinander arbeiten dürfen und ein sehr reger Brückenverkehr zwischen der rationalen und emotionalen Seite herrscht. Also synchronisieren Sie, was das Zeug hält und wann immer es geht – und wer weiß, vielleicht rufen Sie dann auch schon bald „Heureka – ich hab's gefunden!", wie vor mehr als 2000 Jahren der berühmte Archimedes – dem wir übrigens bis heute die Zahl Pi verdanken.

Im nächsten Schritt zum Körperleser stellt sich hier nun wieder zunächst die Frage: Wie reflektieren Sie Ihre eigene Körperhaltung? Auch diese kleine Übung ist eine Vorbereitung zur Selbsteinschätzung Ihres körpersprachlichen Ichs im Folgekapitel.

Reflektieren Sie Ihre Körperhaltung und den Abstand, den Sie anderen gewähren oder selbst einnehmen. Der Frageleitfaden orientiert Sie.

Übung – Körperhaltung

Wie stehen Sie, wenn Sie aufrecht stehen? Sicher? Wippelig? Steif? Leicht nach vorn gebeugt? Den Oberköper nach hinten gebeugt?

....

....

Wie breit stehen Ihre Füße auseinander? Hüftbreit? Enger? Weiter?

....

Wohin zeigen Ihre Fußspitzen beim Gehen? Geradeaus? Nach außen? Nach innen?

....

Machen Sie eher große oder kleine Schritte?

....

Gehen Sie im Alltag eher schnell oder langsam?

....

Wie reagieren Sie bei Ärger? Haben Sie eher den Impuls, auf den anderen zuzugehen oder wenden Sie sich ab?

....

Wird Ihr Körper im Stress eher ruhiger, bewegungslos oder unruhig?

....

Mögen Sie es, wenn Sie im Gespräch leicht berührt werden?

....

Fällt Ihnen auf, dass Sie im stehenden Gespräch oft einen Schritt nach hinten gehen?

....

Agieren Sie mehr mit der linken oder mit der rechten Körperseite?

....

Berühren Sie andere beim Sprechen?

....

Mit welcher Hand gestikulieren Sie mehr?

....

Tonfall

Als körpersprachliches Element beschreibt der Tonfall a) den Stimmteppich des Wortes und b) alle nichtverbalen Lautäußerungen. Was ist darunter zu verstehen?

Der Tonfall

Der Tonfall umfasst alle Erscheinungen, die sich beim Sprechen manifestieren.
Das sind:

- Sprachmelodie
- Sprechpausen
- Lautstärke
- Rhythmus
- Tempo
- nonverbale Äußerungen (Seufzen, Stöhnen ...)

„Der Ton macht die Musik!", das hören wir oft als Kritik, wenn wir uns mal im Ton vergriffen haben. Denn unser Tonfall zeigt, wie wir emotional zum Gesagten stehen.

Wollen wir jemanden überzeugen, sprechen wir plötzlich rhythmischer, lauter, akzentuierter. Sind wir uns nicht ganz sicher in dem was wir sagen, werden wir oft unwillkürlich leiser. Stehen wir bei einer Präsentation vor einer Gruppe und fühlen uns unwohl, dann reden wir unvermittelt schneller. Der unbewusste Reflex: „Dann bin ich schnell fertig und bloß weg hier!"

Ein abwertender Tonfall kann andere schwer kränken – wie die kleine Illustration verdeutlicht, „fällen" wir unser Gegenüber.

DAS haben auch Sie in jedem Fall schon einmal erlebt. In der einen oder anderen Weise.

Die Stimme bringt es an den Tag!

Das Telefon klingelt. Herbert, der es sich gerade mit einem Kaffee und der Tageszeitung bequem gemacht hat, steht mit einem Seufzen auf. „Hier ist Sarah", meldet sich eine junge Frau.

Zur Freude über den Anruf seiner 22-jährigen Tochter gesellt sich sofort ein Störgefühl hinzu. Ihre Stimme klingt leise und gequält. „Was ist passiert?!", fragt er sofort nach. „Wieso denn? Nichts!", versichert Sarah eilig, doch die Stimme bleibt kraftlos. „Na, ich hör doch, dass etwas nicht stimmt!", beharrt Herbert.

Es ist Ruhe in der Leitung. Dann kommt ein weinerliches „Papa, das bildest du dir nur ein!" Herbert atmet tief durch, während sich sein Kopfkino anschaltet. Was ist passiert? Ist Sarah krank? Kriminell geworden? Nimmt sie etwa Drogen? In was ist sie da hineingeraten? „Sarah!", sagt er nun lauter und drohend, „Jetzt sag endlich, was los ist. Du kannst doch mit mir reden." Nun hört Herbert nur ein Schluchzen und Schniefen – und schließlich: „Es ist aus!" „Du hast dein Studium geschmissen? Sag mal, das kann doch nicht …", empört sich Herbert und seine Stimme wird laut.

„Nein, nein", unterbricht Sarah schnell, „die Sache mit Kevin ist vorbei." Herbert atmet erleichtert auf und denkt sich: Dieser Pseudo-Öko-Fuzzi hat meiner Tochter das Herz gebrochen. Ich wusste gleich, dass der nichts für meine Kleine ist. Wer schon die Knackwurst vom Fleischer „Möller" verschmäht und dafür so ein graues Gemüseaufstrich-Zeug aufs Brot streicht …

„Papa, bist du noch da?", piepst Sarah nun mit dem dünnen Stimmchen einer Dreijährigen durchs Telefon.

„Ja, natürlich", sagt Herbert nun mit geballter väterlicher Autorität und einem Klang, mit dem er Sarah früher beruhigte, wenn sie sich als Kleinkind das Knie aufgeschlagen hatte. „Einen Moment, meine Kleine, ich höre dir gleich zu!" Mit einem tiefen Seufzer holt er sich seinen Kaffee, legt die Zeitung zur Seite und zündet sich eine Zigarette an. „Kevin, dieser Mistkerl", denkt er.

„Also, jetzt erzähl mal der Reihe nach, Sarah", mit sanfter, betont langsamer Stimme ermutigt er seine Tochter.

Zehn Zigaretten später ist Papa Herbert über die gesamte Kevin-Saga der letzten drei Wochen informiert, als sich Sarah mit einem gespielt-entsetzten Aufschrei verabschiedet: „Oh je, was! Schon so spät. Papa, ich komm zu spät zur Party. Ich hoffe, bei dir ist alles okay. Na, dann bis bald." Und dann säuselt es noch fröhlich nach: „Hab dich lieb, Papa." Stille in der Leitung. Herbert seufzt erneut, und mit einem Schnaufer der Erleichterung lässt er sich in seinen braunen Lieblingssessel fallen.

Die Stimme bringt es an den Tag, was mit uns los ist. Das hören uns andere an und wir wissen oft schon nach dem ersten „Hallo", wie es einem vertrauten Menschen geht. Selbst wenn wir ihn nur hören.

Wer von Natur aus mit einer dunklen, eher tiefen Stimme beschenkt wurde, dem wird gern Kraft, Ruhe und Sicherheit zugeschrieben. Sie vermittelt Vertrauen und Glaubwürdigkeit. Ein tiefer Tonfall wirkt beruhigend. Mit dem Klang der Stimme assoziieren wir sehr viel, weil wir fühlen, dass uns über die Stimme die echte und ehrliche Emotion erreicht.

Menschen mit einem hohen Stimmklang haben oft mit Vorurteilen zu kämpfen: Sprechen Frauen sehr hoch, wecken sie zwar oft unbewusste Beschützerinstinkte, weil die Klangfarbe nah am Kleinkind angesiedelt ist, aber gleichzeitig wird ihnen Unsicherheit und ein ängstliches Grundwesen unterstellt. Das kann für die berufliche Entwicklung manchmal hinderlich sein. Männer mit einer sehr hohen Stimme haben es im Beruf noch schwerer. Gerade bei diesen erblichen Stimmlagen ist es wichtig, dass bewusst Pausen eingebaut werden. Diese signalisieren Ruhe und schaffen einen Betonungsakzent vor dem kommenden Wort. Auch die Stimmmelodie spielt eine besonders wichtige Rolle. Keinesfalls sollte im Zusammenhang mit einer hohen Stimmlage am Ende des Satzes nach oben gegangen werden, denn das ist die Melodie für einen Fragesatz. Für berufliche Belange oft äußerst kontraproduktiv, wenn Sie als kompetent und glaubwürdig gelten wollen.

Die nichtverbalen Äußerungen werden oft unterschätzt und haben somit freien Lauf. Dem Gegenüber fällt es so außerordentlich leicht, unseren Gefühlszustand zu decodieren. Stöhnen, Seufzen, Keuchen oder ein Sich-Räuspern sind kraftvolle Aussagen, auch wenn diese an kein gesprochenes Wort geknüpft sind. Stellen Sie sich vor, Sie bekommen von einem Bekannten Besuch. Bevor er sich setzt, betont er noch einmal „Ich freue mich wirklich sehr, dass es endlich mal geklappt hat!“ Daraufhin folgt, während er sich setzt, ein unterdrücktes längeres Stöhnen. Was meinen Sie, wie gern ist er tatsächlich bei Ihnen zu Gast? „Ach“, sagen Sie vielleicht, „der hat nur Rückenschmerzen.“ Und in diesem Kontext kann ich nur antworten: „Na, hoffentlich!“

Auch das „Hm“ hat in der Gesprächssituation eine besondere Bedeutung. Wenn Sie jemandem zuhören, gilt es als nonverbale Antwort aufs Gesagte. Keinesfalls sollten Sie ein „Hm“ in jedem Fall als zustimmendes „Ja“ deuten. Denn zunächst bedeutet es einfach: „Ja, ich höre dir aufmerksam zu – und zwar unabhängig davon, ob ich deiner Meinung bin oder nicht.“ Hier schlummert unauffällig ein großes Konfliktpotenzial, wenn der Erzählende die vielen „Hms“ als ein „Ja“ versteht und im Nachgang sich der Zuhörer ganz anders positioniert oder verhält als angenommen.

Dann gibt es noch die drängenden „Hms“. Sie können Sie daran erkennen, dass diese in schnellen Abständen mehrfach hintereinander ertönen, meist erhöht sich die „Hm-Frequenz“ im Gespräch. Das ist ein Zeichen steigender Ungeduld beim Zuhörer und heißt so viel wie: „Ach, Mensch! Jetzt komm doch endlich mal auf den Punkt!“

Bevor wir dieses Kapitel beenden, wollen wir noch die Selbstreflexion der Kategorie der Stimme hinzufügen. Wie bei allen anderen Kategorien ist es auch hier die beste Variante, dass Sie zunächst Ihr Körpersprache-Gedächtnis bemühen und erst dann Ihre Selbsteinschätzung mit einem Abgleich beenden. In diesem Fall ist es ein Hörtest.

Lesen Sie einen Abschnitt aus diesem Buch laut und nehmen Sie Ihre Stimme auf. Wie beschreiben Sie Ihre Stimme? Nehmen Sie sich etwas Zeit, um Ihr Körpersprache-Ich nach dem Klang Ihrer Stimme abzuklopfen. Auch diese Übung wird Ihnen beim Körpersprache-Test im folgenden Kapitel sehr nützlich sein.

Kriterium der Stimme	Frage	Antwort
Lage	Sprechen Sie hoch oder tief?	
Melodie	Wie ist der grundsätzliche Melodiefluss Ihrer Sätze? Harmonisch? Rhythmisch? Monoton?	
Rhythmus	Abwechslungsreich? Eher gleichbleibend? Oder anders?	
Tempo	Sprechen Sie eher schnell oder langsam?	
Lautstärke	Sprechen Sie eher laut oder eher leise?	
Volumen	Füllt Ihre Stimme einen Raum oder bleibt sie eher an einem Ort?	
Aussprache	Sprechen Sie Vokale und Endungen sauber und deutlich? Oder „nuscheln" Sie? Verschlucken Sie die Endungen?	
Modulation	Wie unterschiedlich können Sie Ihre Stimme gestalten?	
Kraft	Klingt Ihre Stimme sicher? Drückt sie Selbstvertrauen aus?	

Kapitel 2 Das Fritzsche Prinzip

Test: Neue Typologie der Körpersprache und Persönlichkeit

Das Fritzsche Prinzip ist ein neues Verfahren zur Ermittlung von Persönlichkeitstypen mit Hilfe der Körpersprache-Signatur. Das Testverfahren setzt sich aus einem Verhaltenstest und einem Körperspracheteест zusammen, wobei der Körperspracheteест der ausschlaggebende Test ist. Das Fritzsche Prinzip ist eine neue Typologie der Körpersprache, die die Persönlichkeit decodiert.

Das Körpersprache-ICH als Marker der Persönlichkeit. Sie können so einen klaren, unverstellten Blick auf sich selbst werfen – und blicken dabei sozusagen durch das Schlüsselloch der Körpersprache in Ihre Persönlichkeit.

In diesem Teil des Buches stehen Sie an einer Kreuzung. Der eine Weg führt Sie systematisch über den Test zur Auswertung Ihres Persönlichkeitstyps, der andere Weg lädt Sie zum Stöbern ein. Erkunden Sie ab Kapitel 4 die einzelnen Persönlichkeitstypen, ordnen Sie sich ein und überprüfen Sie am Ende durch den Test Ihre Selbsteinschätzung. Es gibt hier keinen falschen oder richtigen Weg, sondern nur den, der zu Ihnen passt. Also: Entweder Sie überspringen zunächst dieses Kapitel. Dann lesen Sie weiter hinten im Buch und erfahren, wie die einzelnen Körpersprache-Typen sich verhalten, kommunizieren, streiten oder welches berufliche Umfeld besonders gut passt. Sie gehen auf eine persönliche Erkundungsreise mit dem Ziel, sich selbst in einer Typisierung zu erkennen. Dann können Sie den Test am Ende bearbeiten und Ihre Selbsteinschätzung auf Stimmigkeit überprüfen.
Oder Sie absolvieren den Test sofort und lesen dann ganz gezielt die Auswertung zu Ihrem Körpersprache-Ich und Persönlichkeitstyp.
Sie haben sich zunächst für den Test entschieden? Gut, dann los.

Was passiert im Testverfahren?

Der Test verläuft in drei Etappen. Anders als in anderen Persönlichkeitstests, die vorrangig Ihre Verhaltensweisen abfragen, legen wir den Fokus auf die Körpersprache und nutzen die älteste, ehrlichste und schnellste Sprache als zuverlässige Methode zur Erkundung unseres Ichs. Auf dem Weg vom Körpersprecher zum Körperleser sind Sie durch die zahlreichen Übungen aus dem letzten Kapitel sehr gut ausgerüstet, um den Körpersprache-Test zu bewältigen. Das ist der erste Schritt.

Im zweiten Schritt bearbeiten Sie Fragen zu Ihrem Verhalten. Schließlich im dritten und letzten Schritt verzahnen Sie die Ergebnisse aus dem Körpersprache-Test mit dem Verhaltenstest: Sie erfahren Ihren Persönlichkeitstyp, den Sie in Ihrem Körpersprache-Ich repräsentieren.

Die Grundtypen sind: Jäger, Schöpfer, Bewahrer und Finder

Sie stehen für die Typologie von ergebnisorientierten, ideenorientierten, beziehungsorientierten oder faktenorientierten Menschen. Um es gleich vorweg zu nehmen: Wir tragen alle diese Anteile in uns. Die Kernfrage aber lautet: Was ist unser Schwerpunkt? Welcher Anteil nimmt den meisten Raum ein? Dieser Wesensanteil wird sich in unserem Denken, Fühlen, Kommunizieren, Auftreten und Handeln letztlich durchsetzen. Der Fingerabdruck Ihres Ichs wird dabei sichtbar, für Sie und jeden lesbar durch Ihre körpersprachlichen Signale.

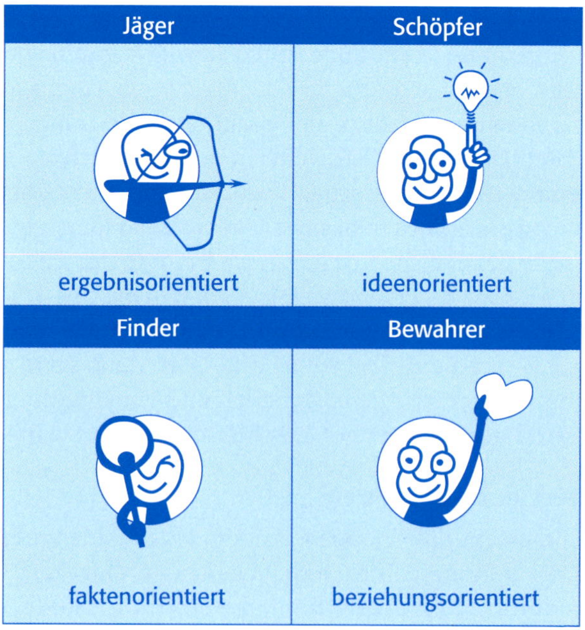

Mein Testverfahren unterscheidet sich von anderen dadurch, dass die Priorität auf den Körpersprache-Markern und erst in zweiter Linie auf Ihrer persönlichen Verhaltenseinschätzung liegt. Das führt zu anderen Ergebnissen. Warum?

Die Selbsteinschätzung unseres eigenen Verhaltens unterliegt oft versteckten Fehlerquellen, denn unsere Selbstsicht ist geprägt von Wunschvorstellungen und vom Urteil unserer Umgebung, der Einschätzung unserer Eltern, unseres Partners oder unserer Kollegen.

Zum Beispiel werden Sie im Verhaltenstest gefragt: Sind Sie zuversichtlich? Das heißt, gehören Sie zu den Menschen, die grundsätzlich hoffnungsvoll, optimistisch und lebensbejahend auf Gegenwart und Zukunft schauen? „Ja, natürlich!", sagen wahrscheinlich die meisten von Ihnen. Aber im Kontext wozu? Stellen wir uns vor, Sie kämen aus einer vorsichtigen Ursprungsfamilie. Einer Familie, die sehr stark abwägt, die versucht, keine Risiken einzugehen, die bei allen Entscheidungen im Vorhinein auch immer die schlimmste Variante im Kopf hat und deshalb versucht, auf Nummer sicher zu gehen. Also stellen wir uns einmal vor, Sie wären in diesem Umfeld aufgewachsen und hätten als Jugendlicher am elterlichen Abendbrottisch immer mal gesagt: „Ach, so schlimm kann es doch nicht werden. Das geht schon!" Vielleicht hat Ihre Mutter dazu gesagt: „Ach, mein Kind, du bist ein unverbesserlicher Optimist." Hat sich diese Situation oft wiederholt, haben Sie möglicherweise das Selbstbild, dass Sie ein zuversichtlicher Mensch sind. Die Frage ist aber: Sind Sie es tatsächlich oder nur im Zusammenhang mit Ihrer Ursprungsfamilie? Denkbar, dass Ihre Arbeitskollegen in der Gegenwart ganz anders antworten. Vielleicht so: „Also er ist ein super Kollege, immer hilfsbereit. Auf den kann man sich verlassen. Nur bei Entscheidungen tut er sich schwer. Er wägt sehr lange ab und orientiert sich zu sehr auf das, was schiefgehen kann. Eben kein geborener Optimist!" Die Frage ist also: Was sind Sie denn nun, eher zuversichtlich oder nicht?

Was uns hier hilft, sind die Körpersprache-Marker: Mimik, Gestik, Körperhaltung, Tonfall und Abstand zeigen an, wie wir wirklich sind. Sie sind der Schlüssel, um einen realistischen Blick auf unser Wesen und die Gefühle, von denen unsere Gedanken begleitet werden, zu werfen. Menschen, bei denen zum Beispiel Zuversicht eine wesensimmanente Eigenschaft ist, agieren in Gesichtsausdrücken, Gesten und Tonfall völlig anders, als jene, die mit besonderer Vorsicht handeln.

Das ist der Grund, warum wir den Körpersprache-Test priorisieren und gleichzeitig als Korrektiv für unser Selbstbild einsetzen sollten. Diese Methodik fungiert als körpersprachliches Lesegerät unseres Wesens, ergänzt durch eine Kurzreflexion der eigenen Verhaltensparameter.

In der dritten Etappe des Testverfahrens verzahnen Sie das Testergebnis aus dem Körpersprache-Test und dem Verhaltenstest. So erfahren Sie Ihren Persönlichkeitstyp. Aber nicht nur das, sondern auch, wie stimmig und authentisch Sie auf Ihr Umfeld wirken. In den letzten zehn Jahren durchliefen in meinen Coachings Tausende von Menschen den Test. Ein Ergebnis wiederholte sich immer wieder: Stimmte die körpersprachliche Einschätzung und die Einschätzung des eigenen Verhaltens überein, wurden diese Menschen von ihrem Umfeld als besonders authentisch eingestuft. Sie wirkten zufriedener und hatten weniger Missverständnisse mit ihren Mitmenschen. Diejenigen, die einen Spagat zwischen den Testergebnissen feststellen mussten, fühlten sich oft falsch verstanden und blockierten sich manchmal selbst, ohne zu verstehen, warum das geschah. Letztere Gruppe nutzte danach das Körpersprache-Wissen und damit das Wissen um ihre eigene Wirkung verstärkt, um ihr Selbstbild zu korrigieren. Aus den vielen Feedbacks nach Monaten und teilweise noch nach Jahren weiß ich, dass die Selbstkorrektur auf Grundlage der Körpersprache-Elemente das Leben der Teilnehmer nachhaltig verbessert hat. Die Stimmigkeit der beiden Tests gibt demnach auch Auskunft über Ihren Authentizitätsfaktor.

Bevor wir in die erste Etappe des Testverfahren starten, noch eine wichtige Anmerkung. In der Auswertung Ihres Testergebnisses werden Sie in der Priorisierung zu bestimmten Persönlichkeitspaaren gelangen – dem dominanten und Ihrem subdominanten Anteil (zum Beispiel: Jäger-Schöpfer oder Bewahrer-Finder). Bestimmte Persönlichkeitspaare schließen sich aber aus, da diese Konstellation zu einem Widerspruch in sich führt. Warum das so ist, werde ich im Weiteren noch genau erläutern.

Körpersprache-Test: die erste Etappe

Im ersten Test reflektieren Sie Ihre Körpersprache. Dazu konzentrieren wir uns jeweils nacheinander auf die einzelnen Elemente der Körpersprache, um uns nicht in den vielfältigen nonverbalen Signalen zu verirren. Das heißt wir beobachten zunächst die Mimik, erst dann die Gestik und so weiter. Im ersten Kapitel haben Sie bereits vorbereitende Übungen zur körpersprachlichen Sensibilisierung gemacht. Das ist Ihr Rüstzeug für die Testbearbeitung.

Beobachten und wahrnehmen heißt einfach hinschauen, ohne sich selbst zu bewerten (Vermeiden Sie möglichst eigene Urteile, unabhängig davon, ob diese für Sie negativ oder schmeichelhaft besetzt sind. Also kein: „Ich stehe ja wie ein Schluck Wasser da!“ oder „Was für ein Prachtexemplar von einem Bizeps!“). Weder sollten Sie sich loben noch sich selbst kritisieren. Einfach nur schauen, wahrnehmen und die Körpersignale notieren.

Übung – Testverfahren

Sie können für den Test zwei einfache Hilfsmittel nutzen:

❶ Sie suchen sich ein einfaches Thema (Erzählen Sie über sich selbst. Über Ihren letzten Urlaub oder Ihr Hobby). Darüber sprechen Sie nicht länger als eine Minute. Zeichnen Sie diese Sequenz mit der Digicam, Ihrem Smartphone oder einem anderen Hilfsmittel auf. Noch besser: Lassen Sie es aufzeichnen, von einem Familienmitglied oder einem Freund.

❷ Schauen Sie sich die Aufzeichnung alleine an und beobachten: Mimik, Gestik, Körperhaltung, Tonfall und den Abstand zu einem anderen.

❸ Sollten Sie keine Möglichkeit zum Mitschnitt finden, funktioniert dies auch, wenn Sie sich vor einen Ganzkörperspiegel stellen und sich beim Reden beobachten. Sie müssten Ihre kleine Rede dann fünfmal halten, um jedes Körpersprache-Element einzeln (Mimik, Gestik usw.) genau unter die Lupe zu nehmen.

Der Mitschnitt ist aber die deutlich bessere Variante, weil uns unser Körpersprache-Gedächtnis, während wir sprechen, regelmäßig ein Schnippchen schlägt. Oder können Sie sich tatsächlich daran erinnern, welche Geste Sie heute Morgen am Frühstückstisch gemacht haben? Linke Hand? Rechte Hand? Große fließende Gesten oder kleine akzentuierte?

Viele sind sehr überrascht, wenn Sie sich das erste Mal auf die Körpersprache-Analyse konzentrieren. Ausrufe wie „Ach, du liebes bisschen, was knete ich denn mit den Händen!“ oder „Ich dachte, ich schaue viel, viel freundlicher!“ und „Wieso stehe ich denn schief, das ist mir noch nie aufgefallen!“ sind keine Seltenheit. Nochmal: Schauen Sie nur und bewerten Sie sich nicht selbst!

Machen Sie sich keine Sorgen über solche Aha-Erlebnisse, unser Körper spricht unentwegt, und es ist an der Zeit, ihm auf die Schliche zu kommen.

Hilfsfragen zur Testbeantwortung

Diese Fragen helfen Ihnen bei der Selbsteinschätzung Ihrer Körpersignale. Entscheiden Sie sich pro körpersprachlichem Element für maximal drei Kriterien. Beispiel: Mimik – ernst, direkter Blickkontakt, vorwiegend ruhiger Gesichtsausdruck.

Mimik	a) Haben Sie einen ernsten Gesichtsausdruck? b) Wirkt Ihre Mimik aktiv, mit vielen verschiedenen Gesichtsregungen? c) Halten Sie im Gespräch direkten Blickkontakt? d) Haben Sie oft einen fröhlichen Gesichtsausdruck? e) Lachen Sie oft und haben lebhafte Gesichtszüge? f) Haben Sie einen freundlichen, ruhigen Gesichtsausdruck? g) Lachen Sie eher weniger und haben einen ernsten, sachlichen und ruhigen Gesichtsausdruck?
Gestik	a) Sprechen Ihre Hände beim Erzählen in großen Bewegungen mit? b) Benutzen Sie schnelle oder langsame Gesten? c) Bevorzugen Sie kleine Gesten, die Akzente setzen? d) Oder gestikulieren Sie wenig? e) Mit welcher Hand gestikulieren Sie vor allem? f) Haben Sie eine Lieblingsgeste? g) Sind Ihre Gesten eher fließend oder mit einem Start- und Endpunkt?
Körperhaltung	a) Wie ist Ihre Körperhaltung – aufrecht und sicher, korrekt oder entspannt? b) Laufen Sie gern umher, zum Beispiel beim Telefonieren? c) Stehen oder sitzen Sie lieber, zum Beispiel beim Vortrag? d) Wenden Sie sich im Gespräch Ihrem Gegenüber zu? e) Stehen Sie eher korrekt oder dynamisch da? f) Machen Sie eher große oder kleine Schritte? g) Schwingen Ihre Arme beim Gehen mit?
Abstand	a) Wie viel Abstand halten Sie im Gespräch? b) Berühren Sie andere im Gespräch? c) Mögen Sie es, wenn Sie von anderen im Gespräch berührt werden? (zum Beispiel Hand auf die Schulter legen, an den Arm fassen u.ä.) d) Stört es Sie, wenn andere im Gespräch dichter an Sie herantreten? e) Umarmen Sie andere recht schnell?

→

Abstand	f) Vergrößern Sie den Abstand zum Gegenüber, wenn Sie verärgert sind? g) Verringern Sie die Distanz zum Gegenüber, wenn Sie wütend sind?
Stimme und Tonfall	a) Sprechen Sie eher schnell oder langsam? b) Sprechen Sie betont dynamisch? c) Sprechen Sie rhythmisch und emotional? d) Klingt Ihr Tonfall eher ruhig und harmonisch? e) Hört sich Ihre Stimme eher bedächtig und ernst an? f) Sprechen Sie eher laut oder leise – wohin tendieren Sie im Allgemeinen? g) Wie klingt Ihr Tonfall unter Stress?

Antwort:

....

....

Vergleichen Sie Ihre Antworten jetzt noch einmal mit Ihren Selbsteinschätzungen aus Kapitel 1 und Kapitel 2! Stimmt es noch überein? Sind Sie bereits zu anderen Erkenntnissen gelangt? Jetzt sind Sie gut gerüstet, um den Test mit Leichtigkeit zu beantworten. Dabei konzentrieren wir uns auf wenige Körpersprache-Marker, die aber eine katalysierende Wirkung für die Gesamtaussage zu Ihrem Körpersprache-Profil haben.

Wie gehen Sie vor?

Sie entscheiden sich pro Kategorie für nicht mehr als zwei Persönlichkeitstypen. Diese tragen Sie dann in die untere kleine Tabelle ein. Als zusätzlicher Abgleich steht Ihre Beobachtung in für Sie belastendenden Situationen oder bei einem Streit. Wie verhalten Sie sich unter Negativstress? Das ist ein zusätzlicher Marker für Ihre Körpersprache-Analyse. So, nun ist es aber Zeit für Ihre eigene Einschätzung.

Ein Tipp: Kopieren Sie die Tests vorher mehrfach. Erfahrungsgemäß gibt es bei der Analyse nach dem zweiten Hinschauen oft noch eine Korrektur. Oder, was noch öfter vorkommt: Die Test-Teilnehmer sind bei der Auswertung über die Aussagekraft des Tests so überrascht, dass sie noch ihre Familie, Freunde und Kollegen testen wollen.

Mein Körpersprache-Test

Typ	Mimik	Gestik	Haltung	Abstand	Tonfall
			Jäger		
normal 	ernst bestim- mend aktiv	groß zielgerich- tet direkt	Spannung hoch sicherer Stand	sozial (1 – 2 m) = mehr als eine Armlänge	klar energisch dynamisch schnell eher laut
Negativ- stress	zornig abweisend fokussiert	(ab)wei- send hektisch	unruhig umherge- hend	fasst sein Gegenüber an	laut hart
			Schöpfer		
normal 	lebhaft fröhlich viel Re- gung	groß einbezie- hend schnell	flexibel dynamisch federnd	gering (0,5 – 1 m) umarmt andere schnell	schnell emotional rhythmisch eher laut
Negativ- stress	wütend traurig verzweifelt	übergrei- fend fahrig	hektisch gelähmt	neigt zur Grenzüber- schreitung	anklagend verzweifelt
			Bewahrer		
normal 	freundlich ruhig	klein akzentuiert rechte und linke Hand	aufrecht zugewandt entspannt	gering (0,5 - 1 m)	freundlich ruhig harmo- nisch eher leise
Negativ- stress	unsicher traurig verschlos- sen	unkoordi- niert reglos	abgewandt	Rückzug Abstand vergrö- ßernd	traurig leise
			Finder		
normal 	ernst ruhig	klein wenig v.a. rechte Hand	aufrecht korrekt auf einem Punkt	sozial (1 – 2 m) mag keine Grenzüber- schreitung	bedächtig langsam ernst
Negativ- stress	abwehren verschlos- sen	verteidi- gend ablehnend	abgewandt reglos	Rückzug	nörgelnd leise stumm

Im Fritzsche Prinzip bin ich ein ....-Typ!

Selbstreflexion: Wo finde ich mich wieder?

Körpersprache	Persönlichkeitstyp
Mimik	
Gestik	
Haltung	
Abstand	
Tonfall	

Testauswertung Körpersprache-Profil:

Welcher Persönlichkeitstyp dominiert Ihre Körpersprache?
Jäger, Schöpfer, Bewahrer oder Finder?
Welche Konstellation hat Ihr Körpersprache-Test ergeben?

Antwort:

....

....

....

Analyse-Beispiel I: Mimik

Bei der Analyse Ihres kleinen Mitschnitts haben Sie im Bereich Mimik (Gesichtsausdrücke) Folgendes beobachtet:

Ihre Gesichtsmuskulatur ist sehr aktiv, Sie erkennen viele verschiedene Ausdrücke, die schnell wechseln, dabei wirken Sie sehr bestimmend. → Sie setzen ein Kreuz beim Jäger. Gleichzeitig konnten Sie beobachten, dass Sie beim Sprechen dennoch oft lächeln und einen lebhaften Blick haben. → Sie setzen zusätzlich ein Kreuz beim Schöpfer.

Im Ergebnis steht bei Ihnen in der Tabelle unter dem Punkt „Mimik": Jäger / Schöpfer.

Analyse-Beispiel II: Gestik

Ihnen ist aufgefallen, dass Ihre Gesten vor allem im Körperraum stattfinden. Weiterhin haben Sie Folgendes beobachtet:

Die Sprache Ihrer Hände wirkt sehr gleichmäßig. Sie sprechen sowohl mit der linken als auch mit der rechten Hand. Sie setzen ein Kreuz beim Bewahrer. Sie haben eine Lieblingsgeste entdeckt – eine Präzisionsgeste. Diese Geste führen Sie vor allem mit der rechten Hand aus. Setzen Sie das Kreuz beim Finder.

Im Ergebnis steht bei Ihnen in der Tabelle unter dem Punkt „Gestik“: Bewahrer / Finder.

Analyse-Beispiel III: Haltung

Bei der Mitschnitt-Analyse haben Sie Ihre Körperhaltung im Ganzen beobachtet. Dabei haben Sie Folgendes gesehen:

Sie wechseln recht oft Ihre Position. Sie wirken sicher, aber immer so, als hätten Sie eine kleine Feder unter Ihren Fußsohlen. Setzen Sie das Kreuz beim Schöpfer. Als Sie mit der Aufnahme fertig waren, haben Sie sich entspannt hingesetzt. Fast ein wenig gelümmelt, mit wenig Körperspannung. Setzen Sie ein zusätzliches Kreuz beim Bewahrer in der Kategorie „Haltung“.

Analyse-Beispiel IV: Abstand

Dazu haben Sie keinen Mitschnitt, es sei denn, Sie haben eine zweite Person in ein Gespräch verwickelt und dies mit aufgezeichnet. Sonst bemühen Sie Ihr Körpersprache-Gedächtnis, was in der Kategorie „Körperabstand“ recht zuverlässig arbeitet.

Sie haben rasch das Gefühl, dass andere Ihnen zu nah kommen – Ihnen sozusagen „auf die Pelle rücken“. Dass Sie es überhaupt nicht mögen, wenn Sie Ihr Gegenüber im Gespräch berührt. Das bedeutet, dass Sie sich bei der Grenzüberschreitung der anderen Person unwohl fühlen. In der Körpersprache bedeutet dies das gegenseitige Durchdringen der Schutzzone von mindestens einer Armlänge.

Dann setzen Sie das Kreuz beim Finder.

Sollten Sie sich unsicher sein, dann bitten Sie eine zweite Person zum Mitschnitt. Es sollte aber kein sehr enger Vertrauter sein, den wir naturgemäß viel näher in unsere Schutzzone eindringen lassen.

Analyse-Beispiel V: Tonfall

Bei diesem körpersprachlichen Marker schließen Sie in der Analyse des Mitschnitts am besten Ihre Augen.

Wie klingt Ihre Stimme? Sie hören beispielweise Folgendes: Sie sprechen sehr rhythmisch und emotional in einer tonalen Vielfalt. Hören Sie dabei eine schnelle Sprechgeschwindigkeit, die eher laut klingt? Unter negativem Stress klingt Ihr Tonfall schnell anklagend, manchmal schrill und kann abrupt sehr laut werden?

Dann setzen Sie Ihr Kreuz beim Schöpfer.

Der Verhaltenstest: die zweite Etappe

In der zweiten Etappe des Testverfahrens schätzen Sie verschiedene Verhaltensweisen dahingehend ein, ob diese für Sie zutreffend sind oder eher nicht.

Dabei stehen immer zwei Begriffspaare zur Auswahl. Diese Begriffe sind keine Wortpaare, die jeweils die Gegensätzlichkeit eines Verhaltens ausdrücken, wie etwa „faul – fleißig“, sondern Verhaltensweisen, die besonders typisch für den einen oder anderen Persönlichkeitstypus stehen. Dieser Test umfasst nur ganz spezielle Verhaltensmarker, die eine stark katalysierende Wirkung für das gesamteVerhaltensmuster innehaben. Beispiel dafür ist in Test A das erste Wortpaar: zuversichtlich – hilfsbereit

Die Kernfrage, die Sie sich bei der Bearbeitung von Test A und Test B stellen, ist: Welche Eigenschaft trifft eher auf mich zu? Bin ich beispielsweise eher zuversichtlich oder eher hilfsbereit? Das heißt nicht, dass die jeweils andere Eigenschaft nicht auf Sie zutrifft; Sie entscheiden lediglich, welche Eigenschaft mehr für Ihre Person steht.

Bei einigen Wortpaaren wird Ihnen die Wahl sehr leicht fallen, bei anderen werden Sie länger abwägen, weil beide Anteile in Ihnen stärker spürbar sind. Die Frage ist aber: Welche Eigenschaft kennzeichnet Sie etwas mehr? Bei diesem Test hatte ich schon viele Teilnehmer, die ihre Körperintelligenz mit zu Hilfe nahmen, wenn sich ein Wortpaar ein Kopf-an-Kopf-Rennen lieferte und sie sich nicht entscheiden konnten.

Mit der Körperintelligenz eine Entscheidung treffen

Sollten Sie den Test kopiert haben und mit einer Freundin, Ihrem Mann, Ihrer Frau oder einem Kollegen ausfüllen, wundern Sie sich nicht über die unterschiedliche Geschwindigkeit. Persönlichkeitstypen mit einem hohen analytischen Anteil füllen den Test meist ohne Schwierigkeiten in weniger als drei Minuten aus. Sie gehören nicht dazu? Kein Problem. Lassen Sie sich Zeit. Sie verfügen dafür über viele andere Stärken, die Sie in den folgenden Kapiteln noch erkunden können.
Genug der Vorrede. Los geht´s!

Entscheidungshilfe mit Körperintelligenz

Sie strecken dabei die Arme zur Seite aus und legen die jeweilige Eigenschaft in je eine Hand, wie in eine imaginäre Waagschale. Dann schließen Sie die Augen und fragen sich innerlich: Welche Eigenschaft trifft mehr auf mich zu, welche Eigenschaft wiegt schwerer? Beobachten Sie Ihre Arme: Welcher bewegt sich mit welcher Eigenschaft nach unten? Das ist dann die Eigenschaft, die mehr für Sie steht und die Sie ankreuzen.

Test A zur Typenbestimmung: Jäger (❑) – Bewahrer (❍)

❑ zuversichtlich
❍ hilfsbereit

❑ selbstbewusst
❍ verständnisvoll

❑ schnell
❍ gelassen

❑ selbstständig
❍ Teamspieler

❑ entscheidungsfreudig
❍ diplomatisch

❑ energisch
❍ konfliktscheu

❑ wettbewerbsorientiert
❍ kooperativ

❑ willensstark
❍ tolerant

❑ Führungspersönlichkeit
❍ loyal

❑ Herausforderer
❍ Vermittler

❑ Initiator
❍ Zuhörer

❑ bestimmt
❍ selbstlos

❑ direkt
❍ geduldig

❑ ergebnisorientiert
❍ beziehungsorientiert

❑ fleißig
❍ freundlich

❑ verantwortungsbewusst
❍ großzügig

❑ aufgabenorientiert
❍ harmonieorientiert

❑ zuverlässig
❍ rücksichtsvoll

❑ mutig
❍ unterstützend

Zählen Sie bitte, wie oft Sie den Jäger (❑) im Verhältnis zum Bewahrer (❍) angekreuzt haben – und tragen Sie Ihr Ergebnis ein!

Ergebnis: ....

Test B zur Typenbestimmung: Finder (❑) – Schöpfer (❍)

❑ geordnet
❍ kreativ

❑ strukturiert
❍ flexibel

❑ qualitätsorientiert
❍ ideenorientiert

❑ kultiviert
❍ begeistert

❑ logisch denkend
❍ visionär denkend

❑ zurückhaltend
❍ innovativ

❑ planend
❍ spontan

❑ konzentriert
❍ einfallsreich

❑ perfektionistisch
❍ freigeistig

❑ Traditionen pflegen
❍ Risiken eingehen

❑ sachlich
❍ lebenslustig

❑ analytisch
❍ heiter

❑ beständig
❍ vielseitig

❑ ernsthaft
❍ humorvoll

❑ effizient
❍ verträumt

❑ pünktlich
❍ kühn

❑ zuverlässig
❍ delegierend

❑ fleißig
❍ improvisierend

❑ Rekorde halten
❍ Trends setzen

Zählen Sie bitte, wie oft Sie den Finder (❑) im Verhältnis zum Schöpfer (❍) angekreuzt haben – und tragen Sie Ihr Ergebnis ein!

Ergebnis: ....

Wie lautet Ihr Ergebnis? Welcher Typus hat die höchste Punktzahl? Nehmen Sie aus jedem Test die höchste Punktzahl, so haben Sie Ihren Persönlichkeitstypus in Dominanz (höchste Punktzahl) und Subdominanz (zweithöchste Punktzahl) ermittelt.

Beispiel:

Im Test A steht: 15 x Jäger und 4 x Bewahrer
Im Test B steht: 8 x Finder und 11 x Schöpfer
Ergebnis: Jäger-Schöpfer
Die höchste Punktzahl definiert Ihren hauptsächlichen Persönlichkeitstyp, die zweithöchste Punktzahl benennt den nachfolgenden Persönlichkeitstyp.

Verzahnung der Testergebnisse: die dritte Etappe

Die letzte Etappe des Testverfahrens ist kinderleicht. Sie vergleichen das Ergebnis aus dem Körpersprache-Test mit dem Verhaltenstest. Bei oben genanntem Beispiel müsste in Ihrem Körpersprache-Test stehen: Jäger-Schöpfer.

Ergebnis Körpersprache-Test: ....

Ergebnis Verhaltens-Test: ....

Gesamtergebnis: ....

Ihr Persönlichkeitspaar ist stimmig? Herzlichen Glückwunsch. Dann blättern Sie direkt zum nächsten Kapitel weiter.
Bei etwa 80 Prozent aller Teilnehmer klappt die richtige Selbsteinschätzung nach den vorbereitenden Übungen auf Anhieb. Bei ungefähr zehn Prozent im zweiten Anlauf, weil meist ein Fehlerteufelchen in der Verhaltenseinschätzung steckte und das Testergebnis verzerrt hatte. Da kommen dann oft Kommentare wie: „Ja, stimmt. Ich bin eher planend als spontan. Aber ich wäre gerne spontaner, deshalb habe ich das angekreuzt!"

Also gehen Sie den Test nochmal durch: Bei welchem Aspekt sind Sie sich selbst auf den Leim gegangen? Haben Sie Ihre Erwartungshaltung an sich selbst angekreuzt, aber nicht die Realität? Korrigieren Sie bitte noch einmal. Denn erinnern wir uns: Die Körpersprache ist die ehrlichste Sprache; nehmen Sie Ihr Körpersprache-Ich als Korrektiv zur Hilfe.

Bei rund zehn Prozent wird das Ausfüllen der Tests zu einer längeren Reise der Selbsterkenntnis. Da scheint im Test zur Körpersprache und im Verhaltenstest nichts zusammenzupassen. Frustrierend? Nur auf den ersten Blick. Denn das ist eine auch eine gute Nachricht. Ihnen bietet das Buch noch mehr, als die Fähigkeit zu entwickeln, über Körpersprache-Wissen sich selbst und andere besser zu erkennen und zielgerichtet zu verstehen. Sie haben darüber hinaus die Möglichkeit, den Spagat zwischen Ihrer Selbstsicht und Außenwirkung zu schließen. Besonders für Sie habe ich ein Extra-Kapitel (Kapitel 9) zu den häufigsten Fehlerquellen und Fragen eingefügt. Bleiben Sie hartnäckig, bis beide Tests übereinstimmen. Denn eines ist sicher: Die fehlende Stimmigkeit in der Selbstsicht spiegelt sich in der Unstimmigkeit mit Ihrem Umfeld. Das müssen nicht immer Konflikte sein, vielleicht haben Sie eher das Gefühl, als steckten Sie irgendwie fest oder müssten immer eine Rolle spielen, die sehr viel Kraft raubt. Seien Sie geduldig, der spätere Einklang von Selbst- und Fremdsicht wird Ihre Lebensqualität dauerhaft in vielen Bereichen erhöhen.

Ich und mein Arbeits-Ich

Im Coaching hatte ich vor vier Jahren einen Fall, mit dem auch ich zu kämpfen hatte. Das emotionale Lesegerät, der Körpersprache-Test, befand eine Führungskraft Mitte 30 als einen Bewahrer-Finder. Im Verhaltenstest jedoch war sie ein Jäger-Schöpfer. Jede Eigenschaft konnte sie so gut begründen, dass sie dabei völlig aufrichtig und authentisch wirkte. Kein Zeichen von Unstimmigkeit. Wir führten den Test fünfmal durch. Immer dasselbe Ergebnis, Körpersprache-Ergebnis und Verhaltenstest passten kein Stück zusammen.

Wenn ich nicht Tausende anderer Teilnehmer jahrelang mit großem Erfolg durch die Tests begleitet hätte, ich hätte begonnen, am Testverfahren zu zweifeln. Ich war ratlos und wir verabredeten uns für den nächsten Tag.

Noch am gleichen Abend rief sie mich ganz aufgelöst an und sprudelte los: „Frau Fritzsche, dieser Test hat mich ganz aufgewühlt. Ich weiß jetzt, was los ist. Im Verhaltenstest habe ich nur meine beruflichen Verhaltensweisen angekreuzt, aber die sind mittlerweile so mit mir verschmolzen, dass ich es kaum noch trennen kann. Ich habe schon angefangen zu glauben, ich bin meine berufliche Rolle. Ich kämpfe jeden Tag, weil ich immer das Gefühl habe, das bin nicht ich, die dieses

berufliche Leben führen will. Ich muss mich fürchterlich verbiegen, um so zu agieren, wie es andere erwarten und das kostet mich eine irrsinnige Kraft. So zielorientiert und auf die Ergebnisse fokussiert, das ist einfach nicht mein Wesen. Abends falle ich nur noch ins Bett. Immer mit schlechtem Gewissen, weil ich viel mehr Zeit für meine Tochter und meinen Mann haben will. Was mir wirklich wichtig ist, das sind Beziehungen. Der Körpersprache-Test stimmt! Es ist mir wie Schuppen von den Augen gefallen. Ich bin ein Bewahrer-Finder!"
Ich will gerade ein „Das freut mich aber!" entgegnen, da erzählt sie schon weiter: „Aber jetzt habe ich keine Zeit, wir essen gleich zu Abend und ich will mit meinem Mann über unseren Traum, nach Australien auszureisen, sprechen. In Melbourne können wir Arbeit und ein entspanntes Leben miteinander besser verbinden. Schönen Abend noch!"
So schnell kann ich gar nicht folgen: „Australien? Melbourne?", frage ich ob dieser überraschenden Wendung nach. Aber meine Worte verhallen ungehört, sie hat bereits aufgelegt. 14 Monate nach diesem Telefonat wanderte die gesamte Familie aus, natürlich, wie es sich für einen Bewahrer-Finder gehört, alles in Ruhe, mit Bedacht und Stück für Stück vorbereitet. Letztes Weihnachten erhielt ich eine lange Mail einer fröhlichen, sehr zufriedenen Frau, die die Auswanderungswirren des ersten Jahres in Australien gut überstanden hat, die Zeit mit ihrer Familie genießt und von der besten Entscheidung ihres Lebens spricht.

Keine Panik, nicht jeder, der sich selbst wieder in die Balance bringt, wandert gleich aus. Aber dieses Beispiel zeigt, welchen Mut und welche Entscheidungskraft wir aufbringen, wenn wir uns an unserem Wesen orientieren – und das zeigt sich am deutlichsten über Ihr Körpersprache-Ich. Diese wahre Geschichte soll Ihnen Mut machen, an Ihren Testergebnissen zu arbeiten.

Kapitel 3 Auswertung

Körpersprache-Profil und Persönlichkeitstyp

Im letzten Kapitel haben Sie herausgearbeitet, welcher Persönlichkeitstyp Sie sind und welche körpersprachlichen Marker darauf hinweisen.

In diesem Kapitel werfen Sie einen ersten Blick auf Ihren Persönlichkeitstyp in komprimierter Form – sozusagen ein erster Schnappschuss von Ihrem Persönlichkeits-Ich. Denn sicherlich fragen Sie sich: Gut, ich bin ein Schöpfer-Bewahrer. Aber was heißt das nun für mich? Schauen wir uns die Persönlichkeitspaarungen mit den Stärken, Schwachpunkten und ihrer Einzigartigkeit an.

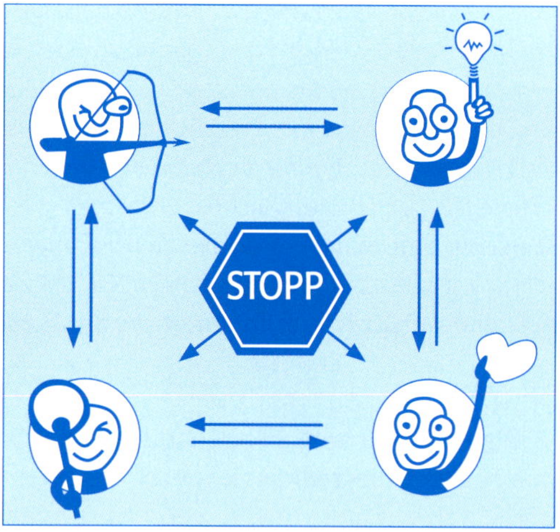

Wer passt nicht zu wem?

Wichtig bei der Auswertung Ihres Persönlichkeitstyps ist es, nochmal auf jene Persönlichkeitskombinationen zu verweisen, die sich ausschließen. Welche sind das? Sie können nicht zu gleichen Anteilen in der Gewichtung ergebnis- und beziehungsorientiert sein: Eine Kombination von Jäger und Bewahrer schließt sich damit aus. So wie es NICHT GLEICHZEITIG Tag und Nacht sein kann. Ebenso ist es nicht möglich, zu gleichen Anteilen ideen- und faktenorientierte Persönlichkeitsmerkmale in sich zu vereinen: Finder und Schöpfer können sich nicht in einer Person stimmig verbinden.

Jetzt runzeln Sie vielleicht die Stirn und fragen sich: Warum eigentlich nicht? Lassen Sie mich das an einer kleinen Geschichte erläutern:

Jäger oder Bewahrer? Weiterlaufen oder Stehenbleiben?

Martin, im Persönlichkeitstyp ein dominanter Jäger, bereitet sich mit seinem besten Freund auf einen Marathonlauf vor. Diese Vorbereitung nimmt insgesamt zwölf Monate in Anspruch, da beide das ehrgeizige Ziel verfolgen, unter den ersten zehn Läufern ins Ziel zu kommen. Wenn alles schiefgeht, so versprechen sie sich, soll es wenigstens einer schaffen. Das oberste Ziel lautet jedoch: alle beide.

Nach harten Trainingsmonaten ist der Tag endlich gekommen: Der Marathonlauf startet. Distanz genau 42,195 Kilometer. Die ersten 20 Kilometer laufen gut, das harte Training macht sich bezahlt. Die nächsten 20 Kilometer halten beide mit ständiger gegenseitiger Motivation durch und unterstützen sich, um den jeweils toten Punkt beim Laufen zu überwinden. Auf den letzten beiden Kilometern mobilisieren die Teampartner ihre letzten Kräfte, nur noch der Wille schleppt sie vorwärts. Dann kommt endlich das Ziel in Sicht und die ersten Läufer treffen ein.

Martin zählt: Bereits acht Läufer haben die Ziellinie überschritten. Freude und Triumph kommen auf, beide haben ihr persönliches Vorhaben gleich geschafft. 50 Meter vorm Ziel bricht sein bester Freund zusammen. Keiner weiß, warum. Was tun? Läuft er noch die letzten Schritte bis zum Ziel und lässt seinen Freund liegen? Oder kümmert er sich sofort um ihn und lässt die anderen Läufer vorbeiziehen?

Vielleicht sagen Sie sich: Es ist doch moralisch klar, dass er sich sofort um seinen besten Freund kümmert! Aber was, wenn der nur einen Krampf in der Wade hat oder sein bester Freund, so unwahrscheinlich es hier klingt, keine Lust mehr auf die verbliebenen 50 Meter hatte?

Wir erkennen in dieser Geschichte eine Schnittstelle zwischen beziehungsorientiertem und ergebnisorientiertem Handeln. Sie können nicht zum gleichen Zeitpunkt verschieden handeln. Stehenbleiben und Weiterlaufen. Sie müssen sich entscheiden und dieser Entscheidungsimpuls wird direkt von Ihrem Wesen gesteuert, von Ihrer ureigenen Persönlichkeitsstruktur gesendet. **Frage:** Wie würden Sie handeln?

Antwort:

Ebenso, wie Sie gleichzeitig nicht Jäger und Bewahrer sein können, so wenig können Sie keine Finder-Schöpfer- oder Schöpfer-Finder-Kombination bilden. Warum? Der Finder als faktenorientierter Mensch mit hohem analytischem Sinn erfasst die Welt über Einzelheiten, Fakten und Details. Der Schöpfer hingegen denkt in großen Bögen, gehört zu den flexiblen und gestaltenden Persönlichkeitstypen und erfasst die Welt über einen ganzheitlichen, kontextualen und emotionalen Eindruck. Details halten ihn nur auf. Schöpfer lesen sehr selten das Kleingedruckte in Verträgen. Jetzt raten Sie doch mal, in welcher Berufsgruppe man außergewöhnlich viele Finder findet?

Finder oder Schöpfer? Punktgenau oder im Überblick?

Schauen Sie sich dieses Bild an. Suchen Sie sich ein Detail, fokussieren Sie dieses und schauen Sie bitte zeitgleich das ganze Bild an.

Frage: Was sehen Sie?

Antwort:

Das geht nicht, meinen Sie? Richtig. Wir müssen uns entscheiden, entweder den Fokus aufs Detail oder aufs große Ganze legen. Beides zugleich ist nicht möglich. So können Sie vom Wesenstypus nicht gleichzeitig Finder und Schöpfer sein.

Das heißt, sollten Sie eine Bewahrer-Jäger Kombination oder eine Finder-Schöpfer Kombination erhalten haben, überprüfen Sie Ihren Test!

Stärken der Persönlichkeitstypen

Wir wollen uns im Schnappschuss zunächst auf Ihren dominanten Persönlichkeitsanteil konzentrieren. Die Frage ist: Wo liegen die wesenseigenen Stärken Ihres dominanten Persönlichkeitstyps, der sich in Ihrem Testergebnis spiegelt?

Stärken der Persönlichkeitstypen auf einen Blick	
Stärken des Jägers	**Stärken des Schöpfers**
• Führungsqualitäten • Entschlossenheit • Selbstvertrauen • Fachwissen • Antriebskraft • Schnelligkeit • Mut • Eigeninitiative • Willenskraft • Zuverlässigkeit	• Kreativität • Innovationsgeist • Flexibilität • Weitblick • Offenheit • Ideen • Begeisterung • Motivation • Anpassungsfähigkeit • Neugier
Stärken des Finders	**Stärken des Bewahrers**
• Analyse • Organisation • Fleiß • Konzentration • Zielorientierung • Beharrlichkeit • Logik • Verständnis • Anstand • Verantwortung	• Teamfähigkeit • Friedfertigkeit • Gerechtigkeitssinn • Hilfsbereitschaft • freiwilliger Einsatz • Diplomatie • Einfühlungsvermögen • Loyalität • Selbstlosigkeit • Geduld

Welche drei Kerneigenschaften würden Sie für sich auswählen? Entsprechen die Stärken des dominanten Persönlichkeitstyps Ihrem Testergebnis?

❶ ....

❷ ....

❸ ....

Schwächen der Persönlichkeitstypen

Sie kennen den Spruch: „Wo Licht ist, ist auch Schatten." Natürlich fühlen wir uns in unseren Stärken wohler und sicherer. Dennoch sind es gerade unsere Schwächen, die uns Entwicklung und Wachstum ermöglichen. Sie verursachen, dass wir von Zeit zu Zeit an uns zweifeln und neu über uns nachdenken. Diese Reflexion schafft die Reibungsenergie für unser persönliches Wachstum.

Ein Coachee sagte einmal zu mir: „Ach, wäre ich doch perfekt!" Wirklich? Kennen Sie nicht auch Menschen, die auf der Jagd nach dem eigenen perfekten Bild erstarren? Scheinbar perfekte Menschen sind selten Sympathieträger und noch seltener authentisch. Es sind am Ende auch unsere Schwächen, die uns auszeichnen und – so wir sie annehmen können – die uns liebenswert machen. Unsere persönlichen Macken, Ticks oder Fehler gehören genauso zum Gesamtbild unserer Persönlichkeit wie unsere Stärken. Da gibt es die „Sturköpfe", die „Verzettler", die „Ich-kann-mich-schwer-entscheiden-Typen" oder die „Heute so – morgen so" und sicherlich kennen Sie auch die „Lass-dir-Zeit-aber-mach-es-sofort" -Mentalität. Wichtig ist nur, dass unsere Schwachpunkte nicht unser Leben blockieren oder wir damit nicht anderen maßgeblich schaden. Fügen die Schwächen mir selbst oder anderen Schaden zu, dann wird aus einem liebenswerten Schwachpunkt eine Baustelle. An diesem Punkt beginnt die Arbeit an uns selbst. Und der erste Schritt beginnt immer mit Hinschauen, Nachdenken und dem Annehmen der Schwachpunkte. Erst dann können wir etwas ändern.

Schwächen der Persönlichkeitstypen auf einen Blick

Schwächen des Jägers

- Intoleranz
- Kampfeslust
- Ungeduld
- Neigung, andere einzuschüchtern
- Neigung, andere zu manipulieren
- Gefühllosigkeit
- Arroganz
- Chauvinismus
- Starrsinn
- herrisches Auftreten

Schwächen des Schöpfers

- Organisationsmangel
- Unordentlichkeit
- Widerspenstigkeit
- Unberechenbarkeit
- Verantwortungslosigkeit
- Tollkühnheit
- Unachtsamkeit
- Aktionismus
- Impulsivität
- Exzentrizität

Schwächen des Finders

- Besessenheit
- Pessimismus
- übermäßige Vorsicht
- Tendenz zu heftiger Kritik
- Langsamkeit
- Sarkasmus
- Engstirnigkeit
- Zurückgezogenheit
- Konfliktbereitschaft
- Snobismus

Schwächen des Bewahrers

- Unentschlossenheit
- Abhängigkeit
- Unsicherheit
- Langsamkeit
- Angst
- mangelnde Zielausrichtung
- Überempfindlichkeit
- Selbstmitleid
- Neigung zu Ausflüchten
- Neigung zu Klagen

Welche drei Kerneigenschaften würden Sie für sich auswählen? Entsprechen die Schwächen des dominanten Persönlichkeitstyps Ihrem Testergebnis?

❶ ....

❷ ....

❸ ....

Welche Schwäche mag ich an mir besonders? Welchen Nutzen habe ich davon?

....

Welche Schwäche schadet mir selbst oder anderen?

....

Was habe ich bislang konkret getan, um diese Schwäche zu ändern? Was? Wann? Wie oft?

....

....

....

Mit welchem Ergebnis?

....

Welche ersten Ideen habe ich, um Schwachpunkte, die mir und anderen schaden, nachhaltig zu ändern?

....

....

....

....

Welche dieser Ideen setze ich sofort um?

Was? ....

....

Mit wem? ....

....

Warum? ....

....

Bis wann? ....

....

Kontrolle? ....

....

Kapitel 4 Verhalten

Allgemeines Verhalten und Einzigartigkeit

In diesem Kapitel schauen wir uns gemeinsam an, welche allgemeinen Verhaltensmerkmale Ihr Persönlichkeitstyp aufweist. In der Tabelle sind unter anderem Ihre einzigartigen Stärken, Begabungen, Arbeitsstile, Ärgernisse und Motivationen zum Handeln als Schlaglicht zusammengefasst. Dabei werden Sie entdecken, dass die in Dominanz und Subdominanz gespiegelten Persönlichkeitstypen, also zum Beispiel Jäger-Schöpfer und Schöpfer-Jäger Ähnlichkeiten in ihrem Auftreten und Wirken aufweisen. Die unterschiedliche Gewichtung Ihrer wesentlichen Eigenschaften führt jedoch letztendlich zu anderen Handlungen und Ergebnissen in Ihrem Leben, wie Sie ab Kapitel 5 erkunden können.

Der Jäger-Schöpfer

Ihr Testergebnis lautet: Sie sind ein Jäger-Schöpfer. Damit sind Sie in Ihrer Dominanz ein Jäger-Typ und verfügen über eine vorrangig ergebnisorientierte Persönlichkeitsstruktur, aber auch große Anteile vom Schöpfer. Seine Wirkkraft bestätigt sich in Ihrer kreativ gestaltenden Kraft und in Ihrem Weitblick.

> **Jäger-Schöpfer vermitteln Sicherheit und finden ungewöhnliche Lösungen.** !

Als Jäger-Schöpfer sind Sie ein dynamischer Persönlichkeitstyp. Sie treten vital und selbstsicher auf, dabei sprechen und bewegen Sie sich eher schnell und haben eine energiebetonte Körperhaltung. Sie empfinden sich als individualistisch, was sich auch in Ihrer Kleidung spiegelt. Ihre Umgebung schätzt an Ihnen besonders Ihre Energie, die Begeisterungsfähigkeit und Ihr lösungsorientiertes Denken.

Achtung! Ihr schwungvolles Auftreten und Ihre Präsenz geben Ihnen die Möglichkeit, Ihre Ideen und neuen Methoden überzeugend darzustellen. Durch Ihren hohen Energielevel und die Geschwindigkeit fühlen sich aber andere Persönlichkeitstypen manchmal unter Druck gesetzt und von Ihnen dominiert.

Tipp: Zügeln Sie Ihre Ungeduld etwas und lassen Sie den analytischen und beziehungsorientierten Persönlichkeitstypen mehr Raum und Zeit zum Agieren. So kommen Sie letztendlich schneller zum Ziel.

Einzigartigkeit des Jäger-Schöpfers: Auf einen Blick: energisch • entscheidungsfreudig • flexibel • kreativ • abenteuerlustig	
Motto:	Aufgaben effektiv erledigen & eigenen Horizont erweitern
größte Stärke:	Entscheidungsfreude & Gestalten im Kontext der Gesamtsituation
grundlegende Schwäche:	ungeduldig & unorganisiert
grundlegende Begabung:	Führungsqualität & das große Ganze sehen
Prioritäten:	Ziele erreichen & Methoden erkunden
Motivation:	Wettkampf & Freiheit
größtes Ärgernis:	Unentschlossenheit & Regeln
Arbeitsstil:	selbstständig, aber anpassungsfähig (Rahmenvorgabe)
größte berufliche Fähigkeit:	Aufgaben verantworten & steuern
Gangart:	schnell, bestimmt & geschmeidig
Persönlichkeitsbild:	leistungsstark & originell

Der Jäger-Finder

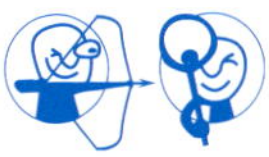

Ihr Testergebnis lautet: Sie sind ein Jäger-Finder. Das bedeutet, dass Sie in Ihrer Dominanz ein Jäger-Typ sind und über eine vorrangig ergebnisorientierte Persönlichkeitsstruktur verfügen, aber auch starke Anteile vom Finder besitzen. Der Finder zeigt sich hier in der Subdominanz und reflektiert Ihren hohen Anteil analytischer und faktenorientierter Herangehensweise.

> Jäger-Finder vermitteln Sicherheit und sind sehr konzentrationsfähig! **!**

Als Jäger-Finder sind Sie ein positionsstarker Persönlichkeitstyp. Das äußert sich darin, dass Sie im Alltag zielorientiert sprechen, sich präsent bewegen und eine besonders aufrechte Körperhaltung an den Tag legen. Sie schätzen Klarheit und Fakten und lehnen „Gefühlsduselei" ab. Sie kleiden sich tendenziell eher konservativ, mögen eher klare

Farben und elegant-schlichte Schnitte als den verspielten, unkonventionellen oder romantischen Kleidungsstil. Sie strahlen Energie und Durchhaltevermögen aus; Ihre Umgebung zählt Sie zu den Machern.

Achtung! Ihr selbstbewusstes Auftreten wirkt auch sehr beherrscht, denn Sie haben Ihre Gefühle gut unter Kontrolle. Dabei erscheinen Sie manchmal reserviert oder ablehnend, was auf andere Persönlichkeitstypen, wie beispielsweise auf den Bewahrer-Schöpfer, oft einschüchternd wirkt.

Tipp: Sie müssen dem Gegenüber nicht Ihre ganze Seele ausbreiten, aber ein Lächeln wirkt Wunder. Lächeln Sie mehr, zeigen Sie Empathie und aufrichtiges Interesse. Ihr Gegenüber wird sich entspannen und Sie erfahren mehr als nur reine Fakten, was für die realistische Einschätzung der Gesamtsituation hilfreich ist.

Einzigartigkeit des Jäger-Finders Auf einen Blick: energisch • entscheidungsfreudig • schnell • strukturiert • detailorientiert	
Motto:	Aufgabe effektiv erledigen & alles gleich richtig machen
größte Stärke:	Entscheidungsfreude & etwas in allen Einzelheiten planen
grundlegende Schwäche:	ungeduldig & eindimensionales Denken
grundlegende Begabung:	Führungsqualität & Analysefähigkeit
Prioritäten:	Ziele erreichen & Faktenwissen
Motivation:	Wettkampf & Fehler finden
größtes Ärgernis:	Unentschlossenheit & Unpünktlichkeit
Arbeitsstil:	selbstständig & ernsthaft
größte berufliche Fähigkeit:	Aufgaben überwachen & planen
Gangart:	bestimmend & selbstbewusst
Persönlichkeitsbild:	leistungsstark & qualitätsbewusst

Der Schöpfer-Bewahrer 

Ihr Testergebnis lautet: Sie sind ein Schöpfer-Bewahrer. Das bedeutet, dass Sie in Ihrer Dominanz den Schöpfer-Typ vertreten und über eine ideenorientierte Persönlichkeitsstruktur verfügen, aber auch ausgeprägte Anteile vom Bewahrer besitzen. Das äußert sich vor allem in Ihrem beziehungsgerichteten und empathischen Auftreten.

> Schöpfer-Bewahrer sind ideenreich und pflegen zwischenmenschliche Beziehungen! **!**

Als Schöpfer-Bewahrer sind Sie ein gestaltender Persönlichkeitstyp. Das spiegelt sich in Ihrem Ideenreichtum und im spielerischen Umgang mit Aufgaben und Problemen. Sie suchen dabei die Kooperation mit anderen Menschen. Ihre Bewegungen sind fließend, aber rhythmisch, und Sie wirken meist locker und lässig. In Ihrer unkonventionellen Kleidung äußert sich Ihre Individualität, auf die Sie viel Wert legen. Ihre Umgebung schätzt an Ihnen Ihre Begeisterungsfähigkeit, Spontaneität und Lebendigkeit, an der Sie gern alle anderen teilhaben lassen wollen. Sie schaffen mit Leichtigkeit für sich und andere eine Wohlfühlatmosphäre.

Achtung! Sie handeln manchmal so spontan und unüberlegt, dass ernsthaftere Persönlichkeitstypen sehr irritiert reagieren. Diese Persönlichkeitstypen vermissen bei Ihnen Zuverlässigkeit und Beständigkeit und wissen deshalb nicht so recht, inwiefern Sie Ihren Zusagen oder Projekten dauerhaft vertrauen dürfen.

Tipp: Kommunizieren Sie nicht jede Ihrer spontanen Ideen, sondern überschlafen Sie sie. Fragen Sie sich dann: „Hat meine Idee die Nacht überlebt? Wenn ja, was wären erste konkrete Handlungsschritte, die ich umsetzen kann?“ So dosieren Sie Ihren Ideenstrom besser und überfrachten Ihr Umfeld nicht mit ständigen Strohfeuern oder zu wenig Durchdachtem.

Einzigartigkeit des Schöpfer-Bewahrers
Auf einen Blick: flexibel • kreativ • freundlich • fürsorglich • kooperativ

Motto:	im großen Kontext denken & unkonventionelle Teams gestalten
größte Stärke:	Gestaltungsfreude & Teamfähigkeit

→

grundlegende Schwäche:	unorganisiert & unentschlossen
grundlegende Begabung:	das große Ganze im Blick & harmonisierend
Prioritäten:	Methoden & Werte
Motivation:	Freiheit & Hilfsbereitschaft
größtes Ärgernis:	Regeln & Konflikte
Arbeitsstil:	frei & teamorientiert
größte berufliche Fähigkeit:	Aufgaben gestalten & kreative Teams bilden
Gangart:	geschmeidig & ruhig
Persönlichkeitsbild:	originell & wohlwollend

Der Schöpfer-Jäger

Ihr Testergebnis lautet: Sie sind ein Schöpfer-Jäger. Das bedeutet, dass Sie in Ihrer Dominanz den Schöpfer-Typ repräsentieren und über eine ideenorientierte Persönlichkeitsstruktur verfügen, aber auch viele Anteile vom Jäger in Ihrer Persönlichkeit integrieren. Das spiegelt sich vor allem in Ihrer zielgerichteten und entschlossenen Herangehensweise wider.

Schöpfer-Jäger sind innovativ und strahlen Selbstvertrauen aus! !

Als Schöpfer-Jäger sind Sie ein innovativer Persönlichkeitstyp. Im Alltag zeigen Sie das durch neuartige Ideen und Methoden, mit denen Sie zielgerichtet nach Lösungen für Aufgaben suchen. Dabei führen Sie gern Menschen, die Sie bei der Umsetzung Ihrer Pläne unterstützen. Ihre Lebendigkeit und Individualität erleichtern es Ihnen, andere für Ihre Sache zu gewinnen. Sie treten dabei selbstsicher auf, und Ihre Bewegungen sind dynamisch. Wenn es Ihr berufliches Umfeld zulässt, kleiden Sie sich gern unkonventionell und bequem. Ihr Umfeld schätzt an Ihnen das Selbstvertrauen, rasche und bestimmte Entscheidungen zu treffen. Sie wissen, was Sie wollen und wie Sie es erreichen.

Achtung! Sie lieben es, den Status quo zu verändern und handeln dabei manchmal so schnell, dass andere Persönlichkeitstypen sich davon eingeschüchtert oder überrollt fühlen. Das kommt daher, weil Sie sich so sehr auf Ihr Vorhaben konzentrieren, dass Ihnen die emotionale Verbindung zu Ihrem Gegenüber unwichtig wird.
Tipp: Bleiben Sie für die Gefühlswelt Ihrer Umgebung wach und fragen Sie gezielt nach den Meinungen und Ansichten anderer. Nur so können Sie auch die emotionale Bereitschaft Ihrer Umgebung erwerben, Sie auf Ihrem Weg begleiten zu wollen.

Einzigartigkeit des Schöpfer-Jägers Auf einen Blick: flexibel • kreativ • energisch • bestimmt • schnell	
Motto:	Horizont erweitern & Aufgaben schnell erledigen
größte Stärke:	Gestaltungstalent & Entscheidungsfreude
grundlegende Schwäche:	sprunghaft & ungeduldig
grundlegende Begabung:	sieht das große Ganze & Führungsqualität
Priorität:	Methodik & Ziel erreichen
Motivation:	Freiheit & Wettkampf
größtes Ärgernis:	Regeln & Unentschlossenheit
Arbeitsstil:	anpassungsfähig & selbstständig
größte berufliche Fähigkeit:	Aufgaben gestalten & überwachen
Gangart:	schnell, große Schritte & bestimmend
Persönlichkeitsbild:	dynamisch & leistungsstark

Der Bewahrer-Schöpfer

Ihr Testergebnis lautet: Sie sind ein Bewahrer-Schöpfer. Das bedeutet, dass Sie in Ihrer Dominanz den Bewahrer-Typ verkörpern und über eine ausgeprägte beziehungsorientierte Persönlichkeitsstruktur, aber auch über große Anteile vom typischen Schöpfer-Verhalten verfügen. Der Schöpfer zeigt sich hier in der Subdominanz und spiegelt Ihren hohen Anteil gestalterischer und unkonventioneller Herangehensweise.

Bewahrer-Schöpfer sind gefühlvoll und gestalten gern! !

Der Bewahrer-Schöpfer ist ein sehr flexibler Persönlichkeitstyp, der sich verschiedensten Situationen anpassen kann. Er begeistert sich im Alltag für viele Dinge, er interessiert sich für die unterschiedlichsten Menschen und Themen. Bewahrer-Schöpfer sind hilfsbereit, gesellig und verbreiten eine entspannte Atmosphäre. Sie kleiden sich gern mit eigenem Stil, wobei Sie eher die unkonventionelle als die klassisch-konservative Mode bevorzugen. Sie strahlen gleichermaßen Energie und Entspannung aus.

Achtung! Ihr oft sorgloses Auftreten und Ihre zuweilen mangelnde Zuverlässigkeit führen bei einigen Persönlichkeitstypen, vor allem dem Jäger und dem Finder, zu Verärgerung und Missverständnissen. Was Sie als Ihre persönliche Note empfinden, wirkt auf regelkonforme Persönlichkeiten manchmal rücksichtslos oder übergriffig.

Tipp: Respektieren Sie bitte die gängigen Umgangsformen und versuchen Sie mehr zu verstehen, was Ihr Gegenüber gerade als passende Ansprechhaltung braucht.

Ihr Energiepegel von schwungvoller, lauter Kommunikation und zurückgenommenen, passivem Auftreten wechselt für Ihr Gegenüber manchmal unnachvollziehbar schnell. So entstehen leicht Irritationen bei Ihrem Gegenüber. Sie können das ausgleichen, indem Sie sich nicht nur auf sich selbst konzentrieren, sondern vor allem die Gesamtsituation mit Ihrem Gegenüber im Blick behalten und so stimmiger agieren.

Einzigartigkeit des Bewahrer-Schöpfers
Auf einen Blick: freundlich • fürsorglich • flexibel • kreativ • abenteuerlustig

Motto:	in entspannten Teams zu Hause sein & eigenen Horizont erweitern
größte Stärke:	Flexibilität & Gestaltungsfreude
grundlegende Schwäche:	unentschlossen & unorganisiert
grundlegende Begabung:	Harmoniestreben & sieht das große Ganze
Prioritäten:	Werte & Methoden

→

Motivation:	Hilfsbereitschaft & Freiheit
größtes Ärgernis:	Konflikte & Regeln
Arbeitsstil:	teamliebend & anpassungsfähig
größte berufliche Fähigkeit:	im harmonischen Team arbeiten & Aufgaben koordinieren
Gangart:	geschmeidig & ruhig
Persönlichkeitsbild:	mitfühlend & originell

Der Bewahrer-Finder

Ihr Testergebnis lautet: Sie sind ein Bewahrer-Finder. Das heißt, dass Sie in Ihrer Dominanz für den Bewahrer-Typ stehen und eine stark beziehungsorientierte Persönlichkeitsstruktur aufweisen, aber auch prägende Anteile des Finders besitzen. Der Finder in der Subdominanz steht für Ihre analytische und faktenorientierte Herangehensweise. Bewahrer-Finder sind einfühlsam und gewissenhaft bis ins Detail!

> Als Bewahrer-Finder sind Sie ein harmonisierender Persönlichkeitstyp. **!**

Das äußert sich darin, dass Sie im Alltag freundlich und empathisch auf Ihre Umwelt reagieren. Sie lieben es, in Teams zu arbeiten und sind selten als Einzelkämpfer zu finden. Sie gelten als besonders höflich, bewegen sich überlegt und mit einer bewussten Körperhaltung. Sie schätzen und brauchen den Umgang mit anderen Menschen und überraschen gern durch kleine Geschenke. Dabei strahlen Sie Wärme und Fürsorge aus. Ihre Umgebung schätzt Ihre Umgangsformen und Ihre Gewissenhaftigkeit.
Achtung! Da Sie gesellig sind, gern in Teams arbeiten und die dabei auftretenden Konflikte vermeiden wollen, neigen Sie manchmal dazu, Streit und eigenen (!) Ärger unter den Teppich zu kehren. Frei nach dem Motto: „Was ich nicht weiß, macht mich nicht heiß!“ Auf andere kann das auch so wirken, als ob Sie den schönen Schein der Harmonie um jeden Preis nach außen verteidigen wollen. Auf zielgerichtete Persönlichkeitstypen kann dieses Verhalten unentschlossen und unehrlich wirken und zu einem Konflikt führen, da andere Persönlich-

keitstypen (vorrangig Jäger und Schöpfer) klare, offene Worte bereits bei kleineren Unstimmigkeiten befürworten.

Tipp: Akzeptieren Sie, dass Harmonie nicht als gesetzt betrachtet werden kann, sondern sich oft in einem Prozess des „Sich-Zusammen-Raufens" entwickelt. Auseinandersetzungen sind demnach nicht das Ende, sondern oft erst der Anfang (echter) Harmonie.

Einzigartigkeit des Bewahrer-Finders Auf einen Blick: freundlich • fürsorglich • strukturiert • detailorientiert • organisiert	
Motto:	das beste Team bilden & alles beim ersten Mal richtig erledigen
größte Stärke:	Teamfähigkeit & Blick für Einzelheiten
grundlegende Schwäche:	zu langes Abwägen & eindimensionales Denken
grundlegende Begabung:	Harmoniestreben & Analysefähigkeit
Prioritäten:	Werte & Fakten
Motivation:	Hilfsbereitschaft & Fehleranalyse
größtes Ärgernis:	Konflikte & Unpünktlichkeit
Arbeitsstil:	teamorientiert & gewissenhaft
größte berufliche Fähigkeit:	ein Team bilden & organisieren
Gangart:	langsam & ruhig
Persönlichkeitsbild:	mitfühlend & qualitätsbewusst

Der Finder-Bewahrer

Ihr Testergebnis lautet: Sie sind ein Finder-Bewahrer. In Ihrer Dominanz zeigt sich der Finder-Typ, der sich durch eine faktenorientierte Persönlichkeitsstruktur auszeichnet. Gleichzeitig verfügen Sie aber auch über zahlreiche Aspekte des Bewahrer-Verhaltens. Der Bewahrer verdeutlicht in der Subdominanz Ihren hohen Anteil beziehungsgerichteter Herangehensweise.

Finder-Bewahrer reflektieren analytisch und stabilisieren die Beziehungen in ihrem Umfeld! **!**

Als Finder-Bewahrer sind Sie ein ausgleichender Persönlichkeitstyp und handeln eher reaktiv. Im Alltag treten Sie höflich, bedacht und Ihrem Gegenüber zugewandt auf. Sie bevorzugen klassische Kleidung und legen Wert auf Bildung. Auf Ihre Umgebung wirken Sie eher zurückhaltend und sondieren oft erst die Situation, bevor Sie reagieren. Sie arbeiten bei inhaltlichen Aufgaben sowohl gern allein als auch zusammen mit Menschen, in jedem Part sind Sie gleichermaßen verlässlich und beständig. Deshalb überzeugen Sie Ihre Umgebung vielleicht nicht auf den ersten Blick, aber mit jedem weiteren.

Achtung! Durch Ihr zurückhaltendes Auftreten wirken Sie manchmal passiver als Sie sind. Aktiveres Agieren erleichtert es den ergebnisorientierten Persönlichkeitstypen, Sie klarer in Ihren Stärken zu sehen und anzuerkennen.

Tipp: Warten Sie nicht in jedem Fall, bis Ihre Fähigkeiten entdeckt werden. Dornröschen wurde zwar gefunden und wachgeküsst, aber das ist nicht für jeden Finder-Bewahrer zu garantieren. Und selbst wenn, wollen Sie tatsächlich hundert Jahre warten? Also nur Mut: Zeigen Sie selbstbewusst, was in Ihnen steckt!

Einzigartigkeit des Finder-Bewahrers Auf einen Blick: organisiert • detailorientiert • freundlich • hilfsbereit • gelassen	
Motto:	eine Aufgabe gewissenhaft erledigen & effektive, kleine Teams bilden
größte Stärke:	planen in allen Einzelheiten & Teamfähigkeit
grundlegende Schwäche:	eindimensionales Denken & langes Abwägen von Entscheidungen
grundlegende Begabung:	Analysefähigkeit & Harmoniestreben
Prioritäten:	Fakten & Werte
Motivation:	Fehler beheben & Hilfsbereitschaft
größtes Ärgernis:	Unpünktlichkeit & Konflikte

→

Arbeitsstil:	Ernsthaftigkeit & Wohlfühlen im Team
größte berufliche Fähigkeit:	Aufgaben organisieren & sich im Team integrieren
Gangart:	ruhig & langsam
Persönlichkeitsbild:	qualitätsbewusst & seriös

Der Finder-Jäger 

Ihre Testergebnis lautet: Sie sind ein Finder-Jäger. Der dominierende Persönlichkeitstyp ist damit der Finder. Das weist auf eine faktenorientierte Persönlichkeitsstruktur hin, die durch die ergebnisfokussierten Merkmale des Jägers ergänzt werden. Der Jäger prägt nachhaltig Ihren hohen Anteil an zielgerichteter Herangehensweise.

Finder-Jäger sind qualitätsbewusst und haben Selbstvertrauen!	!

Als Finder-Jäger sind Sie ein leistungsstarker Persönlichkeitstyp. Das äußert sich darin, dass Sie im Alltag nicht nur faktenorientiert sprechen und sich ernsthaft Ihren Aufgaben widmen, sondern diese dann Schritt für Schritt umsetzen. Sie legen eine besonders aufrechte und korrekte Körperhaltung an den Tag und achten auf ausreichend Abstand zum Gegenüber. Finder-Jäger kleiden sich tendenziell konservativ und mögen eher klare Farben und elegant-schlichte Schnitte als den verspielten oder romantischen Kleidungsstil. Sie strahlen Klarheit und Entschlusskraft aus. Ihre Umgebung zählt Sie zu den aktiven Umsetzern – ohne große Worte.

Achtung! Sie wirken oft so selbstbeherrscht und von Tatsachen geleitet, dass Ihr Umfeld die emotionale Seite von Ihnen oft nur zu wenig spüren kann. Das kann bei anderen Persönlichkeitstypen, besonders beim Bewahrer und beim Schöpfer, eine verunsichernde Wirkung erzielen. Sie gelten dann schnell als unnahbar.

Tipp: Kleine menschliche Schwächen machen durchaus sympathisch. Zeigen Sie sich weniger perfekt und achten Sie auch auf zwischenmenschliche Schwingungen. So erhalten Sie auch Anregungen aus Ihrem Umfeld, was Ihrer Neigung zum „Tunnelblick“ entgegenwirkt.

Einzigartigkeit des Finder-Jägers Auf einen Blick: entschlossen • detailorientiert • energisch • planend • schnell	
Motto:	Aufgaben effektiv erledigen & sofort handeln
größte Stärke:	etwas in allen Einzelheiten planen & Entschlossenheit
grundlegende Schwäche:	eindimensionales Denken & Ungeduld
grundlegende Begabung:	Analysefähigkeit & Führungsqualität
Prioritäten:	Fakten kennen & Ziele erreichen
Motivation:	Fehler finden & Wettkampf
größtes Ärgernis:	Unpünktlichkeit & Unentschlossenheit
Arbeitsstil:	ernsthaft & selbstständig
größte berufliche Fähigkeit:	Aufgaben organisieren & überwachen
Gangart:	bestimmend & präsent
Persönlichkeitsbild:	qualitätsbewusst & leistungsstark

Kapitel 5 Kommunikation

In diesem Kapitel dreht sich alles um das Kommunikationsverhalten der Persönlichkeitstypen. Da Ihre verbale und körpersprachliche Kommunikation sich in der Außenwelt als Fingerabdruck Ihres Denkens und Fühlens zeigt, wollen wir zunächst einen Blick in das Kopfkino jedes Persönlichkeitstyps werfen. So verstehen wir auch leichter, warum wir selbst und der andere so sprechen und handeln, wie wir es tun.

Kopfkino, Denken und emotionales Muster

Der Jäger-Schöpfer

Denkmuster und Wahrnehmung (Kopfkino)

Das Denken des Jäger-Schöpfers ist von zielorientierten Strukturen geprägt. Sie können mit großem Weitblick Ergebnisse vor Ihrem geistigen Auge sehen und produzieren in Ihrer Gedankenwelt eine Vielzahl von Ideen und ungewöhnlichen Lösungsansätzen. Die Wahrnehmung der Welt erfolgt über einen kontextualen Ansatz, dabei bedenken Sie die Worte „Problem" und „Lösung" fast in einem Atemzug. Als Jäger-Schöpfer setzen Sie alle Informationen in einen größeren Zusammenhang. Für Sie zählt das große Ganze. In der Wahrnehmung Ihrer Umwelt interessiert Sie vor allem, auf welchen neuen Wegen und mit welchen innovativen Methoden Ziele erreicht werden.

Logik (Satzbau, Wortwahl)

Ihr Denkmuster zeigt sich auch in Ihrer Sprachlogik. In Ihrer Kommunikation veranschaulichen Sie Ihre lösungsorientierten Argumente gern mit Sprachbildern für Ihre Ziele. Sie unterlegen Ihre Sprachbilder oft mit kraftvollen Verben (starten, kämpfen, motivieren usw.), um Ihre Begeisterung auf andere zu übertragen. Dabei gehen Sie eher unkonventionell mit Sprache um und scheuen keine neuen Wortkombinationen, wenn Sie es für sinnvoll erachten. Durch Ihren kontextuellen Denkansatz formulieren Sie zu einem Thema viele verschiedene Lösungen und bleiben für lineare Persönlichkeitstypen (Finder-Anteile in den verschiedenen Persönlichkeitskombinationen) oft zu unpräzise. Hier helfen Ihnen mehr Faktendichte und Details, um sich verständlicher zu machen.

Verbal (Redeverhalten, Zuhörverhalten)

Der Jäger-Schöpfer redet gern und viel und eröffnet gleichzeitig mehrere Themenfelder. In der Kommunikation mit anderen ergreifen Sie oft als Erster das Wort, weil Sie schnell Zusammenhänge erkennen. Sie sprechen als Jäger-Schöpfer lieber, als dass Sie zuhören. Wenn Ihr Gegenüber seine Gedanken sehr detailliert äußert, nimmt Ihre Konzentration schnell ab, denn Sie langweilen sich zusehends bei zu vielen Einzelheiten.
Tipp: Fragen Sie beim Gegenüber nach dem Gesprächsziel, das hilft Ihnen, den Sinn der Details einzuordnen. Üben Sie sich mehr in Geduld, auch längeren Erzählsträngen Ihres Gegenübers interessiert zu folgen. Fragen zu stellen signalisiert Ihrem Gesprächspartner Interesse und mindert so automatisch auch Ihre Redezeit. So hat Ihr Gegenüber mehr Raum für eigene Gedanken und Ihr Austausch gewichtet sich mehr im echten Dialog.

> Faustregel für den Jäger-Schöpfer: Um Missverständnisse in der Kommunikation zu vermeiden, sprechen Sie mit linearen Persönlichkeitstypen wie dem Finder-Bewahrer, dem Finder-Jäger, dem Jäger-Finder oder dem Bewahrer-Finder zunächst immer nur über einen Themenkomplex. **!**

Der Jäger-Finder 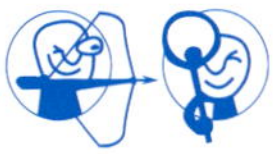

Denkmuster und Wahrnehmung (Kopfkino)

Die Denkprozesse des Jäger-Finders werden von ergebnisorientierten linearen Strukturen dominiert. Sie können Prozesse erkennen und in den einzelnen Phasen analysieren. Dabei spielt die Reflexion von Details eine große Rolle. Ihre Wahrnehmung der Welt wird davon geleitet, dass für Sie Tatsachen, Fakten und messbare Ergebnisse eine große Rolle spielen. Die Erkenntnis aus der Analyse der Faktenlage stellt für Sie die Grundlage aller Entscheidungen dar.

Logik (Satzbau, Wortwahl)

Aus Ihrem Denkmuster ergibt sich Ihre Sprachlogik. Sie bauen Ihre Argumentation vor allem auf Tatsachen, Fakten und Details auf. Ihre Sätze sind eher lang und von vielen Einzelheiten geprägt. Dabei bauen Sie Ihre Satzstruktur sehr ähnlich auf, was auf Dauer das Zuhören erschwert. Sie nutzen gern Verben, weil Verben Handlungen beschreiben (bewegen, machen, erreichen usw.). Viele Jäger-Finder haben eine Vorliebe für gute Ausdrucksweise, weil sie es lieben, präzise zu beschreiben. Das kann in sehr langen Erläuterungen münden, da Jäger-Finder alles ganz umfassend begründen wollen. Andere Persönlichkeitstypen, wie beispielsweise Bewahrer-Schöpfer und Schöpfer-Bewahrer, empfinden die Ausdrucksweise der Jäger-Finder manchmal als zu umständlich und es fällt ihnen deshalb schwer, den zahlreichen Details zu folgen.

Verbal (Redeverhalten, Zuhörverhalten)

Als Jäger-Finder reden Sie zuweilen mit einem Hang zum Monologisieren. Im Dialog haben meist die Jäger-Finder die längere Redezeit. Besonders schwer fällt es Ihnen zuzuhören, wenn Ihr Gegenüber sehr blumig und emotional spricht und dabei die Themen wechselt oder in parallelen Erzählsträngen spricht. Diese „Übersprungsgedanken" Ihres Gegenübers verstoßen gegen Ihre innere Logik.
Tipp: Fragen Sie beim Gegenüber viel mehr nach. Es zeigt nicht nur Ihr echtes Interesse, sondern es unterstützt Sie dabei, den Logikfaden im Gespräch mit anderen Persönlichkeitstypen zu behalten.

> Faustregel für den Jäger-Finder: Um Missverständnisse in der Kommunikation zu vermeiden, übermitteln Sie nicht mehr als drei Fakten pro Satz. **!**

Der Schöpfer-Bewahrer 

Denkmuster und Wahrnehmung (Kopfkino)

Als Schöpfer-Bewahrer ist Ihr Denken von gestaltungsorientierten Strukturen geprägt. Sie sehen schnell das große Ganze und entwickeln einen erstaunlichen Weitblick. Sie erleben die Welt in großen Zusammenhängen und Bildern, ohne sich mit Details und realen Fakten allzu lange aufzuhalten. Es genügt Ihnen, wenn Sie zur Erkenntnis eine emotionale Rückkopplung erhalten. Dann gestalten Sie bereits in Gedanken, indem Sie Altbewährtes und Neues zu einer neuen Sichtweise verknüpfen. Sie fühlen sich von Ideen angezogen, die Ihnen Neues versprechen – vor allem in Bezug auf die Gestaltung von Beziehungen und Ihrer Lebensweise.

Logik (Satzbau, Wortwahl)

Aus Ihrem Denkmuster entwickelt sich Ihre Sprachlogik. Sie überzeugen auf der Grundlage von Ideen und eigenen Überzeugungen, dabei übertreiben Sie auch gern. Frei nach dem Motto: „Wenn es hilft!" Ihre Sätze sind eher lang und Ihre Wortwahl ist vielfältig. Dabei wechseln Sie zuweilen oft zwischen verschiedenen Themen: einen Satz hierzu, einen Satz dazu. Sie sprechen gern anschaulich und nutzen oft Sprachbilder. Exakte Daten und Fakten findet man bei Ihnen seltener, denn Sie legen auf Einzelheiten und Nachprüfbarkeit weniger Wert. Die emotionale Erkenntnis steht bei Ihnen im Mittelpunkt. Analytischere Persönlichkeiten, die einen Finder-Anteil ins sich tragen, finden Ihre Ausdrucksweise oft sehr blumig und – aufgrund des Faktenmangels – schwer nachvollziehbar.

Verbal (Redeverhalten, Zuhörverhalten)

Als Schöpfer-Bewahrer sprechen Sie gern über alles, was Sie gerade bewegt. Das können ebenso schwergewichtige Themen wie die Weltwirtschaftspolitik, aber auch der Nachbarschaftsstreit von Herrn Lehmann sein. Wichtig ist für Sie, was neu ist und was Sie im Augenblick emotional beschäftigt. Obwohl Schöpfer-Bewahrer ihr Gegenüber einbeziehen wollen und aufmerksam zuhören können, ist ihr Redeanteil gerade bei emotionalen Themen regelmäßig größer als der ihres Gegenübers. Sie sind von einem Thema oder einer Vision oft so mitgerissen, dass sich Schöpfer-Bewahrer in einen wahren Rederausch bringen. Sie haben das Gefühl, dass sich das Gesagte allein schon dadurch, dass Sie es aussprechen, in der Realität manifestiert.

Tipp: Lassen Sie Ihrem Gegenüber mehr Zeit, Ihren Gedankengängen zu folgen, und gestatten Sie auch Fragen, die auf die Realisierbarkeit Ihrer Ideen abzielen. Diese Nachfragen sind keine Kritik an Ihrer Person, sondern Ihr Gegenüber versucht, die Relevanz des Themas für sich selbst einzuschätzen.

> Faustregel für den Schöpfer-Bewahrer: Mehr Fakten schaffen Glaubwürdigkeit beim Gegenüber. !

Der Schöpfer-Jäger 

Denkmuster und Wahrnehmung (Kopfkino)

Als Schöpfer-Jäger sind Sie von ideenorientierten Impulsen und gestaltenden Gedanken geprägt. Ihr Denken zielt auf das Gesamtbild ab. Sie erkennen schnell große Zusammenhänge und entwickeln Visionen und umfassende phantasiereiche Gedankenbilder. Als Schöpfer-Jäger mögen Sie eher große Denkbögen, als in kleinen Details zu verweilen. Sie verbinden gedanklich unkonventionell, was auf den ersten Blick nicht zusammengehört, und gestalten so neue Vorstellungen und Lösungsansätze.

Logik (Satzbau, Wortwahl)

Die Sprachlogik entspricht dem Denkmuster des Schöpfer-Jägers. Sie sprechen in schnellen Satzfrequenzen und konzentrieren sich meist auf den wesentlichen Inhalt, den Sie Ihrem Gegenüber in geballter Form übermitteln wollen. Schöpfer-Jäger sprechen in längeren Satzfolgen und die Wortwahl ist vielschichtig: Sprachbilder, viele Verben und Adjektive. Alles, was einen lebendigen Erzählstil ausmacht. Was Sie als Schöpfer-Jäger aber immer wieder ausklammern, sind konkrete Fakten und Details. Das erschwert Ihrem Gegenüber, die Konkretheit Ihres Anliegens zu erkennen. Dabei fühlen sich analytischere Persönlichkeitstypen mitunter von Ihren vielen Sätzen umzingelt. Denn es ist gerade für diese Mitmenschen schwierig, sich den Wert Ihrer Aussage ohne markante Zahlen und Daten zu erschließen.

Verbal (Redeverhalten, Zuhörverhalten)

Als Schöpfer-Jäger kommen Sie schnell und direkt zum Thema. Es kann aber sein, dass Sie dabei so viele Aspekte bewegen, dass Sie weitschweifig und sehr facettenreich sprechen. Sie sind ein vernetzter Sprech-Denker, was nichts anderes heißt, als dass Sie Ihren Gedanken erst beim Sprechen entwickeln, frei nach dem Motto: „Woher soll ich wissen, was ich meine, bevor ich höre, was ich sage?" Wenn Sie von etwas überzeugt sind, wirken Sie begeistert und energiegeladen und reißen Ihr Gegenüber schnell mit. Sie sehen sich lieber als Redner denn als Zuhörer, denn die Sichtweise Ihrer Gesprächspartner interessiert Sie nur begrenzt – und wenn, dann im Rahmen Ihres eigenen Erlebens. Sie sind zwar rasch zu begeistern, aber genauso schnell erlischt Ihr Interesse am Thema. Es ist für Sie eher schwierig, sich länger für eine

Sache zu interessieren, wenn nicht immer neue Facetten den Gegenstand des Gesprächs bereichern. Zu viel Neues und Anderes scheint da schon wieder Ihre Aufmerksamkeit zu fesseln.

Tipp: Reduzieren Sie Ihre Redezeit, indem Sie Ihrem Gegenüber mehr Fragen stellen. So erfahren Sie mehr über die emotionalen Beweggründe Ihres Gegenübers und stellen die Weichen für einen echten Dialog. Sprechen Sie etwas langsamer, damit vor allem beziehungsorientierte und analytischere Persönlichkeitstypen im Austausch mit Ihnen „geistig atmen" können.

> **Faustregel für den Schöpfer-Jäger: Mehr Fragen, mehr Fakten, weniger Reden. Überlegter sprechen.** !

Der Bewahrer-Schöpfer

Denkmuster und Wahrnehmung (Kopfkino)

Ihr Denken folgt vorrangig beziehungsorientierten Strukturen. Sie setzen jedes Detail in einen größeren – vor allem emotionalen – Kontext und gestalten daraus einen neuen Denkansatz innerhalb Ihrer Welt. Dabei denken Sie als Bewahrer-Schöpfer parallel über verschiedene Themen nach, suchen nach Verbindungen oder eröffnen einen neuen gedanklichen Sachverhalt. Manchmal haben Sie das Gefühl, so viele Gedanken im Kopf zu haben, dass Sie die Struktur verlieren. Sie betrachten und beurteilen die Welt zunächst nach menschlichen Werten und versuchen, sie sich mithilfe von Methoden und geistigen Wegbeschreibungen zu erschließen.

Logik (Satzbau, Wortwahl)

Ihr Denkmuster diktiert Ihre Sprachlogik. Sie argumentieren gern ausgehend von neuen Methoden, Erklärungen und Erklärungsversuchen menschlichen Verhaltens. Warum und wie jemand etwas macht oder nicht macht, das interessiert Sie brennend im Kontext Ihres persönlichen Erlebens. Ihr Satzbau ist abwechslungsreich, und Sie gehen mit dem Einsatz der Wörter sicher und entspannt um. Sie erfreuen sich an ungewöhnlichen Worten oder Wortneuschöpfungen, weil auch das Ihre Individualität unterstreicht. Als Bewahrer-Schöpfer lieben Sie eine kraftvolle und bildreiche Sprache und schätzen einen eigenen

Sprachstil bei anderen Menschen. Andere Persönlichkeitstypen, die stärkere Wesenszüge des Finders in sich tragen, empfinden die Ausdrucksweise des Bewahrer-Schöpfers zuweilen übertrieben und zu gefühlsbetont.

Verbal (Redeverhalten, Zuhörverhalten)

Als Bewahrer-Schöpfer haben Sie Freude daran, andere von Ihren häufig gerade frisch gewonnenen Erkenntnissen zu überzeugen. Da Sie sich für die Ansichten Ihres Gegenübers nur begrenzt interessieren, hören Sie Ihrem Gegenüber eher unter der Fragestellung: „Was hat das mit mir zu tun?" zu. Hier fehlt manchmal ehrliches Interesse an den Belangen Ihres Gegenübers, was sich in Ihrer Reaktion und der Art Ihrer Fragen spiegelt. Ihr Redeanteil ist höher als die Zeit des Zuhörens. Dennoch können Sie sich für einen begrenzten Zeitraum äußerst geschickt auf viele verschiedene Gesprächstypen einstellen.
Tipp: Öffnen Sie sich mehr dem Anliegen Ihres Gegenübers und zeigen Sie ehrliches Interesse. Ihr Gegenpart wird dies spüren und dem Gespräch eine andere Qualität geben, von der Sie am Ende auch selbst profitieren.

> Faustregel für den Bewahrer-Schöpfer: Setzen Sie nicht jede Information ausschließlich in Bezug zu sich selbst, sondern versetzen Sie sich stärker in die Erlebniswelt Ihres Gegenübers. **!**

Der Bewahrer-Finder

Denkmuster und Wahrnehmung (Kopfkino)

Ihr Denken ist eher linear und prozessorientiert. Im Kern stehen beziehungsorientierte und analytische Strukturen. Sie reflektieren Ihre Umgebung, indem Sie Ihre Informationen im Zusammenhang mit Ihren Beziehungen in der privaten und beruflichen Umwelt betrachten. Dabei analysieren Sie Erlebtes und Gehörtes im Nachhinein noch einmal, weil Sie zuweilen in der direkten Situation nicht so schnell reagieren konnten, wie Sie es sich wünschten. Bei Ihnen haben einzelne Gedankengänge und Detailinformationen einen wesentlichen Einfluss auf Ihr Denken. Bei Ihrer Wahrnehmung der Welt lassen Sie sich stark von gefühlsmäßiger Beurteilung leiten. Später erinnern Sie sich oft weniger an die Ergebnisse, die im Gespräch oder der Arbeit erzielt wurden, als vielmehr an das Gefühl, das Sie dabei hatten.

Logik (Satzbau, Wortwahl)

Ihre Sprachlogik fußt auf Ihrem Denkmuster. Sie stützen Ihre Argumentation bevorzugt auf emotionale Appelle zum Miteinander und führen Ihr Gegenüber sanft, aber bestimmend in Ihre Richtung. Ihre Sätze sind lang und detailreich. Als Bewahrer-Finder verwenden Sie häufig die Worte „wir“ oder „man“, was zeigt, dass Sie sich gern als Teil eines großen Ganzen sehen. Sie beschreiben die Situationen mit vielen verschiedenen Beispielen zu einer Thematik. Anderen Persönlichkeitstypen fällt es manchmal schwer, den vielen Aspekten logisch zu folgen.

Verbal (Redeverhalten, Zuhörverhalten)

Sie haben viel Freude an ausgiebiger Kommunikation und schätzen „die Kunst des kleinen Gesprächs“, den Small Talk. Dabei reden Sie sehr gern und oft auch viel. Gleichwohl sind Sie als Bewahrer-Finder ein guter Zuhörer, der es versteht, seinem Gegenüber echtes Interesse zu zeigen. Ihre Redezeit und die Zeit, in der Sie zuhören, sind in Ihren Gesprächen ausgeglichen. Hat Ihr Gegenüber ein Problem, dann sind Sie ein ausdauernder Zuhörer. Es fällt Ihnen allerdings schwer, abstrakten Gedankengebäuden Ihres Gegenübers zu folgen, da das Denken in großen theoretischen Zusammenhängen in Ihrem Wahrnehmungsmuster von der Welt nur wenig Raum hat. Sie erschließen sich Theorien eher systematisch Stück für Stück und in Bezug auf den praktischen Wert.
Tipp: Sagen Sie Ihrem Gesprächspartner gleich zu Beginn, worüber Sie sprechen möchten. Dabei hilft es Ihnen, wenn Sie sich innerlich eine Überschrift zu dem jeweiligen Thema bilden. Damit verhindern Sie, dass Sie mit allzu vielen Details starten und Ihr Gegenüber verwirren. Wenn Ihnen eine Antwort zu theoretisch oder abstrakt ist, scheuen Sie sich nicht, nachzufragen und darum zu bitten, den Sachverhalt an einem Beispiel zu verdeutlichen.

> Faustregel für den Bewahrer-Finder: Illustrieren Sie ein Thema mit maximal zwei Beispielen, um die Aufmerksamkeit beim Gegenüber zu erhalten. Fragen Sie bei abstrakten Erklärungen nach! **!**

Der Finder-Bewahrer 

Denkmuster und Wahrnehmung (Kopfkino)

Der Finder-Bewahrer denkt in linearen, logisch aufeinander aufgebauten Mustern. Dabei selektiert er nach faktenuntermauerten und beziehungsfokussierten Informationen. Als Finder-Bewahrer bewerten Sie Beziehungsstrukturen danach, ob Ihnen Interaktionen und Handlungen folgerichtig und logisch erscheinen. Dabei beurteilen Sie ebenso die Art des Umgangs miteinander: Werte und Anstandsformen sind für Sie eine wichtige moralische Bewertungsinstanz. Das heißt, Sie verknüpfen die analytische und gefühlsmäßige Einschätzung einer Situation miteinander. Dabei durchdenken Sie viele Aspekte gründlich im Vorfeld oder im Nachhinein in linearer Denkfolge. Die spontane Reaktion in der direkten Situation liegt Ihnen weniger, da Sie Ihre Gedanken nicht erst während des Sprechens entwickeln. Als Finder-Bewahrer sind Sie kein vernetzter Sprech-Denker, der spontan reagiert, sondern überdenken Inhalte vorab in Ruhe.

Logik (Satzbau, Wortwahl)

Aus Ihrem Denkmuster resultiert Ihre Sprachlogik. Sie argumentieren überlegt und stützen Ihre Argumente auf Tatsachen, dabei knüpfen Sie auch an die Gefühlswelt Ihres Gegenübers an. Ihr Satzbau ist manchmal kompliziert, da Sie umfassend formulieren wollen. Sie bauen gern eine längere Satzkette auf und wählen die Worte mit Bedacht aus. In der Wortwahl verwenden Sie lieber das Wort „man“ oder „wir“ statt „ich“, weil Sie damit Ihren Gemeinschaftssinn unterstreichen wollen. Sie verzichten weitgehend auf Sprachbilder, da Ihnen diese oft zu ungenau erscheinen. Dafür bevorzugen Sie eher Zahlen und Fakten und viele Substantive. Zielorientierte Persönlichkeitstypen, die starke Anteile des Jägers in sich tragen, empfinden Ihre Sprechweise oftmals als zu kompliziert und zu wenig nach Schwerpunkten und Prioritäten gegliedert.

Verbal (Redeverhalten, Zuhörverhalten)

Als Finder-Bewahrer sind Sie ein ausgezeichneter Zuhörer. Sie erfahren sehr viel vom Gegenüber, weil Sie es verstehen, ehrliches Interesse am Thema zu zeigen. Gern beteiligen Sie sich am Gespräch, wenn Sie nach Ihrer Einschätzung oder nach einer Themenanalyse gefragt wer-

den. Anders als bei vielen anderen Persönlichkeitstypen überwiegt bei Ihnen im Gespräch deutlich der Part des Zuhörens gegenüber dem des Redners. Bei abstrakten, weit verzweigten Gesprächsinhalten fragen Sie intensiv nach und zerlegen sich die Inhalte innerlich in einzelne Themenblöcke. Das kommt daher, weil Sie die Welt ausgehend von logisch aufeinander gebauten Einzelheiten betrachten.
Tipp: Werden Sie im Gespräch aktiver, greifen Sie durch aktives Zuhören und gezielte Fragen auch in die Gesprächssteuerung ein. So räumen Sie sich mehr Redezeit ein.

> Faustregel für den Finder-Bewahrer: Nur wer aktiv kommuniziert, wird auch aktiv wahrgenommen!

Der Finder-Jäger

Denkmuster und Wahrnehmung (Kopfkino)

Als Finder-Jäger haben Sie Ihre Stärke im ergebnisfokussierten Denken, das sich in linearen, logischen Bahnen bewegt. Im Denkprozess leiten Sie analytische und tatsachenorientierte Prägungen. Als Finder-Jäger zerlegen Sie Prozesse gedanklich in Einzelheiten und beziehen sich dabei auf Ihnen bekannten Fakten und Tatsachen. Sie nehmen die Welt eher logisch folgerichtig wahr als in großen, weit gedachten kontextuellen Zusammenhängen. Für Sie zählt vor allem, was messbar und konkret ist. Ähnlich wie beim Jäger-Finder bildet die analysierte Faktenlage Ihre Entscheidungsgrundlage.

Logik (Satzbau, Wortwahl)

Die Logik Ihrer Sprache basiert auf Ihren Denkstrukturen. Sie argumentieren auf Kenntnis grundlegender Fakten und Zahlen, wildes Spekulieren ist Ihnen fremd. Ihre Sätze sind eher kurz und knapp, Ihre Wortwahl ist sachlich. Sie bevorzugen im Satzbau eher Substantive als Verben. Als Finder-Jäger fügen Sie zahlreiche Sätze aneinander, damit Sie alle einzelnen Fakten benennen können. Dabei liefern Sie präzise Details, deshalb findet man in Ihrer Wortwahl besonders viele Maßeinheiten und Zahlenwerte. Auf Sprachbilder verzichten Sie weitgehend, denn diese erscheinen Ihnen oft nicht treffsicher genug. Akkurate Ausdrucksweise mit einem Hang zur Substantivierung kennzeichnet Ihre

Sprache. Andere Persönlichkeitstypen empfinden die Ausdrucksweise der Finder-Jäger manchmal als zu detailliert und zu nüchtern.

Verbal (Redeverhalten, Zuhörverhalten)

Als Finder-Jäger reden Sie gern zu wesentlichen Dingen – darunter verstehen Sie vor allem Sachthemen. Im Small Talk schweigen Sie sich eher aus, in der „Kunst des kleinen Gesprächs" können Sie nur wenig Sinn erkennen. So ist es gerade bei Ihnen sehr vom Thema abhängig, ob Sie lieber zuhören oder selbst sprechen möchten. In jedem Fall ist aber Ihr Kommunikationsbedarf wesentlich geringer als beispielsweise beim Bewahrer-Schöpfer. Sie teilen Ihre Meinung erst nach reiflicher Überlegung mit. Kurz und knapp und mit Fakten unterlegt. Den Dialog betrachten Sie eher als Informationsaustausch, um gemeinsame Ziele zu erreichen, als einen gleichzeitigen Austausch emotionaler Sichtweisen. Deshalb stellen Sie Ihrem Kommunikationspartner auch nur wenige Fragen und wenn, dann sind diese Fragen sachbezogen. Sie sind verwirrt, wenn Ihnen Ihr Gegenüber immer ins Wort fällt und Erzählungen von emotionalen Ausbrüchen begleitet werden. Sie fragen sich dann, was das Ganze mit der Sache selbst zu tun haben soll.
Tipp: Fragen Sie öfter mal auf Beziehungsebene nach, „menscheln" Sie etwas mehr und stellen auch mal Fragen zur Meinung anderer. Zum Beispiel „Wie sehen Sie das? Löst das neue Projekt bei Ihnen Ängste aus?" Oder privat: „Welche Gefühle hast du dabei?" Damit erhalten Sie Informationen darüber, wie Ihr Gegenüber zu dem Gesagten steht und welche Handlungsmotive dominieren. Das komplettiert Ihr reines Faktenwissen zu einer ganzheitlichen Aussage mit einem Mehrwert an Information für Sie.

Faustregel für den Finder-Jäger: Kommunizieren Sie mit dem Menschen auch über den Menschen und nicht nur über den Sachverhalt.	!

Gesprächsführung

Jeder Persönlichkeitstyp hat in der Gesprächsführung ganz unterschiedliche Stärken und Schwächen. Sich auf die Stärken zu fokussieren, auf deren Grundlage selbst gebaute Stolperfallen zu umgehen und an eigenen Baustellen der Gesprächsführung zu arbeiten, darum soll es in diesem Kapitel gehen.

Da uns Gespräche in jedem Teil unseres Lebens tagtäglich begleiten, wollen wir zu Beginn einen Blick auf den Aufbau eines Gesprächs werfen. Zum besseren Verständnis gliedere ich das Gespräch in drei Teile: Einstieg oder Einleitung, Mittelteil und Ende. Das hat einen Grund: Jeder dieser drei Bausteine hat in der Gesprächsführung eine eigene Funktion. So fungiert der Gesprächseinstieg als „Türöffner". Vergleichbar mit der Begrüßung eines Gastes, wenn Sie im tatsächlichen Sinne eine Tür öffnen – so öffnen Sie im Einstieg die emotionale Tür zum Gegenüber. Er wird gern eintreten, wenn Sie ihn grundsätzlich offen in Empfang nehmen. Die Feinheiten der Begrüßung können Sie typgerecht an das jeweilige Körpersprache-Du anpassen. Nach der Lektüre des letzten Kapitels erkennen Sie leicht, welcher Persönlichkeitstypus vor Ihnen steht. Gerade die körpersprachliche Dominanz lässt sich in den Signalen von Mimik, Gestik, Körperhaltung, Tonfall und Abstand gut deuten.

Selbstverständlich eröffnen Sie das Gespräch nunmehr typgerecht: höflich-korrekt für den Finder, dynamisch-freundlich für den Schöpfer, zielgerichtet-selbstsicher für den Jäger und freundlich-entspannt mit einem Small Talk für den Bewahrer. Damit stellen Sie die Weichen für ein erfolgreiches Gespräch, sei es privat oder beruflich.

Der Mittelteil steht für den eigentlichen Informationsaustausch. Das Ende eines Gesprächs entspricht dem Bild eines Echos, es klingt nach. So mancher erinnert sich, wie ein an sich gutes Gespräch durch ein abruptes Ende einen bitteren Beigeschmack hinterließ. Deshalb sollte der Gesprächsschluss wie der Anfang sorgsam für die Stabilisierung der gegenseitigen Beziehung genutzt werden. Denn er bildet gleichsam das Verbindungsstück zu eventuell folgenden Kontakten und Gesprächen.

Gesprächsaufbau

Jedes Gespräch, das Sie führen – sei es privat oder beruflich, sei es ein Verhandlungsgespräch, das Gespräch am Frühstückstisch oder ein Mitarbeitergespräch, folgt einem Aufbau: Einstieg – Mittelteil – Ende.

Der Gesprächsaufbau		
Einstieg	Mittelteil	Ende
W-Fragen beantworten Erwartungen setzen	„Links-Rechts-Schema" Thema Beweise = Argumente	Zusammenfassen Gesprächsergebnis sichern
Die Einleitung als Türöffner Aspekte: Wer sind Sie? Wo und für wen arbeiten Sie? Worüber werden Sie sprechen? Wieviel Gesprächszeit benötigen Sie? Drei Gründe, warum der Gesprächspartner zuhören soll? Wie werden Sie das Gespräch interessant gestalten?	**Zeit zum Überzeugen** Aspekte: roten Faden finden a) induktiver Ansatz (von den Argumenten/Beweisen zum Gesprächsziel); b) deduktiver Weg (vom Gesprächsziel zu den Argumenten);	**Diese Worte klingen nach!** Aspekte: wichtigste Aspekte zusammenfassen! Bereiten Sie Ihren Gesprächspartner auf den Schluss vor. Einprägsame Worte wählen. Raum für Fragen lassen (im Anschluss).
Hinweis: Einleitung umfasst 10 - 15 Prozent des Gesprächs; Einleitung immer zum Schluss vorbereiten	**Wechsel von Fakten und Beispielen:** Fakten sind Zahlen, Statistiken, Tabellen; Beispiele sind Zitate, Geschichten, Fotos	**Hinweis:** Ende umfasst 5 - 10 Prozent des Gesprächs.

Der Einstieg

Im Einstieg geht es immer darum, den Kontakt zum Gegenüber auf der Beziehungsebene herzustellen – und dies noch völlig unabhängig vom Gesprächsthema. Deshalb gilt der Gesprächseinstieg mit der Begrüßung und dem Small Talk als „Türöffner".

Ihr Gesprächspartner entscheidet sich gleich zu Beginn, ob er seine innere Tür zu Ihnen öffnet und dem Gespräch offen folgen will. Es ist Ihre Aufgabe, den oft besprochenen „guten Draht" zum Gegenpart herzustellen und sich zunächst nur auf die betreffende Person zu konzentrieren. Das bedeutet, dass die emotionale Kommunikation hier eine erhöhte Bedeutung erhält. Der Einstieg umfasst je nach Thema und Persönlichkeitstyp 10 bis 15 Prozent der gesamten Gesprächszeit.

Der Mittelteil

Im Mittelteil, dem Hauptteil des Gesprächs, ist Raum für die Besprechung der Inhalte. Hier haben Sie Zeit, zu informieren, zu loben, zu kritisieren, zu orientieren oder auch zu diskutieren. Für den Hauptteil stehen Ihnen ungefähr drei Viertel der gesamten Gesprächszeit zur Verfügung – in Abhängigkeit vom Thema und von den involvierten Persönlichkeitstypen. Es ist die Zeit, in der Sie sich dialogisch mit den Inhalten auseinandersetzen. Die rationale Kommunikationsebene mit der strukturierten Vermittlung von Inhalten kommt neben der emotionalen Kommunikationsebene hier besonders zum Tragen. Denn die verständliche und logisch nachvollziehbare Darstellung von Aussagen ist hier ebenso wichtig wie die überzeugende und authentische Vermittlung, die über den emotionalen Kommunikationskanal – die Körpersprache – von Ihrem Gesprächspartner wahrgenommen wird. Vergessen Sie nicht, Ihr Körpersprache-Ich ist immer dabei. Es äußert sich nonstop in Ihrem Auftreten und Ihrer Wirkung.

Ende

Das Ende des Gesprächs betont wieder stark die Beziehungsebene. Die übermittelten Informationen werden noch einmal abgeglichen und der gemeinsame Konsens zusammengefasst (beispielsweise: „Wie verbleiben wir?“ „ Welche Fragen sind offen?“ „Welcher Termin passt Ihnen?“). Hier verlassen Sie wieder die Sachebene und wenden sich der Person zu. Das Ende des Gesprächs versteht sich als Echo. Der letzte Eindruck hallt nach. Deshalb ist es wichtig, einen wertschätzenden Gesprächsabschluss zu finden. Dafür reservieren Sie ungefähr fünf bis zehn Prozent der gesamten Gesprächszeit.

Die einzelnen Persönlichkeitstypen im Gespräch

Jeder Persönlichkeitstyp hat innerhalb der Gesprächsführung in den Elementen Einstieg, Mittelteil und Ende seine eigenen Stärken und Baustellen.

Der Jäger-Schöpfer 

Im Gespräch gehen Sie als Jäger-Schöpfer offen und selbstsicher auf Ihr Gegenüber zu und haben einen festen Handschlag. Sie sprechen vom ersten Moment an mit Autorität und halten direkten sicheren Blickkontakt. Ihr Verhalten zeigt schnell, dass Sie nur begrenzt Wert auf feste konforme Regeln im Umgang legen; der andere spürt Ihre Flexibilität, was die Gesprächssituation insgesamt entspannt. Sie wirken schnell überzeugend, weil Sie zu Ihren Sichtweisen stehen. Da Sie gern vom allgemeinen Mainstream abweichen und dies auch begründen, wirken Sie auf andere emotional authentisch. Das begründet Ihre Glaubwürdigkeit beim Gegenüber.

Wer Inhalte mit Ihnen detailreich wiederholt, dem versagen Sie schnell Ihr Interesse. Sie blühen im Gespräch auf, wenn Ihr Gegenüber Ihre gestalterischen Ideen mit Gedanken zur raschen Umsetzung beantworten kann. Als Jäger-Schöpfer haben Sie Freude daran, im Gespräch gemeinsam neue Lösungen zu entwerfen. Den Small Talk verwenden Sie flexibel, da Sie sich schnell auf die Bedürfnisse des Gegenübers einstellen können. **Achtung!** Sie wechseln innerhalb der Kommunikation häufig und manchmal völlig unerwartet das Thema, sodass Ihr Gegenüber mit der Themenfülle überfordert ist. Zuweilen sind Sie so in Ihre eigenen großen Zusammenhänge vertieft, dass Sie auch die Ansichten Ihres Gesprächspartners übergehen. **Tipp:** Ihre emotionale Energie und Ihre Präsenz schüchtern manche Ihrer Gesprächspartner ein – vor allem jene Persönlichkeitskombinationen, die starke Anteile des Bewahrers in sich tragen. Dosieren Sie Ihre Inhalte im Vorfeld und entscheiden Sie noch vor Gesprächsbeginn entsprechend Ihrem Ziel, was Ihre Prioritäten sind. So lassen Sie Ihrem Gegenüber mehr Zeit zu verstehen, was Ihnen wirklich wichtig ist. Auch Ihr Sprechtempo und Ihre Lautstärke sollten Sie bei Findern und Bewahrern reduzieren.

Stärken und Baustellen

Die eindeutigen Stärken des Jäger-Schöpfers zeigen sich in seiner hohen Flexibilität im gesamten Gespräch. Ihren Fokus setzen Sie im Mittelteil des Gesprächs. Sie überzeugen mit Ihren Ansichten und Ihrer Begeisterungsfähigkeit, aber auch mit der genauen Einschätzung weitreichender Konsequenzen und Folgen der besprochenen Inhalte. Sie schaffen es oft, Ihr Gegenüber mit unerwarteten Lösungen zu überraschen. Dabei sprechen Sie klar, rhythmisch und intensiv – und verbinden die emotionale und rationale Kommunikationsebene mit Leichtigkeit.

Im Einstieg holen Sie Ihr Gegenüber schnell und geschickt ins Gespräch. Manchmal sind Sie aber zu wenig auf die Person konzentriert und zu schnell im eigentlichen Thema. Ob Ihrer Themenfülle ist Ihnen manchmal nicht ganz klar, worüber Sie hauptsächlich sprechen wollen und was genau das Ziel des Gesprächs sein soll. Am liebsten wollen Sie alles auf einmal besprechen und überfahren Ihr Gegenüber im „ICE-Tempo". Dann sind Sie verwundert, warum Ihr Gesprächspartner irritiert oder zurückgenommen reagiert und nicht ebenso engagiert ins Gespräch einsteigt. Als Ausnahme muss gelten, wenn Sie auf Ihren eigenen oder artverwandten Persönlichkeitstyp stoßen (Schöpfer-Jäger), dann gestaltet sich das Gespräch ähnlich einem schnellen Ping-Pong-Spiel – und beide haben ein großes Gesprächsvergnügen. Zum Ende des Gesprächs ist es sinnvoll, dass Sie stärker den Verbleib definieren. Welcher Ihrer vielen Ansätze soll nun wie umgesetzt werden? Achten Sie darauf, dass Sie Ihr Gegenüber wertschätzend aus dem Gespräch verabschieden.

Der Jäger-Finder

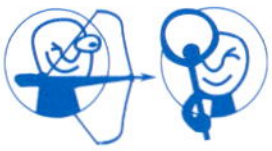

Im Gespräch sind Sie vom ersten Moment an aufmerksam, haben einen kräftigen Handschlag und blicken Menschen direkt und selbstbewusst in die Augen. Sie sprechen unverblümt mit Ihrem Gegenüber und verschaffen sich schnell Respekt, denn Sie treten mit Autorität auf. Bei Ihnen kann der Gesprächspartner davon ausgehen, dass Sie sagen, was Sie tatsächlich meinen. Sie wirken sachkundig. Das hängt damit zusammen, dass Sie Ihre Kommunikation auf exakte Informationen gründen.

Empfindlich reagieren Sie, wenn bestimmte Umgangsformen verletzt werden: Wer bei Ihnen zu spät kommt, hat schlechte Karten, denn Sie legen großen Wert auf Pünktlichkeit. Sie sind für berufliche Gespräche gut vorbereitet und haben den Inhalt meist vorab bereits durchdacht. In privaten Gesprächen ignorieren Sie gern Klatsch und Tratsch und möchten rasch zu den für Sie wichtigen Themen gelangen. Grundsätzlich kommen Sie lieber gleich zur Sache und sind auch kein großer Freund des Small Talks. Sie genießen es, im Gespräch kompetent zu wirken und überzeugen mit logisch-analytischen Argumenten. **Achtung!** Ihr direkter, zielorientierter Kommunikationsstil kann zartere Gemüter so erschrecken, dass Ihr Gesprächspartner sich ausschweigt, weil er sich von Ihnen überrollt fühlt. Zuweilen übergehen Sie auch die Gefühle Ihres Gegenübers, was zu Konflikten führen kann. Achten Sie darauf, dass Sie den anderen nicht mit zu vielen Details erschlagen oder sich in Einzelheiten verzetteln. **Tipp:** Nehmen Sie sich etwas zurück und geben Ihrem Gegenüber mehr Redezeit. Monologisieren Sie weniger und stellen Sie dafür mehr Fragen.

Stärken und Baustellen

Als Jäger-Finder punkten Sie mit Ihrem kompetenten Auftreten, das auf einer gründlichen Vorbereitung basiert. Das zeigt sich besonders im Mittelteil des Gesprächs, wo Ihre zentrale Stärke liegt. Sehr konsequent steuern Sie die Kommunikation auf die für Sie wesentlichen Punkte und bleiben hartnäckig in der Gesprächsführung. Dabei wirken Sie selbstbewusst und Ihr Gegenüber hat schnell den Eindruck: „Der weiß genau, wovon er spricht!“ Vermeiden Sie es allerdings, allzu sehr im Monolog zu sprechen.

Im Einstieg sind Sie sofort im Thema. Die Leichtigkeit des „menschelnden“ Anfangs ist nicht Ihre Stärke. Zwischen Thema und Mensch setzen Sie hier allzu schnell ein Gleichheitszeichen. Das verunsichert vor allem Bewahrer, die gerade zu Beginn eine Beziehungsbrücke nicht missen möchten, bevor es thematisch zur Sache geht.

Das Gesprächsende fällt bei Ihnen eher knapp aus, nach dem Motto: „Wenn ich fertig bin, bin ich fertig!“ Für ähnliche Persönlichkeitstypen mit einem hohen Jäger-Anteil ist das kein Problem. Alle anderen sollten Sie mit mehr Gespür sanfter und mit mehr Zeit aus der Situation hinausbegleiten.

Eine unfreiwillige Komik entsteht sonst zuweilen für Dritte. Der Jäger-Finder beendet beispielsweise ein einstündiges Gespräch mit den Worten „Also, dann!“, was für einen Schöpfer-Bewahrer so viel bedeutet wie eine nichtssagende Floskel, die einen kurzen Abstecher in die sanitären Anlagen ankündigt. In Wahrheit hat sich der Jäger-Finder aber mit diesen Worten verabschiedet, während der Schöpfer-Bewahrer noch eine weitere Stunde auf die Rückkehr des Gesprächspartners wartet. Gerade das Gesprächsende geduldiger und mit Blick auf den anderen ausklingen zu lassen, ist und bleibt für den Jäger-Finder eine Herausforderung.

Der Schöpfer-Bewahrer

Im Gespräch wirken Sie sehr offen, neugierig und aufmerksam. Sie zeigen sich sorglos und entspannt, was sich in vielen Fällen in einer lockeren Begrüßung äußert. Dabei schauen Sie Ihr Gegenüber freundlich an und haben einen angenehmen Handschlag. Oft wissen Sie im Vorfeld noch nicht genau, was das Ziel Ihres Gesprächs ist. Sie haben Ihr Thema im Kopf, reagieren aber dann spontan auf neue eigene Einfälle oder Gedanken Ihres Gesprächspartners. Die exakte Vorbereitung auf ein Gespräch ist nicht Ihre Sache und so verlassen Sie sich oft auf Ihr Improvisationstalent.

Als Schöpfer-Bewahrer tolerieren Sie viele Umgangsformen Ihres Gesprächspartners, was beispielsweise die Pünktlichkeit Ihres Gegenübers anbelangt. Ein paar Minuten später, eine nicht angepasste Kleidung, unordentliche Unterlagen – all das ist kein großes Problem für Sie.

Empfindlich reagieren Sie eher, wenn Ihr Gesprächspartner aus Ihrer Sicht allzu kleinliche Details Ihrer Ausführungen bemängelt oder um mehr messbare Genauigkeit bittet. Da fühlen Sie sich unter Druck gesetzt. Auch kritische oder pessimistische Kommentare zu Ihrem Anliegen ärgern Sie sehr und blockieren schnell Ihre Lust, weiter über die Sache zu sprechen. Ebenso lassen Sie sich im Gespräch nur ungern mit Blick auf die Uhr drängen. **Achtung!** Ihr situationsbezogener und ideenorientierter Kommunikationsstil ist bisweilen zu wenig zielorientiert und logisch nachvollziehbar, wenn es um zielführende Gespräche geht. Für ergebnisorientierte (Jäger-) und analytische (Finder-) Persönlichkeitstypen stellt das oft eine harte Bewährungsprobe ihrer Geduld dar. **Tipp:** Helfen Sie Ihrem Gegenüber, indem Sie besser vorbereitet und mit gut recherchierten Fakten gerüstet zum Gespräch erscheinen.

Stärken und Baustellen

Ihr größtes Plus als Schöpfer-Bewahrer ist es, dass Sie mühelos eine Wohlfühlsituation für (fast jedes) Gespräch gestalten. Rasch und entspannt holen Sie Ihr Gegenüber ins Gespräch. Ihre natürliche, lockere Art entkrampft auch analytischere Persönlichkeitstypen, sodass eine entspannte Ausgangssituation entsteht. Im Einstieg des Gesprächs liegen Ihre größten Stärken, die „Kunst des kleinen Gesprächs" meistern Sie bereits körpersprachlich als jemand, der zuerst lächelt, den Blickkontakt aufnimmt und so die nonverbale Brücke zum Gegenüber schlägt. Sie sind ein Eisbrecher für den Erstkontakt.

Ihre Wirkung im Mittelteil ist gerade bei Ihnen stark themenabhängig: Was Sie selbst interessiert, verfolgen Sie mit großer emotionaler Anteilnahme. Sie sprühen dann vor Ideen und stecken Ihr Gegenüber damit an. Ihre Begeisterungsfähigkeit bringt Vitalität in die Gesprächsführung. Geht es eher um rationale oder theoretische Themen, zerfasert der zentrale Gesprächsteil. Sie neigen dazu, Ihr Gegenüber von Inhalten, die Sie nicht berühren, abzulenken und auf andere Themen aufzuspringen. Damit vermissen ergebnisorientierte Persönlichkeiten das Ziel und den Sinn des Gesprächs und reagieren zuweilen ungeduldig. Das Gesprächsende lassen Sie gern in Ruhe ausklingen. Da kann es schon mal passieren, dass Sie gleich mehrfach zum Ende kommen. Analytisch dominierte Persönlichkeitskombinationen fragen sich dann vielleicht: „Wann ist denn endlich mal Schluss?", und reagieren etwas ungehalten.

Der Schöpfer-Jäger

Im Gespräch wirken Sie als Schöpfer-Jäger energiegeladen, locker und offen. Sie begrüßen Ihr Gegenüber mit einem kräftigen Handschlag und sind schnell und unvermittelt im Thema. Als Schöpfer-Jäger sprechen Sie mit natürlicher Autorität. Sie wissen, was Sie im Gespräch erreichen wollen. Dabei steuern Sie aber manchmal über einen für Ihr Gegenüber schwer nachvollziehbaren Umweg Ihr Anliegen an. Das kommt daher, weil Sie sich für die thematische Vorbereitung des Gesprächs manchmal zu wenig Zeit nehmen und sich auf Ihr Improvisationstalent verlassen. Sie kommen selten überpünktlich zum Gespräch. Eher auf die Minute mit einer Tendenz zur Verspätung. Dennoch mögen Sie es nicht, wenn andere sich verspäten. Sie reagieren dann ungeduldig. Auch auf Ausflüchte Ihres Gesprächspartners reagieren Sie zunehmend ungehalten und drängen auf Lösungen. Alles, was im Gespräch nicht zu raschen Lösungen führt, empfinden Sie schnell als Zeitverschwendung. **Achtung!** Ihr unvermittelter und zielgerichteter Kommunikationsstil schüchtert beziehungsorientierte Persönlichkeitstypen manchmal ein, während Ihre Aussagen für analytische Persönlichkeitstypen durch die Inhaltsfülle, gepaart mit Faktenarmut, oft schwer verständlich wird. **Tipp:** Lassen Sie sich mehr Zeit für Ihren Gesprächspartner und stimmen Sie ihn auf das Gesprächsziel ein. Bereiten Sie sich typgerecht auf das Gespräch vor. Die Grundfrage für Sie lautet: Braucht mein Gegenüber a) mehr emotionale Einstimmung oder b) mehr konkret messbare Fakten oder c) weniger persönliche Ansichten?

Stärken und Baustellen

Als Schöpfer-Jäger liegt Ihre eindeutige Stärke in der Gesprächsführung im Mittelteil. Hier überzeugen Sie Ihr Gegenüber mit Wortgewandtheit, interessanten Sichtweisen, Lösungsvorschlägen und vor allem auf der emotionalen Ebene mit Ihrer Begeisterungsfähigkeit. Wichtig ist es allerdings, dass Sie den Mittelteil besser mit Fragen strukturieren und mit Fakten anreichern. Es fällt Ihnen schwer, Ihrem Gegenüber geduldig zuzuhören; oft springen Sie in Gedanken schon zu einem anderen Themenaspekt. Das Ergebnis: Sie hören dann nicht mehr aufmerksam zu.

Ihr wunder Punkt ist der Gesprächseinstieg. Da Sie Small Talk nicht besonders spannend finden, kommen Sie unverblümt zum Thema. Ihr Gesprächspartner ist oft gefühlsmäßig noch nicht auf Sie eingestellt, während Sie schon im Hauptthema sind. Wenn Sie Ihr Gegenüber aber nicht am Anfang als Person ins Gesprächsboot holen – wann dann? Fragen, die auf die Gefühlswelt Ihres Gegenübers abgestimmt sind („Haben Sie sich gut ins neue Team eingewöhnt?" „Haben Sie sich gut im Urlaub erholt?" oder „Sind Sie wieder gesund?"), helfen Ihnen hier, Ihren Gesprächspartner gleich zu Beginn einzubinden. Das gilt vor allem für Bewahrer. Beim Finder und Jäger können Sie den Gesprächseinstieg kurzhalten, dennoch sollten Sie sich auch hier zuerst auf die Person und erst dann auf Ihr Anliegen konzentrieren.

Das Ende des Gesprächs bedeutet für Sie oft, dass Sie mit dem Thema selbst fertig sind. Vergessen Sie nicht, mit einer verbindlichen Aussage aus dem Gespräch zu gehen (Verbleib? Termin? Ergebnis?). Auch hier sollten Sie darauf achten, die Person selbst mit Wertschätzung zu verabschieden.

Mit Vertretern Ihres eigenen oder artverwandten Persönlichkeitstyps (Jäger-Schöpfer) hingegen verstehen Sie sich sehr gut. Allerdings stellen Sie sich gegenseitig kaum Fragen. Sie gestalten das Ganze eher als Folge von Aussagen, Ideen und Ansätzen. Das heißt, Sie erfahren viel über die eigentlichen Themen auf der rationalen Ebene, aber weniger darüber, wie der andere gefühlsmäßig zu den Themen steht. Damit bleibt unklar, ob der emotionale Hintergrund eine Handlung zum Gesagten befördert oder nicht.

Der Bewahrer-Schöpfer

Im Gespräch starten Sie freundlich. Sie blicken Ihr Gegenüber an und wenden sich ihm zu. Mit Ihrem unbekümmerten Benehmen schaffen Sie schnell eine entspannte Atmosphäre (wenn Sie den Bogen nicht überspannen). Der Bewahrer-Schöpfer erspürt oft, was der andere hören will und baut rasch eine Brücke zum Gegenüber. Wer Sie sofort mit vielen Details überhäuft, muss damit rechnen, dass Sie den roten Faden im Gespräch nicht finden und nur noch unkonzentriert zuhören. Sie benötigen gleich zu Beginn eine Art größere Überschrift, einen

Zusammenhang, um dem anderen richtig folgen zu können. Bewahrer-Schöpfer sind Könner des Small Talks und zeigen auch Interesse für den neuesten Klatsch und Tratsch – sei es privat oder beruflich. Sie haben einfach Spaß am Austausch verschiedenster Informationen. Die größte Freude aber haben Bewahrer-Schöpfer, wenn sie jemanden von etwas überzeugen können, wofür sie sich im Moment gerade selbst begeistern. **Achtung!** Ihr beziehungsorientierter und vielschichtiger Kommunikationsstil kann Ihr Gegenüber sehr verwirren, vor allem, weil Sie gern und abrupt das Thema wechseln. Sie verlieren manchmal die Struktur im Gespräch und wirken dann sehr weitschweifig. **Tipp:** Führen Sie immer erst einen Themenkomplex zu Ende. Das hilft Ihnen, die Struktur zu behalten und erleichtert Ihrem Gegenüber das Verständnis.

Stärken und Baustellen

Als Bewahrer-Schöpfer punkten Sie im Gesprächsstart durch Ihre verbindliche und freundliche Art, im Mittelteil durch neue interessante Ideen und Denkansätze und am Ende durch eine entspannte Verabschiedung.

Besonders zu Beginn überzeugen Sie mit Small Talk-Qualitäten und stellen sich mit Leichtigkeit auf die verschiedensten Charaktere, Orte und Situationen ein. Sie sind äußerst flexibel und arrangieren sich blitzschnell mit der Mentalität Ihres Gesprächspartners.

Im Mittelteil stellen Sie sich als Bewahrer-Schöpfer oft als sehr angenehmer und flexibler Gesprächspartner heraus. Sie sprechen mal leise und mal laut und wechseln dabei manchmal abrupt die Lautstärke, je nach Ihrer emotionalen Lage. Bewahrer-Schöpfer bevorzugen im Gespräch eher die kleinere als die größere Gesprächsrunde. Wenn Ihnen Ihr Gegenüber in den Wesenszügen ähnlich ist, kann das Gespräch für beide Seiten wie in einem fröhlichen Jonglierakt wirken: Sie werfen völlig verschiedene Themenbälle in die Luft und sprechen mal von diesem, mal von jenem. Das kann ein erquicklicher und bereichernder Austausch für beide Seiten werden. Schwieriger gestaltet es sich, wenn Sie mit Tatsachen und Fakten überzeugen müssen und strukturierte Gespräche führen. Hier ist es wichtig, dass Sie sehr konzentriert vorgehen und sich am besten vorab einen Fragefahrplan erstellen, vor allem in beruflichen Situationen, wie in Verhandlungen. Aber auch in Gesprächen im Zusammenhang mit privaten, wichtigen Entscheidungen unterstützen Sie sich selbst, wenn Sie den Sachverhalt besser vordenken. (Was ist Ziel des Gesprächs? Was sind die wichtigsten Eckpunkte? Was ist Ihre Meinung? Was ist die Position des anderen? Welche Kompromisse sehen Sie? Welchen Konsens?) Die Vorbereitung zu einem Gespräch reduzieren Sie zuweilen ganz gern, denn systematisches Vordenken strengt Sie an. Verstärkend kommt hinzu, dass Sie als Bewahrer-Schöpfer ohnehin eher das Spontane als das vorab Durchdachte lieben. Wenn Ihr Gesprächspartner dann hartnäckig zu faktischen Fragen nachbohrt, versuchen Sie eher auf der emotionalen Erfahrungsebene als auf der Tatsachenebene zu überzeugen. Am Ende des Gesprächs verabschieden Sie Ihr Gegenüber freundlich und entspannt. Manchmal aber ohne ausreichendes Gesprächsergebnis, was mit einer gründlicheren Vorbereitung vermieden werden könnte. Hier vergeben Sie sich manchmal Chancen oder bereiten sich selbst doppelte Arbeit.

Der Bewahrer-Finder

Im Gespräch gehen Sie freundlich und empathisch auf Ihr Gegenüber ein, zeigen sich aufmerksam und machen einen angenehmen und kooperativen Eindruck. Sie hören aufmerksam zu und geben gern exakte Informationen. Bei Ihnen fühlt sich Ihr Gesprächspartner rasch wohl und verstanden. Wenn Sie Ihr Gegenüber nicht kennen, lassen Sie lieber zunächst Ihren Gesprächspartner das Wort ergreifen, um ihn besser einschätzen zu können.

In privaten Unterhaltungen mögen Sie es, sich auch über die kleinen Dinge des Alltags auszutauschen. Ein bisschen Klatsch und Tratsch gehört für Sie dazu. Es gefällt Ihnen nicht, wenn der andere zu schnell und direkt mit der Tür ins Haus fällt. Sie fühlen sich dann überrollt.

Wenn Ihr Gegenüber mit schlechten Umgangsformen auftritt, sind Sie verunsichert und augenblicklich verärgert. Ihre sonst große Toleranz endet hier. **Achtung!** Ihr zugewandter, detailorientierter Kommunikationsstil kann ungeduldigere und sehr zielorientierte Gesprächspartner aus dem Tritt bringen. Verlieren Sie bitte den roten Faden und das avisierte Gesprächsziel nicht aus den Augen. Beachten Sie auch, dass sich Ihr Gegenüber in einem Wald von Einzelheiten eher verläuft als gut orientiert. **Tipp:** Notieren Sie sich im Vorfeld Ihre wichtigsten drei Schwerpunkte und Ihr Gesprächsziel, so unterstützen Sie sich selbst dabei, das Wesentliche im Auge zu behalten.

Ihre eindeutigen Stärken finden sich gleich zu Beginn des Gesprächs. Sie bauen sofort eine emotionale Brücke zum Gegenüber und erkennen, welche Ansprechhaltung für Ihren Gesprächspartner genau die Richtige ist. Vor allem schüchterne, scheue und unsichere Personen holen Sie intuitiv behutsam ins Gespräch. Der geschickte Small Talk ist Ihnen vertraut.

Im Mittelteil des Gesprächs konzentrieren sich Ihre größten Stolperfallen. Hier müssen Sie immer wieder zum roten Faden zurückfinden. Dabei hilft es Ihnen, wenn Sie sich im Vorfeld inhaltlich gründlich vorbereiten. Die genaue Sachkenntnis verleiht Ihnen die Sicherheit, sich im Gespräch auch von unverhofften Fragen oder Argumenten nicht aus der Bahn werfen zu lassen. Sie lassen sich zuweilen von sehr schnell denkenden und sprechenden, ergebnisfokussierten Gesprächspartnern verunsichern. Es fällt Ihnen einfach etwas schwerer, sofort die unterschiedlichen Aspekte in eine ganzheitliche Sicht einzuordnen. Um sich nicht von Inhalt und Geschwindigkeit überrumpelt zu fühlen, ist es bei Ihnen erforderlich, dass Sie sich mit guten Fragen eine zusätzliche „ Denkzeit“ verschaffen. Vor allem bei Persönlichkeitstypen, die eine starke Dominanz im Jäger- und Schöpfer-Bereich haben, helfen Ihnen Fragetechniken, im Gespräch nicht ins Abseits zu geraten. Da Sie jedoch als Bewahrer-Finder sehr beharrlich arbeiten, trifft aber auch hier für Sie zu: Übung macht den Meister!

Ausnahmen bilden eigene oder wesensverwandte Persönlichkeitstypen, wie der Finder-Bewahrer. Wenn Sie mit diesen Personen im Gespräch sind, werden Sie keine Probleme haben. Es könnte nur sein, dass Sie sich lange und sehr gut unterhalten, aber am Ende zu wenige Resultate verzeichnen. Sie legen zwar auf Ergebnisse großes Augenmerk, schaffen es ob der Fülle der Einzelheiten manchmal aber nicht, effektiv zum abschließenden Fazit zu gelangen. Die Priorisierung unterschiedlicher Aspekte gehört weder zu Ihren Kernstärken noch zu denen des Finder-Bewahrers. Da aber für beide Seiten die Gesprächsatmosphäre höher als die Ergebnisseite eingeschätzt wird, kann dieses Defizit in einem Folgegespräch behoben werden.

Im Gesprächsabschluss knüpfen Sie wieder verstärkt an Ihr Talent zur Festigung der Beziehungsebene an. Sie legen auf einen wertschätzenden und entspannten Abschluss großen Wert und verabschieden Ihr Gegenüber mit Blick auf nachhaltiges Wohlfühlen.

Der Finder-Bewahrer

Im Gespräch wirken Sie aufmerksam, zurückhaltend und konzentrieren sich ganz auf Ihr Gegenüber. Sie blicken Ihren Gesprächspartner direkt, aber nicht konfrontativ in die Augen und haben einen angenehmen, korrekten Handschlag. Lieber lassen Sie Ihren Gesprächspartner den Dialog eröffnen und hören zunächst zu. Zu gegebenem Zeitpunkt steigen Sie ins Gespräch ein, besonders dann, wenn Sie dabei mit eigenem Wissen und analytischen Fakten aufwarten können oder Ihr Gegenüber emotional unterstützen wollen. Umgangsformen sind für Sie das A und O. Als Finder-Bewahrer kommen Sie fast immer pünktlich, meist sind Sie sogar vorzeitig da. Das erwarten Sie auch von anderen, sind aber oft zu höflich, um jemanden wegen chronischer Unpünktlichkeit zu rügen. Ihr Gegenüber darf davon ausgehen, dass Sie gut vorbereitet sind. Einen neuen oder zusätzlichen Aspekt bringen Sie eher selten von sich aus mit. Aber auf Ihre gewissenhafte Vorbereitung sind Sie stolz, denn diese gibt Ihnen die ruhige Sicherheit im Gespräch. Sie hoffen auch, dass Sie so über kurz oder lang die Anerkennung Ihres Gegenübers erhalten.

Als Finder-Bewahrer ärgern Sie sich über rüpelhaftes oder zu grobes Verhalten im Gespräch. Allerdings werden Sie das nur selten direkt ansprechen, Sie ziehen sich dann eher innerlich zurück und werden passiv. Manche Persönlichkeitstypen missverstehen dies aber als Einladung zu noch mehr verbalen Übergriffen. **Achtung!** Ihr faktenorientierter, ruhiger und eher passiver Kommunikationsstil kann die Geduld sehr zielorientierter Persönlichkeiten (Jäger) strapazieren. Vor allem dann, wenn Sie jedes Thema in viele einzelne Seitenstränge zerlegen und ausführlich analysieren. **Tipp:** Überlegen Sie bitte vor dem Gespräch, was Ihnen wirklich wichtig ist. Priorisieren Sie! Notieren Sie sich Ihr Gesprächsziel und beginnen Sie mit dem wichtigsten Thema von selbst. Beziehen Sie in der Vorbereitung auch thematisch Randgebiete mit ein. Ein Denken über den Tellerrand hinaus macht Sie zu einem spannenderen Gesprächspartner für andere Personen.

Stärken und Baustellen

Als Finder-Bewahrer verfügen Sie über eine zugewandte, angenehme Ansprechhaltung. Ihre Zuhörkompetenz und Geduld sind Ihre größten Pluspunkte. Das ermöglicht Ihrem Gesprächspartner, sich angstfrei zu öffnen, und Sie erhalten damit wahrscheinlich Einblicke, die drängendere Personen, wie Jäger und Schöpfer, so schnell nicht gewährt bekommen.

Im Einstieg signalisieren Sie in allererster Linie nonverbal Ihre Bereitschaft, aufmerksam zuzuhören. Sie holen Ihr Gegenüber auf der Gefühlsebene ab und strahlen geduldige, anteilnehmende Aufmerksamkeit aus. Ihnen vertrauen im Gespräch auch unsichere Personen schnell, da Sie das Gefühl vermitteln, sich in aller Ruhe aussprechen zu können.

Im Mittelteil des Gesprächs fragen Sie intensiv nach und sind nahezu an jedem Detail interessiert. Das führt dazu, dass Gespräche mit Ihnen oft lange dauern – manchmal zu lang. Obwohl Sie faktenbezogen nachfragen, überlassen Sie die Gesprächssteuerung oft Ihrem Gegenüber. Von autoritären Gesprächspartnern lassen Sie sich das Ruder zuweilen aus der Hand nehmen, weil Sie sich von deren Energie überrollt fühlen. Bei Personen, die sich verzetteln, ausgiebig beklagen oder ständig wiederholen, fehlt Ihnen zuweilen der Mut, Ihr Gegenüber zu unterbrechen und wieder zum Schwerpunkt der Unterhaltung zurückzuführen. Hier hilft es Ihnen, wenn Sie Ihre inhaltlichen Fragen durch Fragetechniken, die die Interaktion des Gesprächs beeinflussen, ergänzen. („Ich verstehe Ihr Anliegen. Ich möchte aber mit folgender Frage zu unserem Thema zurückfinden: Wie wollen wir genau im Punkt X verbleiben?")

Die Ausnahme sind Gespräche mit wesensverwandten Persönlichkeitstypen, wie dem Bewahrer-Finder. Hier werden sich beide sehr wohlfühlen, wenngleich sie wahrscheinlich lange miteinander sprechen. Sie müssen sich dann bewusst machen, dass Sie zwar alle Einzelheiten ausführlich besprochen haben, aber dabei möglicherweise den großen Zusammenhang und das eigentliche Ziel aus den Augen verloren haben.

Gegen Ende des Gesprächs bleiben Sie wieder ganz dicht an den emotionalen Bedürfnissen Ihres Gegenübers dran. Dabei haben Sie auch die besprochenen Fakten im Blick und fassen diese gern noch einmal zusammen. Sie können davon ausgehen, dass sich der andere höflich und wertschätzend aus der Situation verabschiedet fühlt.

Der Finder-Jäger

Im Gespräch wirken Sie als Finder-Jäger sofort sehr konzentriert und sachkundig. Sie blicken Ihrem Gesprächsteilnehmer direkt und fest in die Augen und haben einen entschlossenen, kräftigen Handschlag. Als Finder-Jäger kommen Sie ohne Umschweife zur Sache und sprechen eine klare Sprache. Da Sie sehr exakt vorbereitet sind, verschaffen Sie sich mit Ihrer Kenntnislage sehr schnell Autorität. Sie wirken kompetent – daran hat auch Ihr Gegenüber keinen Zweifel.

Auf Pünktlichkeit und gute Umgangsformen legen Sie großen Wert – und genau das erwarten Sie auch von anderen. Wenn sich Ihr Gesprächspartner größere Patzer im Auftreten leistet oder schlecht vorbereitet erscheint, darf er sich schnell von Ihnen gerügt fühlen. Sie haben kein Problem mit direkter und klarer Kritik, die aber nur selten persönlich wird. Wenn Sie die für Sie bedeutsamen Inhalte darlegen, glänzen Sie mit analytischem Sachverstand, unbestechlicher Logik und untermauern das Gesagte mit präzisen Details. **Achtung!** Ihr direkter analytischer Kommunikationsstil lässt wenig Raum für neue und innovative Gedanken, die spontan aus der Situation entstehen können. Sie verschrecken damit oft kreative Geister, wie Schöpfer, und bringen sich selbst vielleicht um wertvolle neue Informationen und Querverbindungen. Auch die beziehungsorientierten Persönlichkeitstypen (Bewahrer) fühlen sich von Ihnen schnell eingeschüchtert, weil es für sie im Gespräch zu wenig „menschelt" und sie sich deshalb nur schwer öffnen können. Als Finder-Jäger unterschätzen Sie zu oft den Stellenwert der Gefühlswelt anderer Personen. **Tipp:** Bereiten Sie sich nicht nur inhaltlich auf Gespräche vor, sondern überlegen Sie auch, mit wem Sie sprechen. Ihre Kernfrage lautet hier: Welche Ansprechhaltung braucht mein Gegenüber, um sich im Gespräch zu öffnen? Es wird Ihnen helfen, wenn Sie menschliche Gefühle innerlich unter dem Stichwort „Fakten" abspeichern.

Stärken und Baustellen

Als Finder-Jäger kommt Ihre Gesprächskompetenz besonders im Mittelteil zum Tragen. Hier dominieren Sie das Gespräch mit faktischer Klarheit und inhaltlicher Logik. Sie zielen auf messbare Ergebnisse ab und beenden das Gespräch, sobald Sie Ihr Ziel erreicht haben. Bei Ihnen beherrscht die rationale Kommunikationsebene mit analysierendem Stil das Gespräch.

Weniger überzeugend als den Mittelteil gestalten Sie den Einstieg und das Ende des Gesprächs. Hier übersehen Sie leicht, dass Sie zunächst die Beziehungsebene gestalten sollten. Das zeigt sich darin, dass Sie sich selten Zeit für ein kleines Vorgespräch zum Wohlbefinden oder zu einem Alltagsthema lassen. Meist sind Sie bereits bei der Begrüßung gedanklich schon im Hauptthema und vergessen schlicht, dass Sie die Inhalte nicht einem Informationsempfänger, sondern einem Menschen übermitteln.

Sie neigen dazu, den Faktor Mensch mit seinen Gefühlen, seinen Ansichten und seinen eigenen Beweggründen nicht ausreichend zu sehen. Damit erreichen Sie aber zuweilen gerade das Gegenteil Ihrer Absicht, nämlich ein effektives ergebnisstarkes Gespräch zu führen – stattdessen wird es langwierig und zäh, weil sich Ihr Gegenüber nicht richtig in den Austausch einbezogen fühlt und gefühlsmäßig blockiert. Ihre Baustellen liegen damit auf der emotionalen, empathischen Kommunikationsebene. Das wird auch in Ihrem bisweilen abrupten Gesprächsschluss, der ein paar persönliche Worte gut vertragen könnte, deutlich.

Die Ausnahme bilden Gespräche mit Vertretern Ihres eigenen oder ähnlicher Persönlichkeitstypen: Hier wissen beide Seiten den raschen, zeiteffizienten und faktischen Informationsaustausch zu schätzen.

Körpersprache der Persönlichkeitstypen

Über die herausragende Bedeutung Ihres Körpersprache-Ichs haben wir in diesem Buch schon ausführlich gemeinsam nachgedacht, reflektiert und Erkenntnisse gewonnen. In diesem Kapitel steht nun die ganz spezifische Körpersprache der Persönlichkeitstypen im Zentrum. Es geht darum, den Blick sowohl für das eigene Körpersprache-Ich als auch für die anderen Persönlichkeitstypen zu schärfen.

Über Mimik, Gestik, Körperhaltung, Abstand und Tonfall drücken wir zentrale Gefühle aus, die unserer Aussage erst die richtige Bedeutung geben.

Welches Körpersprache-Du kommuniziert mit welchen nonverbalen Signalen? Was heißt das für meine Haltung zum anderen Körpersprache-Du? Gleichzeitig bereitet uns dieses Kapitel mit dem entsprechenden Körpersprache-Know-how darauf vor, künftig souveräner mit Konflikten umzugehen, womit wir uns später in Kapitel 6 beschäftigen wollen.

Die Körpersprache des Jäger-Schöpfers 

Mimik

Der Gesichtsausdruck wirkt aufmerksam und lebhaft. Der Jäger-Schöpfer hat einen klaren, sicheren und festen Blickkontakt und schaut das Gegenüber direkt an. Die Gesichtsregungen können sehr aktiv werden, wenn das Gegenüber überzeugt werden soll. Unter Negativstress wirkt die Mimik streng, zornig und abweisend.

Gestik

Der Jäger-Schöpfer spricht mit den Händen in großen, einbeziehenden, zielsicheren und schnellen Gesten. Er betont das Gesagte meist mit beiden Händen. Dabei haben die Gesten, anders als beim Schöpfer-Jäger, einen Start- und Endpunkt. Der Händedruck ist fest und dynamisch. Unter Negativstress wirkt die Handsprache oft hektisch und fahrig. Sie wechselt dann in an- oder abweisende Gesten.

Körperhaltung

Der Jäger-Schöpfer steht und geht aufrecht, dynamisch und sicher. Er trägt den Kopf hoch, die Schultern sind gestrafft und er wirkt vital. Dabei bewegt er sich mit einer hohen Körperspannung, was seinem Gegenüber Kraft, Energie und Durchsetzungskraft signalisiert. Der Jäger-Schöpfer geht mit eher großen, energischen Schritten. Die vitale Körperhaltung hat eine Tendenz zur Überspannung, was sich aus dem hohen Körpertonus erklärt. Unter Negativstress reagiert der Jäger-Schöpfer mit innerer Unruhe, die er mit hektischem, unkoordiniertem Umhergehen dokumentiert – ganz im Gegensatz beispielsweise zum Bewahrer-Finder, der sich still abwendet.

Stimme und Tonfall

Jäger-Schöpfer sprechen klar, rhythmisch und dynamisch. Die Lautstärke ist eher laut als leise. In der Sprechgeschwindigkeit sind sie schnell. Unter Negativstress wird der Tonfall laut, hart und anklagend.

Abstand

Der Jäger-Schöpfer stellt sich flexibel auf die Distanz ein, die andere benötigen. Kommen ihm aber fremde Menschen zu nah, das heißt unter einem Meter, dann reagiert er empfindlich. Bei vertrauten Menschen neigt der Jäger-Schöpfer zu Kontaktgesten, um das Gesagte zu unterstreichen.

> **Der Jäger-Schöpfer zeigt sich in der Körpersprache zielgerichtet, flexibel und sehr dynamisch.**

Die Körpersprache des Jäger-Finders

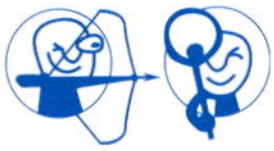

Mimik

Der Gesichtsausdruck des Jäger-Finders wirkt ernst und bestimmt. Die Mimik ist eher wenig variantenreich. Er hat einen klaren und sicheren Blickkontakt und schaut sein Gegenüber direkt an. Die Gesichtsregungen können sehr aktiv werden, wenn er auf ein Ergebnis gerichtet argumentiert und seinen Standpunkt verteidigt. Unter Negativstress wirkt das Gesicht streng, zornig und abweisend. Der Blick wird starr.

Gestik

Jäger-Finder sprechen mit den Händen in aktiven, forschen, direkten und zielgerichteten Gesten; die Worte unterstreichen sie vorwiegend mit der rechten Hand, das ist die Handlungsseite. „Macher" benutzen oft die rechte Hand. Wenn sie gestikulieren, dann eher mit großen als mit kleinen Gesten. Der Händedruck ist fest und kraftvoll. Unter Negativstress wird die Gestik hektisch und abrupt. Sie wechselt in an- oder abweisende Handbewegungen oder in Aggressionsgesten (Zeigefinger).

Körperhaltung

Der Jäger-Finder steht und geht aufrecht, korrekt und sicher. Er trägt den Kopf hoch und die Schultern sind gestrafft. Er wirkt kraftvoll. Dabei steht er mit einer hohen Körperspannung, was dem Gegenüber Kraft, Energie und Durchsetzungskraft signalisiert. Der Jäger-Finder geht mit eher großen als mit kleinen Schritten. Die sichere Körperhaltung hat eine Tendenz zur Überspannung und zu einer etwas starren Nackenhaltung, dabei hebt der Jäger-Finder häufig den Kopf leicht nach oben, was von Ihrem Umfeld als arrogant interpretiert werden kann. Unter Negativstress reagiert er mit großer Unruhe, die sich im hektischen Umhergehen zeigt – ganz im Gegensatz zum Finder-Bewahrer, der sich still abwendet.

Stimme und Tonfall

Der Jäger-Finder spricht bestimmend, energisch und in ähnlichem Betonungsrhythmus, was durch seinen Hang zu langen Sätzen zusätzlich unterstützt wird. Die Lautstärke ist tendenziell eher laut als leise. Unter Negativstress wird der Tonfall laut und hart.

Abstand

Der Jäger-Finder legt viel Wert auf einen angemessenen Abstand von einem bis zwei Metern. Besonders im beruflichen Bereich missfällt ihm eine Verringerung dieser Distanzzone. Auf leichte Berührungen, während des Gesprächs verzichtet der Jäger-Finder ganz und mag auch keine Kontaktgesten des Gegenübers.

Der Jäger-Finder zeigt sich in der nonverbalen Kommunikation sicher, zielgerichtet und präsent in der Haltung.	**!**

Die Körpersprache des Schöpfer-Bewahrers

Mimik

Der Gesichtsausdruck ist lebhaft, freundlich und wohlwollend. Den Bewahrer-Schöpfern wird oft nachgesagt, dass ihre Augen besonders lächeln. Die Gesichtsregungen sind wechseln oft und sind variantenreich. Unter Negativstress wirken die Gesichtszüge traurig, verzweifelt oder resigniert.

Gestik

Die Handsprache ist sehr abwechslungsreich. Der Schöpfer-Bewahrer unterstützt seine Worte mit kleineren, aber akzentuierten und emotional betonten Gesten, im Wechsel mit größerer, einbeziehender Handsprache. Der Händedruck ist leicht und angenehm. Unter Negativstress verändert sich die Gestik in unkoordinierte Bewegungen der Hände oder aber die Gesten reduzieren sich. Je höher der Stresspegel, desto weniger gestikulieren Sie.

Körperhaltung

Der Schöpfer-Bewahrer steht, sitzt und geht mit weniger Körperspannung und in fließenden Bewegungen. Dem Gegenüber zeigt er sich zugewandt. Der Körpertonus ist tendenziell zu unterspannt, so dass die Festigkeit und Dynamik fehlt. So sitzen die Schöpfer-Bewahrer eher in entspannter Haltung mit dem Körperschwerpunkt vorn. Auch beim Stehen sind sie eher unterspannt. Oft wirkt der Bewegungsablauf nicht zielgerichtet, sondern der Schöpfer-Bewahrer wechselt die Schrittgröße oder die Gehrichtung als Ausdruck seiner rasch wechselnden Gefühlslage. Insgesamt beanspruchen Schöpfer-Bewahrer viel Raum. Unter Negativstress reagieren sie hektisch und fahrig, bisweilen sogar wie gelähmt.

Stimme und Tonfall

Ihre Stimme klingt rhythmisch, gefühlsbetont und melodisch. Sie wechseln zwischen lauten und leisen Tönen, tendieren aber eher zum leiseren Ton. Insgesamt sprechen Schöpfer-Bewahrer eher langsam als schnell, aber sehr betont. Unter Negativstress klingt ihr Tonfall anklagend und zuweilen verzweifelt.

Abstand

Der Schöpfer-Bewahrer braucht eine eher geringe Schutzzone im Kontakt mit anderen Menschen. Er reagiert auch entspannt, wenn sein Gegenüber im Gespräch den Abstand auf weniger als eine Armlänge verringert. Kontaktgesten verwendet der Schöpfer-Bewahrer je nach Situation.

> Der Schöpfer-Bewahrer signalisiert in der Körpersprache eine grundlegend entspannte Haltung, wenig Regelkonformität, Vielseitigkeit und schnelle Begeisterungsfähigkeit. **!**

Die Körpersprache des Schöpfer-Jägers

Mimik

Der Gesichtsausdruck ist facettenreich: fröhlich, lebhaft, aber auch ernst und bestimmend. Sie blicken dem Gegenüber sehr direkt und fest in die Augen. Unter Negativstress wirkt die Mimik wütend, traurig oder verzweifelt.

Gestik

Der Schöpfer-Jäger unterstützt seine Worte durch große, rhythmische Gesten, die das Gegenüber aktiv mit einbeziehen. Die Handsprache unterstreicht die große Emotionalität der Worte. Dabei begleiten Schöpfer-Jäger das gesprochene Wort durch quantitativ viele Gesten. Der Händedruck ist fest und forsch. Unter Negativstress werden die Gesten fahriger, zuweilen übergreifend und sehr hektisch.

Körperhaltung

Der Schöpfer-Jäger steht, sitzt und geht dynamisch und sicher. Der Schöpfer-Jäger hat einen federnden Gang mit großen Schritten. Er trägt den Kopf hoch und die Schultern sind gestrafft. Es fällt ihm schwer, lange still zu sitzen. Der Schöpfer-Jäger ist ein Bewegungsmensch. Unter Negativstress reagieren sie auf der Skala von hektisch bis gelähmt, was sich vorrangig in unkoordinierten großen Bewegungen zeigt.

Stimme und Tonfall

Schöpfer-Jäger sprechen rhythmisch und emotional. Sie reden sehr schnell. Der Tonfall des klingt eher laut als leise und variantenreich. Unter Negativstress wird der Ton oft anklagend und in der Steigerung dann hart und laut.

Abstand

Der Schöpfer-Jäger hat einen flexiblen Abstand mit anderen Menschen. Unabhängig davon, ob ihm jemand sehr vertraut oder weniger bekannt ist, benötigt er selbst nur eine geringere Schutzzone zwischen sich und anderen. Einen Abstand von einem halben bis einem Meter empfindet er als ausreichend. Schöpfer-Jäger dringen zuweilen unbewusst in die schützende Abstandszone ein, was vorrangig beziehungs- und faktenorientierten Personen ein (Bewahrer und Finder), irritiert.

> Der Schöpfer-Jäger zeigt sich in der Körpersprache flexibel, gewandt und sehr raumgreifend. **!**

Die Körpersprache des Bewahrer-Schöpfers 

Mimik

Der Gesichtsausdruck des Bewahrer-Schöpfers ist vorwiegend freundlich bis fröhlich. Wenn er von etwas begeistert ist, dann werden die Gesichtszüge lebhaft und aktiv. Seine Mimik ist facettenreich. Unter Negativstress wirkt die Mimik unsicher und verschlossen und fällt manchmal etwas in sich zusammen.

Gestik

Der Bewahrer-Schöpfer spricht gestenreich. Er wechselt oft von kleineren in größere Gesten und nutzt die Handsprache aktiv. Die Gesten sind fließend, ohne Anfangs- und Endpunkt. Unter Negativstress verändert sich die Sprache der Hände in unkoordinierte, fahrige, sehr große Bewegungen oder aber die Gesten fallen ganz weg.

Körperhaltung

Der Bewahrer-Schöpfer steht und geht entspannt und zugewandt. Er bewegt sich eher langsam und neigt zu einer unterspannten Körperhaltung. Es fällt ihm schwer, aufrecht und gerade zu sitzen, wie es vor allem für den Finder-Jäger typisch ist.
Unter Negativstress wird der Bewahrer-Schöpfer zunächst bewegungsaktiv; erhöht sich jedoch der Druck, dann wendet er sich ab und zieht sich völlig zurück.

Stimme und Tonfall

Der Bewahrer-Schöpfer spricht ruhig, freundlich und harmonisch. Die Stimme klingt angenehm und melodisch. Unter Negativstress wird der Tonfall traurig und leise. Mit größerem Schöpfer-Anteil wird er aber auch laut, anklagend und klingt verzweifelt. Dabei kann der Bewahrer-Schöpfer überraschend schnell von einer Tonalität in die andere wechseln (von traurig-leise zu anklagend-laut beispielsweise).

Abstand

Der Bewahrer-Schöpfer stellt sich flexibel auf verschiedene Distanzzonen zwischen Menschen ein. Er selbst braucht einen eher geringen Abstand von einem halben bis einem Meter. Auch gesprächsunterstützende leichte Berührungen (wie ein leichtes Antippen an den Arm) stören ihn nicht.

> Der Bewahrer-Schöpfer zeigt sich im Körpersprache-Ich flexibel, in einer vorrangig entspannten Körperhaltung, vielseitiger Gestik und einem freundlich-entspannten Ansprechhaltung.

Die Körpersprache des Bewahrer-Finders

Mimik

Der Gesichtsausdruck als Bewahrer-Finder ist freundlich und aufmerksam. Er lächelt oft und schaut dabei seinem Gegenüber aufmerksam in die Augen. Der Bewahrer-Finder achtet aber auch darauf, dass der Blick nicht konfrontativ wirkt. Wenn er sich verunsichert fühlt, wendet er den Blick schnell ab. Unter Negativstress wirkt das Gesicht unsicher, traurig oder verschlossen.

Gestik

Der Bewahrer-Finder spricht mit den Händen in eher kleinen, überlegten und akzentuierten Bewegungen. Rechte und linke Hand setzt er oft gleichzeitig und ausbalanciert ein. Der Händedruck ist angenehm und korrekt. Unter Negativstress wirkt die Gestik unkoordiniert. Sie wechseln in verteidigende oder abwehrende Gesten.

Körperhaltung

Die Körperhaltung als Bewahrer-Finder ist aufrecht, höflich und zugewandt. Er neigt beim Zuhören öfters den Kopf zur Seite und wendet sich anderen Menschen direkt zu, damit signalisiert er sein Entgegenkommen. Der Bewahrer-Finder geht mit eher kleinen, zielgerichteten als mit großen Schritten. Er hat – im Vergleich zu anderen Persönlichkeitstypen wie dem Schöpfer und Jäger – die Fähigkeit, lange Zeit hindurch still zu sitzen. Unter Negativstress wendet er sich ab.

Stimme und Tonfall

Der Bewahrer-Finder spricht ruhig, melodisch und oftmals behutsam. Die Stimme ist etwas leiser als die anderer Persönlichkeitstypen (Jäger oder Schöpfer). Unter Negativstress redet er noch leiser und klingt schnell traurig. Bisweilen neigt er zum nörgelnden, anklagenden Tonfall.

Abstand

Der Bewahrer-Finder differenziert in der Distanz zu anderen Menschen stark zwischen vertrauten und fremden Personen. In freundschaftlichen Verbindungen benötigt der Bewahrer-Finder einen eher geringen Körperabstand von ungefähr einem halben bis einem Meter. Mit unbekannten Personen braucht er einen größeren Schutzbereich von etwa eineinhalb Armlängen. Ein Eindringen Fremder in diese Distanzzone empfindet der Bewahrer-Finder rasch als unangemessen und bedrohlich.

> Der Bewahrer-Finder zeigt sich in der nonverbalen Kommunikation einfühlsam, harmonisierend und in zugewandter Haltung. **!**

Die Körpersprache des Finder-Bewahrers

Mimik

Der Gesichtsausdruck ist ruhig, sehr aufmerksam und eher ernsthaft. Die Klaviatur der Gesichtsregungen ist weniger abwechslungsreich. Der Finder-Bewahrer schaut das Gegenüber abwartend, aufmerksam und konzentriert an. Auf fixierende Blicke aber verzichtet der Finder-Bewahrer. Unter Negativstress wirkt sein Gesicht verschlossen, unsicher oder abwehrend.

Gestik

Der Finder-Bewahrer spricht mit den Händen in eher kleinen und wenigen Bewegungen, die sich vor allem im eigenen Körperraum abspielen. Überwiegend mit der rechten Hand (rationale Körperseite) und wenigen, betonenden Gesten unterstreicht er seine Worte. Der Händedruck ist angenehm und korrekt. Unter Negativstress verändern Sie Ihre Gestik hin zu verteidigenden oder abwehrenden Gesten.

Körperhaltung

Er hat eine aufrechte und korrekte Haltung. Seinem Gegenüber wendet er sich höflich zu. Er kann im Vergleich zu anderen Persönlichkeitstypen erstaunlich lange still sitzen, ohne unruhig zu werden. Seine Körperhaltung drückt Geduld aus. Unter Negativstress wendet er sich vom Gegenüber ab und reagiert mit Rückzug.

Stimme und Tonfall

Er spricht eher langsam, ruhig und bedacht. Seine Stimmmelodie ist also weniger von Betonung und Rhythmik geprägt, sondern klingt eher gleichmäßig bis monoton. Dabei redet er eher leise als laut. Unter Negativstress wird der Finder-Bewahrer noch leiser oder verstummt völlig.

Abstand

Der Finder-Bewahrer legt auf einen größeren Abstand zwischen ihm und anderen viel Wert. Seine Wohlfühlzone liegt bei einem bis zwei Metern. Nur enge Familienmitglieder und Vertraute dürfen gern in eine kleinere Distanz eindringen. Finder-Bewahrer nutzen keine Kontaktgesten und lassen sich auch nur ungern im Gespräch von anderen berühren, wie es vor allem Persönlichkeitstypen mit Schöpferanteilen tun.

> Der Finder-Bewahrer zeigt sich in der Körpersprache aufmerksam, geduldig und gleichzeitig empathisch. **!**

Die Körpersprache des Finder-Jägers

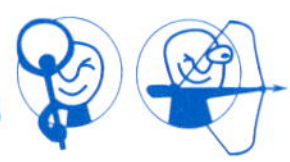

Mimik

Der Gesichtsausdruck wirkt ernst, ruhig und konzentriert. Der Blick ist aufmerksam und konzentriert. Der Finder-Jäger lächelt eher weniger, zumindest selten als Erster. Unter Negativstress erkennt die Außenwelt beim Finder-Jäger einen verschlossenen, starren und abweisenden Gesichtsausdruck.

Gestik

Der Finder-Jäger spricht mit den Händen in kleinen, sehr bestimmenden Handbewegungen. Seine Gesten haben einen klaren Start- und Zielpunkt, fließende Bewegungen sind bei ihm selten zu beobachten. Oft kann der Beobachter seine rechte Hand (rationale Körperhälfte) in Aktion erleben. Insgesamt gestikuliert er aber eher wenig. Befindet sich der Finder-Jäger im Negativstress, so ruht die Gestik; er zeigt sein Missfallen vor allem durch ablehnende Gesten oder verteidigende Handbewegungen.

Körperhaltung

Er steht, geht und sitzt sicher und auffallend korrekt. Dabei bewegt er sich manchmal sogar überkorrekt, was auf andere etwas steif wirken kann. Besonders in Bezug auf Hals und Nacken wirkt er mitunter im wahrsten Sinne des Worts „halsstarrig“, was auf seine innere feste Positionierung hinweist.
Unter Negativstress wendet sich der Finder-Jäger vom Gegenüber ab und reagiert mit Rückzug, um die große innere Unruhe zu bewältigen.

Stimme und Tonfall

Er spricht ernst, klar und mit Bestimmtheit. Sein Tonfall wird manchmal als etwas monoton erlebt. Die Lautstärke des Finder-Jägers befindet sich genau im Mittelbereich zwischen laut und leise, und er redet in einer tendenziell schnelleren Geschwindigkeit. Unter Negativstress wird der Tonfall leise bis zum völligen Verstummen.

Abstand

Der Finder-Jäger legt Wert auf einen vergleichsweise großen Abstand zwischen ihm selbst und anderen Personen. Als angemessen empfindet er ein bis zwei Meter zum Gegenüber. Um einen näheren Abstand noch als angenehm zu empfinden, muss ihm der Gesprächspartner sehr vertraut sein. Berührungen von Menschen, die er nicht zu seinem freundschaftlichen oder familiären Umfeld zählt, lösen im Finder-Jäger starkes Unbehagen aus.

Der Finder-Jäger drückt in der Körpersprache Gewissenhaftigkeit, Zielorientierung und Korrektheit aus.	!

Kapitel 6 Konflikte

Blitz, Donner und (R)Einigung

Alle Persönlichkeitstypen reagieren auf verschiedene Verhaltensweisen empfindlich und sind durch unterschiedliche Auslöser zu verärgern. Was den einen völlig kalt lässt oder sogar ein wenig amüsiert, lässt den anderen vor Wut kochen. So hat jeder sein spezielles Raster, was die innere Konfliktbereitschaft erhöht.

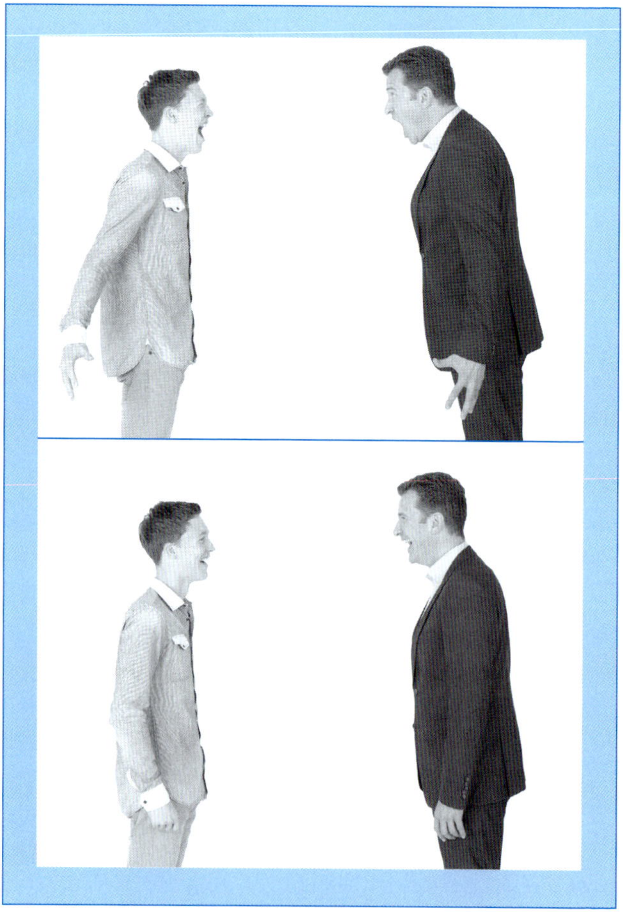

Ein (r)einigendes Streitgewitter hilft manchmal mehr als eisiges Schweigen.

Wo aber kann die Lösung liegen, wenn jeder auf etwas anderes anspringt? Geben Sie jedem Persönlichkeitstyp, was er braucht, um Sie besser zu verstehen. Wenn Sie so wollen: Jeder Persönlichkeitstyp braucht eine auf ihn zugeschnittene nonverbale und verbale Verpackung für den Inhalt.

Aber woran ist jeder Persönlichkeitstyp zu erkennen? Ganz einfach: Die grundlegende Tendenz seines Wesens, also seine dominante Seite, erkennen Sie auch in Konflikten an der Körpersprache. Die Körpersprache ist ein „emotionales Lesegerät" – auch und gerade in Konflikten.

Ein wenig Übung in der Beobachtung der Konfliktsignale von Mimik, Gestik, Tonfall und Körperhaltung Ihres Gegenübers genügt, um Differenzen in Gesprächen zu reduzieren. Der Austausch läuft entspannter und gleichermaßen zeiteffektiver ab. Denn wer keine Missverständnisse im Gespräch auflösen muss, spart viel Erklärungszeit à la „Das habe ich doch gar nicht so gemeint!" Zudem tragen Sie damit zu Hause oder auf Arbeit aktiv zu einer gelösteren Atmosphäre bei.

Konfliktpotenzial der Persönlichkeitstypen

Auf welches Verhalten springt wer besonders leicht an? Vergleichen Sie in der Tabelle die Konfliktfallen für die einzelnen Typen. Erkennen Sie, warum Sie auf manche Persönlichkeitstypen schnell verärgert reagieren und warum sich andere besonders schnell an Ihren Verhaltensweisen reiben?

Konfliktpotenziale	
... für Jäger 	... für Schöpfer 
• Unentschlossenheit	• persönliche Kritik
• langsames Tempo	• Engstirnigkeit
• Ausflüchte	• Routine
• lange Erklärungen	• Zwänge
• Selbstmitleid	• Stillstand
• starke Kontrolle	• Einzelheiten
• bürokratisches Handeln	• viele Regeln
• Gleichgültigkeit	• ständige Wiederholungen
• mangelnde Eigeninitiative	• konkrete Erwartungen
• Anordnungen befolgen	• eindimensionale Betrachtungsweise

→

Konfliktpotenziale	
... für Finder	... für Bewahrer
 • niedrige Standards • Unzuverlässigkeit • kurzfristige Veränderungen • unklare Antworten auf Fragen • Gleichgültigkeit gegenüber Qualität • unpräzise Aufzeichnungen • Inkompetenz • Übertreibungen • Hektik • Chaos und Lärm	 • eiliges Tempo • Isolation • laute Auseinandersetzungen • Gefühl, gemieden zu werden • negative Stimmung • Entscheidungen treffen • mangelnde Teamarbeit • Ungeduld • Arbeitsüberlastung • harter Wettbewerb

Konfliktfallen der Persönlichkeitstypen

Der Jäger-Schöpfer

Wenn Sie einen Konflikt erkennen, dann gehen Sie die Klärung umgehend und offensiv an. Als Jäger-Schöpfer suchen Sie schnelle Lösungen, um den Konflikt beizulegen. Gelingt Ihnen das nicht, dann tendieren Sie auch zu persönlichen Angriffen auf Ihr Gegenüber. Das erklärt sich durch Ihren wachsenden inneren Konfliktdruck, der sich bei Ihnen oft mit impulsiven Aussagen Luft verschafft.

In sich verschärfenden Situationen reagieren Sie zunehmend aggressiver und versuchen, Ihr Gegenüber zu kontrollieren; dabei unterlaufen Ihnen immer wieder Fehler in der rationalen Einschätzung der Konfliktsituation. Sie sind so mit der Lösung des Konflikts an sich beschäftigt, dass das Gegenüber emotional für Sie verschwimmt. Ihr Gegenüber blockiert dann häufig und flüchtet – je nach Persönlichkeitstyp – in den passiven Widerstand oder schlägt seinerseits verbal zurück. Konfliktsituationen wirken sich bei Ihnen auch stark auf Ihre Umsetzungsbereitschaft aus. Manchmal sind Sie dann so aufgewühlt, dass Sie eine begonnene Aufgabe nicht mehr zu Ende bringen können. **Tipp:** Treten Sie, wenn auch nur kurz, aus der Situation heraus. Ein kleiner Spaziergang kann das erhitzte Gemüt beruhigen. Wenn die Gedanken dann immer noch kreisen: Notieren Sie die Situation, den Konflikt und mögliche Lösungswege. Erst danach sollten Sie erneut das Gespräch suchen.

Verhalten in Extremsituationen

Bei enormem Konfliktdruck finden Sie sich schnell in einem Strudel von großen Emotionen und heftigen Anklagen wieder. Dabei zeigen Sie sich sehr kämpferisch und schaffen es nicht mehr, Ihr Temperament zu zügeln. Explosiv und mit großer Ungeduld suchen Sie Lösungen zu erzwingen und scheuen auch vor harten, persönlichen Verbalangriffen nicht zurück. Dabei schießen Sie leider oft weit über das Ziel hinaus, was Ihnen im Nachhinein leidtut. Die Beziehungsebene zum Konfliktpartner leidet dennoch nachhaltig. **Tipp:** Denken Sie daran, dass ein gesagtes Wort einem geworfenen Stein gleicht. Sie können die Verletzung nicht mehr rückgängig machen. Deshalb gilt für Sie: auf die Zunge beißen und zunächst schweigen. Überschlafen Sie die Situation und besprechen Sie den Konflikt mit Vertrauten, sodass Sie erst mal „Dampf ablassen" können. Dann sind Sie wieder in der Lage, die Situation mit klarem Kopf neu zu bewerten und auch rationale Handlungsstrategien zu entwerfen, um den Konflikt in Ruhe mit der betreffenden Person zu lösen.

Konfliktpotenzial – Was Sie bei anderen auf die Palme bringt

Beim Jäger-Schöpfer gehören langsames Arbeitstempo, umständliche Detailerklärungen und Stillstand zu den größten Konfliktfallen. Für langatmige Ausflüchte, warum etwas nicht geklappt hat, haben Sie selten ein Ohr. Wenn Sie auf jemanden stoßen, der in Ihrer Wahrnehmung unsinnige Regeln einhält, Ihnen engstirnig erscheint und Sie in fixierte Abläufe einfügen will, haben Sie den Impuls, auszubrechen. Für Rechthaber und Kleingeister bringen Sie kein Verständnis auf. Auch für Menschen, die sich gern selbst leidtun, zeigen Sie wenig Einfühlungsvermögen. Selbstmitleid ist für Sie schlicht Zeitverschwendung. Da Sie konstruktive Veränderungen in Prozessen mögen, stellen Menschen, die von Ihnen starre und immer gleiche Abläufe erwarten, für Sie ein großes Ärgernis dar. Das gilt privat ebenso wie beruflich. Als Jäger-Schöpfer geraten Sie schnell in Widerstand, wenn Sie sich kontrolliert und bevormundet fühlen und viele Regeln befolgen müssen. Wenn Sie die Regeln nicht ändern können, dann unterlaufen Sie diese zuweilen. Als Jäger-Schöpfer reagieren Sie schnell und empfindlich auf persönliche Kritik. Sie meiden deshalb eher Personen, die viel und oft kritisieren oder nörgeln; wenn das nicht möglich ist, gehen Sie prompt zum Angriff über.

Konfliktpotenzial – Was andere an Ihnen stört

Ihr vitaler, abwechslungsreicher und lösungsgetragener Kommunikationsstil, der für manche Menschen inspirierend ist, kann Finder und Bewahrer in seiner Fülle und Vehemenz erschrecken. Für den Umgang mit diesen Persönlichkeitstypen gilt: Weniger ist mehr!
Der Finder braucht weniger anschauliche Beispiele, weniger Themen und vor allem langsameres Sprechtempo. Dafür wäre ein Mehr an Fakten und Zahlen in der Kommunikation hilfreich.

Für den Bewahrer ist ein Weniger an sprudelnder Emotion und Zielorientierung von Vorteil, er benötigt größere persönliche Zuwendung, statt einer Vielzahl von Lösungen und Methoden für Probleme. Außerdem möchte der Bewahrer auf der Beziehungsebene intensiver und geduldiger in private oder berufliche Prozesse einbezogen werden. Das ist für Sie als Jäger-Schöpfer nicht immer leicht zu verstehen. Sie sehen in der Priorität die Lösung, der Bewahrer sieht den Menschen.

Sie arbeiten sowohl im Team (mit weit gesteckter Rahmenvorgabe) als auch alleine effektiv. Der Vorteil eines Teams liegt für Sie darin, dass andere Ihre großen Gedankenbögen mit Details und Fakten untermauern können.

Im Team sorgen Sie manchmal für Unruhe und Ärger, weil Ihre Kollegen und Mitarbeiter Ihre Detailfehler korrigieren müssen. Dabei geben Sie ein hohes Tempo vor, wovon sich besonders Bewahrer unter Druck gesetzt fühlen. Hier entsteht manchmal der Eindruck, dass Sie schnell, aber nicht exakt bis ins letzte Detail arbeiten.

Der Jäger-Finder 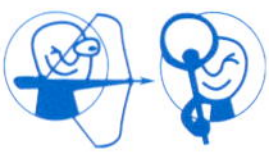

Wenn Sie einen Konflikt erkennen, dann gehen Sie die Klärung direkt an. Es ist nicht Ihre Sache, einen Streit schwelen zu lassen. Dennoch durchdenken Sie den Konflikt gründlich im Vorfeld, bevor Sie versuchen, das Ganze zunächst auf einer sachlichen und faktischen Ebene zu klären. Dabei ist Ihnen zunächst wichtig, dass Sie persönliche Angriffe vermeiden und so ziehen Sie sich oft auf einen Wettstreit der Argumente zurück. Frei nach dem Motto: „Möge der Bessere gewinnen!". Dabei bleiben Sie solange hartnäckig an der Lösung des Konflikts dran, bis dieser auch wirklich aus der Welt geschaffen wurde. Gelingt Ihnen dies trotz aller Hartnäckigkeit nicht, dann steigt auch Ihr innerlicher Konfliktdruck. Sie „beißen" sich dann zuweilen an den Differenzen fest und fordern ungeduldig Lösungen. Dabei können Sie kontrollierend und mit harten, nunmehr auch persönlich angreifenden Worten reagieren. In der Wortwahl neigen Sie oftmals zu sarkastischen Bemerkungen und beharren stur auf Ihrem Standpunkt. **Tipp:** Gerade in Konflikten ist es für Sie wichtig, die Position des anderen vorab zu durchdenken. Behalten Sie Ihr Gegenüber stets auch als eine Person mit Gefühlen im Auge und nicht nur als sachlichen Vertreter einer anderen Meinung. Bleiben Sie konsequent in der Sache, aber wertschätzend gegenüber dem Menschen.

Verhalten in Extremsituationen

Wenn sich Ihr Konfliktdruck verschärft, geraten Sie im eigenen Standpunkt leicht in eine Spirale von ungeduldigem Lösungswillen und Unnachgiebigkeit. In Extremsituationen können sich Ihre sonst so gut kontrollierten Gefühle in einer emotionalen Explosion Luft machen, begleitet von sarkastischen, harten Wortattacken. Für die Einwände und Sichtweisen Ihres Gegenübers bleiben Sie dann uneinsichtig, Sie hören zwar hin, aber nicht mehr zu.

Um die Situation wieder unter Kontrolle zu bekommen, treten Sie sehr bestimmend auf, was für einige Persönlichkeitstypen, wie Bewahrer und Schöpfer, verstörend wirken kann. Andere Persönlichkeitstypen, wie der Jäger-Schöpfer, fühlen sich ungehört oder manipuliert und gehen mit Ihnen in die offene Konfrontation. Der Machtkampf ist dann eröffnet. **Tipp:** Vertagen Sie die Klärung. Die Gemüter müssen sich erst abkühlen. Versuchen Sie, sich dabei in Geduld zu wiegen und auch den Standpunkt Ihres Gegenübers nicht nur zu bedenken, sondern durchaus auch aufzuschreiben. Tun Sie doch mal so, als wäre es Ihre Position und sammeln Sie alle Argumente, die für die Meinung Ihres Gegenübers sprechen. Diese kleine Übung lotst Sie aus dem „Tunnelblick" und verschafft Ihnen vielleicht eine unverhoffte Konsenslösung für den Konflikt. Sollten Sie die andere Position dennoch in keinem Punkt teilen können oder wollen, dann bedenken Sie, dass oft gilt: „Entweder bleibe ich im Recht oder ich habe eine Lösung!" Entscheiden Sie selbst, was Ihnen wichtiger erscheint.

Konfliktpotenzial – Was Sie bei anderen auf die Palme bringt

Beim Jäger-Finder gehören unentschlossenes Agieren, langsames Arbeitstempo und umständliche Ausflüchte und Erklärungen bei fehlerhaftem Handeln zu den größten Ärgernissen. Spontane Veränderungen im gewohnten Ablauf irritieren Sie. Sie möchten lieber vorab gut informiert sein und dementsprechend planen können. Wenn Sie in Ihrem persönlichen oder beruflichen Umfeld auf gleichgültiges, initiativloses Handeln stoßen, fühlen Sie sich innerlich gedrängt, etwas dagegen zu tun. Großen Ärger handelt sich ein, wer Ihre Anweisungen missachtet oder diese gar zu unterlaufen versucht. Im beruflichen Umfeld ärgern Sie sich am meisten über mangelnde Kompetenz und nicht eingehaltene Absprachen. Inkompetente und unzuverlässige Mitarbeiter oder Kollegen landen bei Ihnen sehr schnell zu einer Aussprache. Auch wer in Ihrem Arbeitsfeld unnötig Hektik und Chaos verbreitet, bewegt sich in der Zusammenarbeit mit Ihnen auf dünnem Eis.

Konfliktpotenzial – Was andere an Ihnen stört

Ihre klare, zielgerichtete und direkte Kommunikation, die für die einen ein Segen ist, kann für Bewahrer und Schöpfer zu hart und zu unvermittelt erscheinen. Diese Persönlichkeitstypen brauchen ein persönliches Wort und echtes Interesse an der eigenen Person, um sich wohlzufühlen. Während für den Bewahrer harte Worte oder lautstarke Auseinandersetzungen Grund genug sind, sich zurückzuziehen, reagiert der Schöpfer extrem empfindlich auf Kritik. Auch Ihre Liebe fürs Detail ist für den Schöpfer, der das große Ganze und den Überblick liebt, schwer nachvollziehbar. Er fühlt sich dann leicht gelangweilt, weil er seine Zeit mit unwichtigen Einzelheiten vergeudet sieht. Der Schöpfer braucht das große Ziel und markante Eckpunkte, denn er nimmt Aufgaben immer im großen Ganzen wahr, während Sie eine lineare Herangehensweise – Punkt für Punkt – bevorzugen. Das kann dazu führen, dass Sie den Eindruck haben, Sie hätten die Urlaubsplanung am Küchentisch oder ein Arbeitsprojekt umfassend erläutert, während der Schöpfer sich in einem See von Fakten, Zahlen und Details ertrinken sieht, ohne den roten Faden zu kennen.

Für den teamliebenden Bewahrer sind Sie eine große Herausforderung. Hier liegt das Konfliktpotenzial darin, dass er Sie als wenig teamorientiert einschätzt und sich damit von Ihnen abgelehnt fühlt. Bewahrer haben häufig das Gefühl, in Tempo und Qualität von Jäger-Findern mit Arbeitsaufgaben überfordert zu werden.

Der Perfektionist in Ihnen jagt dem Bewahrer eine gehörige Portion Angst ein – und die Konfliktstrategie des Bewahrers lautet dann häufig: „Es lebe der passive Widerstand!“ Sie werden vom Bewahrer zwar freundlich angelächelt, bekommen aber am Ende nicht, was Sie wollen.

Der Schöpfer-Bewahrer

Sie mögen keine Spannungen zwischen Ihren Mitmenschen und empfinden Kritik an Ihrer Person als sehr schmerzlich. Deshalb versuchen Sie Konflikte möglichst zu vermeiden. Erste Konfliktanzeichen übersehen Sie als Schöpfer-Bewahrer manchmal sogar absichtlich und hoffen, dass sich die Dinge wieder von selbst klären. Leider geschieht es eher selten, dass sich Diskrepanzen zwischen Menschen in Luft auflösen. Viel eher brauen sich aus kleinen Unstimmigkeiten mit der Zeit echte Ärgernisse zusammen, und Sie werden dann trotz Ihrer Abwehrstrategie manchmal von einer unerwarteten Konfliktlawine überrascht. Anders verhält es sich, wenn Sie zwischen zwei Konfliktparteien vermitteln sollen – dies machen Sie gern und auch sehr geschickt. Das heißt, Sie lösen Kontroversen aktiv, so lange Sie selbst mit der Auseinandersetzung nichts zu tun haben.

Wenn Sie hingegen persönlich mit Konflikten konfrontiert werden, sieht das eher so aus: Ihr Gegenüber greift Sie, für Sie ganz überraschend, mit harten Worten an und Sie suchen das Ganze zunächst zu relativieren und abzuwiegeln. Das führt aber nicht immer zu den gewünschten Ergebnissen, denn Ihr Gegenüber sieht sich durch Ihre Reaktion in seinem Problem nicht ernst genommen. Es entsteht das Gefühl, dass Sie sich der Situation nicht stellen. Dabei fällt es Ihnen eigentlich gar nicht schwer, sich für Fehler zu entschuldigen. Nur vermitteln Sie Ihrem Gegenüber das Gefühl, dass Sie sich um des Friedens willen entschuldigen und nicht deshalb, weil Sie wirklich den Fehler einsehen. Das heißt, dass Sie mit Ihrem Ausweichkurs oft Probleme verschärfen, statt sie zu lösen.

Mit wachsender Auseinandersetzung weichen Sie nicht nur mit Worten aus, sondern versuchen, auch den Menschen zu meiden. Da Sie die Konfliktsituation selten genau analysieren und eher gefühlsmäßig wahrnehmen, neigen Sie dazu, sich das Ganze im Nachhinein als unverständliches Verhalten des anderen zurechtzulegen. Dabei stellen Sie möglicherweise bereits die Weichen für Folgekonflikte. **Tipp:** Nehmen Sie den Ärger Ihres Gegenübers ernst. Betrachten Sie Ihren Anteil am Konflikt genau. Statt Ausflüchte zu bemühen, analysieren Sie das Konfliktthema und suchen Sie nach dauerhaften Lösungen.

Verhalten in Extremsituationen

Geraten Sie in eine lang anhaltende Konfliktsituation, aus der Sie keinen spontanen Ausweg sehen, reagieren Sie schnell impulsiv und klagen den anderen an. Sie fühlen sich verzweifelt und baden zuweilen ausgiebig im Selbstmitleid. So blockieren Sie sich auch für die Aufgaben im Alltag, weil Sie ständig gedanklich um den Konflikt kreiseln. Andererseits verhalten Sie sich Ihrem Konfliktpartner gegenüber dann oft verantwortungslos und setzen Spielregeln des Umgangs wie feste Vereinbarungen zu Terminen oder Pünktlichkeit einfach außer Kraft. Sie erscheinen Ihrem Gegenüber flatterhaft und nicht greifbar. Die Konfliktspirale wächst weiter. **Tipp:** Nicht sprechen, sondern schreiben! Notieren Sie den konkreten Konflikt: Was ist Ihre Rolle im Konflikt? Welchen Anteil haben Sie dabei?

Suchen Sie nach mehreren Lösungen, die Sie selbst initiieren können. Entscheiden Sie sich für die aus Ihrer Sicht beste Lösungsstrategie und handeln Sie sofort! Auch wenn es nur ein kleiner erster Schritt sein sollte, wie ein Telefonat oder eine kleine Recherche im Internet. Tun Sie etwas ganz Konkretes, das verschafft Ihnen innerlich wieder mehr Ruhe und das Gefühl, wieder Kontrolle über die Situation zu gewinnen.

Konfliktpotenzial – Was Sie bei anderen auf die Palme bringt

Als Schöpfer-Bewahrer fühlen Sie sich von Menschen unter Druck gesetzt, die auf die feste Einhaltung von Absprachen pochen. Wenn jemand sehr verbindlich und verpflichtend an Sie herantritt, erleben Sie das als unangenehmen Druck. Besonders die Energie des Jäger-Finders empfinden Sie im Konflikt als hart und unerbittlich und sehen sich mit dem Rücken zur Wand stehen. Es verärgert Sie, dass andere sich auf Vereinbarungen beziehen, die Sie vor Monaten getroffen haben. Sie fragen sich insgeheim: „Wie verbohrt und unflexibel sind die eigentlich?“ Für Sie ist klar: Das Leben ist Veränderung und Sie wollen sich anpassen, deshalb ändern sich auch getroffene Absprachen. Kleinliche Nachfragen entlocken Ihnen da nur ein Stöhnen. Insgesamt stellen Menschen, die sich mit Veränderungen schwerer tun, wie zum Beispiel Finder, für Sie einen großen Konfliktfaktor dar. Auch wer Sie unter Zwang setzt oder Sie fremdbestimmen will, stößt bei Ihnen auf starken Widerstand. Wenn Sie mit jemandem arbeiten, der ein hohes Arbeitstempo hat und Sie mitreißen will, werden Sie etwas atemlos, denn ausdauerndes, zielgerichtetes Tun fällt Ihnen nicht leicht. Sie agieren am besten, wenn Sie Ihren eigenen Rhythmus finden können.

Konfliktpotenzial – Was andere an Ihnen stört

Ihre lebendige und sprudelnde Kommunikation schätzen viele Menschen, die an kreativen Gedanken und Phantasie Freude haben und gern über Beziehungsgeflechte sprechen.

Finder kritisieren aber oft einen Hang zur Disziplinlosigkeit bei Ihnen, häufig die ungenaue Umsetzung von Aufgaben im Privatleben oder auch im Job. Für manche Finder sind Sie eine sprudelnde Fehlerquelle, die diesem gewissenhaften, analytischen Persönlichkeitstyp manchmal den letzten Nerv rauben kann. Er verzweifelt an Ihrem sprunghaften Wesen und hat das Gefühl, viel Kraft in die Strukturierung Ihrer Aufgaben zu verlieren.

Der Jäger ist rasch verärgert über Ihre Unentschlossenheit, Gesagtes in die Tat umzusetzen. Er mag weder Ihren Hang zu langen Erklärungen noch die Ausreden, warum Sie dieses oder jenes nicht erledigen konnten. Hier liegt ein großes Konfliktpotenzial, das Sie oft unterschätzen und das dann leider in einem großen Knall enden kann.

Der Schöpfer-Jäger 

Als Schöpfer-Jäger gehen Sie mit Kritik in der Sache souverän um, allerdings verletzt Sie Kritik an Ihrer Person sehr. Es fällt Ihnen schon schwer genug, sich selbst eigene Fehler einzugestehen, aber der kritische Hinweis aus Ihrem Umfeld ist für Sie noch schmerzhafter. Sie nehmen missbilligende Beurteilungen anderer sehr ernst und versuchen, die Ursache dafür schnell aus dem Weg zu räumen. Dabei suchen Sie das Gespräch und sprechen den Konflikt direkt an. Manchmal sind Sie sehr überrascht, wie die Konfliktsituation überhaupt entstehen konnte. Sie rätseln, warum Sie die frühen Zeichen übersehen haben. Ihr Stolperstein ist nicht zuletzt Ihr zuweilen mangelndes Interesse an der Gefühlswelt Ihrer Umwelt. Sie geben den für Sie wichtigen Themen, Ideen und Zielen mehr Gewicht als den Motiven der Menschen, die diese mit Ihnen umsetzen sollen. Sie reflektieren sachliche Fehleinschätzungen als Konfliktherde sehr gut. Aber jene Auseinandersetzungen, die auf verletzten Gefühlen fußen, übersehen Sie noch zu leicht.

Wenn Sie Spannungen in Ihrem Umfeld zwischen Dritten beobachten, greifen Sie beherzt ein. Sie bringen die Streithähne zusammen und suchen konstruktive Lösungen. Dabei genießen Sie es, wenn Sie durch einen unerwarteten Schachzug einen neuen Ausweg aus dem Konflikt zeigen konnten. Sie lieben es, strategische Lösungen für andere zu erarbeiten und einen Kampf beizulegen.

Wenn Sie selbst in einen Streit verstrickt sind und ein klärendes Gespräch nichts bringt, bleiben Sie dennoch weiter auf der Suche nach Auswegen. Es fällt Ihnen nicht leicht, Ihren eigenen Anteil an der Auseinandersetzung wirklich einzusehen und Sie suchen eher Argumente, um sich zu rechtfertigen. Manchmal wirken Sie dabei rebellisch oder ein wenig widerspenstig. Dauert Ihnen der Konflikt aber zu lange, dann lenken Sie manchmal halbherzig ein, weil Sie sich im Grunde von der langwierigen Streiterei gelangweilt fühlen. Hier aber lauern bereits Folgekonflikte: Denn halb geklärt ist nicht geklärt. **Tipp:** Versetzen Sie sich stärker in die Gefühlswelt Ihres Gegenübers hinein und verstehen Sie (emotional, nicht rational!) seine Verärgerung. Nehmen Sie sich ausreichend Zeit und Ruhe für die Aussprache, bis die Angelegenheit bereinigt ist.

Verhalten in Extremsituationen

Gibt es für Sie keinen Ausweg aus einem Konflikt und fühlen Sie sich machtlos, können Sie sehr impulsiv reagieren. Sie verlieren dann die Selbstkontrolle und verletzen Ihr Gegenüber mit abwertenden, persönlichen Bemerkungen. Als Schöpfer-Jäger zeigen Sie sich in Extremsituationen als besonders schlechter Zuhörer, kein Argument kann Sie mehr erreichen. Sie wirken dann sehr ungeduldig und tragen Ihre Sichtweise explosiv und hart vor. Ihr Tonfall wird zunehmend lauter und die Sprechgeschwindigkeit schnell und abrupt. Nicht selten klagen Sie Ihr Gegenüber gnadenlos an. **Tipp:** Schweigen und Denken. Treten Sie aus Ihrer eigenen Position heraus und schauen Sie sich die Situation als Ganzes an. Welche Sicht vertreten Sie, welche der andere? Was sind die Absichten und Gefühle Ihres Gegenübers? Gibt es noch gemeinsame Anknüpfungspunkte? Welche sind das? Fragen sind der Schlüssel zur Gefühlswelt Ihres Gegenübers. Wenn Ihr erhitztes Gemüt etwas abgekühlt ist, suchen Sie erneut das Gespräch.

Konfliktpotenzial – Was Sie bei anderen auf die Palme bringt

Schöpfer-Jäger reagieren empfindlich, wenn andere Menschen sie unter Druck setzen oder Sie etwas ganz exakt nach starrem Plan umsetzen sollen. Wenn andere den Schöpfer-Jäger in seiner Persönlichkeit angreifen oder direkt kritisieren, löst das heftige Reaktionen aus. Sie wehren und verteidigen sich sofort, ohne die Argumente in Ruhe zu durchdenken. Sie weichen deshalb Situationen aus, in denen Sie Kritik fürchten. Für Ihre Außenwelt erscheint dieses Verhalten oft ambivalent und schwer nachvollziehbar: Einerseits gehen Sie unvermittelt Auseinandersetzungen an – andererseits weichen Sie aus. Der Unterschied besteht für Sie selbst darin, ob es sich um einen sachlichen Konflikt oder um Ihr persönliches Verhalten handelt. Während Sie auf der Sachebene unerschrocken und sofort handeln, werden Sie sehr vorsichtig, wenn es um Ihre eigene Person geht. Ein rotes Tuch für Sie sind daher besonders meinungsstarke Personen, die Sie mit verschiedenen Strategien zu kontrollieren versuchen. Dafür haben Sie unterschiedliche, flexible Methoden: Das reicht vom Ausweichen bis zum (scheinbaren) Anpassen an die Meinung des anderen. Im Inneren wissen Sie aber, was Sie wollen und gehen Ihren eigenen Weg.

Konfliktpotenzial – Was andere an Ihnen stört

Sie werden von vielen Menschen in Ihrer Umgebung wegen Ihrer lebhaften und energiesprühenden Kommunikation sehr geschätzt, da Sie die Fähigkeit haben, Ziele und Spaß miteinander zu verbinden.

Finder haben dennoch Probleme mit der Ungenauigkeit Ihrer Zielstellung. Als Schöpfer-Jäger sprechen Sie lieber von „groß“, „schnell“ oder „bald“, statt ein genaues Maß oder Datum zu benennen. Das wirkt für Finder zu schwammig und zu nebulös. Dass Sie dabei auch noch mitten im Thema zu anderen Themen wechseln können, verwirrt den analytischen Persönlichkeitstyp dann vollends, weil es nicht seiner linearen Denkweise entspricht.

Bewahrer wiederum fühlen sich von Ihnen manchmal zu wenig gesehen und geschätzt, da Sie sich für deren Gefühle zu wenig empathisch zeigen. „Wo bleibt das Interesse an mir?“, fragen sich die beziehungsorientierten Personen. Kränkungen wie diese summieren sich im Hintergrund. So können, ganz unbemerkt von Ihnen, explosive Konfliktherde entstehen. Beim Bewahrer merken Sie das erst später, wenn Sie auf seinen ausgeprägten passiven Widerstand stoßen, quasi als stille Antwort auf einen ungeklärten Konflikt.

Der Bewahrer-Schöpfer

Wenn Sie es sich aussuchen könnten, würden Sie Konflikte verbieten. Denn Sie leiden sehr unter Auseinandersetzungen, in die Sie persönlich verstrickt sind. Streitigkeiten beschäftigen Sie oftmals bis in die

Nacht hinein und gedanklich kreisen Sie immer wieder um das Problem. Dass Sie sich oftmals mit einem Konflikt langfristig herumplagen müssen, hat viel mit Ihrer eigenen Konfliktstrategie zu tun.
Erkennen Sie einen Konflikt, vermeiden Sie meist die direkte Klärung. Manchmal überspielen Sie eine erfahrene Kränkung und schlucken den Ärger herunter. Da Sie aber der Unfrieden im Inneren weiter beschäftigt, versuchen Sie den Konflikt mit Hilfe Dritter zu lösen. Ausführliche Gespräche mit mehreren Außenstehenden sind für Sie eine wichtige Methode, um wieder einen klaren Kopf zu bekommen. Dabei zeigen Sie eine Tendenz zum Beklagen der Situation, lösen aber die Auseinandersetzung nicht. Wenn allerdings der Konfliktdruck wächst, ist die innere Anspannung meist so hoch, dass Sie impulsiv reagieren können. Dann kann es passieren, dass Sie schneller sprechen als denken – was für eine konstruktive Lösung nicht immer förderlich ist.

Beobachten Sie Zwistigkeiten bei Dritten, dann sieht das ganz anders aus. Sie gehen beherzt an die Klärung. Gern stehen Sie den Streithähnen mit Rat und Tat zur Seite und vermitteln. Dabei suchen Sie sie auch nach ungewöhnlichen oder unkonventionellen Wegen und engagieren sich bei der Lösung des Problems. **Tipp:** Reflektieren Sie Ihre Konfliktstrategie. Welche Änderungen würden Ihnen helfen, Konflikte künftig schneller zu bereinigen? Bereiten Sie sich auf ein konkretes Gespräch schriftlich vor, das klärt Ihre Gedanken und fokussiert Sie auf die Lösung, statt auf die Anklage.

Verhalten in Extremsituationen

Verschärft sich der Konflikt, geraten Sie zusehends auch in innere Bedrängnis. Unentwegt scheinen sich Ihre Gedanken um die Auseinandersetzung zu drehen.

Dabei fühlen Sie sich ängstlich und unentschlossen und geraten rasch in einen Zustand von Selbstmitleid. Sie zeigen mitunter große Ausdauer im Klagen und suchen zahllose Ausflüchte dafür, warum Sie die Situation nicht direkt klären können. Um dennoch einen Ausweg zu finden, instrumentalisieren Sie bisweilen Dritte, die es dann für Sie richten sollen. Nicht selten führt die Einbeziehung anderer Personen dann aber noch zur Verschärfung des Streits. Sie bevorzugen noch eine weitere Form der Konfliktbewältigung: Sie demonstrieren Ihrem Gegenüber Ihre Entrüstung, indem Sie nichts mehr tun und in passiven Widerstand flüchten. **Tipp:** Erst denken, dann handeln! Dann grämen Sie sich später nicht über zu viel besser Ungesagtes, was Ihnen im Zorn über die Lippen kam. Definieren Sie den Konflikt schriftlich. Legen Sie nun einen Zeitpunkt fest, bis wann Sie die Angelegenheit geklärt haben wollen. Verpflichten Sie sich selbst gegenüber.

Wenn Sie spüren, dass Sie sich selbst leidtun, ist der späteste Zeitpunkt zum Handeln gekommen. Etwas ganz Konkretes zu tun, ist gerade für Ihren Persönlichkeitstypus wichtig, weil Sie sonst schnell in ein destruktives Gedankenkarussell geraten.

Konfliktpotenzial – Was Sie bei anderen auf die Palme bringt

Bei Ihnen gehören laute, harte Auseinandersetzungen und das Gefühl, am Rande einer Gruppe zu stehen, zu den stärksten Konfliktfaktoren. Sie haben einen ausgeprägten Gemeinschaftssinn und Personen, von denen Sie sich ignoriert fühlen, bleiben Ihnen lange im Gedächtnis haften. Auf Kritik an Ihrer Person reagieren Sie sehr empfindlich, gerade die Meinungsäußerungen von Jägern und Findern treffen Sie. Denn der klare, manchmal harte Ton ist für Sie schmerzhaft. Der Bewahrer in Ihnen gerät schnell in einen inneren Druck, wenn Sie schnelle Entscheidungen treffen sollen oder in eiligem Tempo arbeiten müssen. Sie schätzen nämlich geduldige und wohlwollende Ansprache und Unterstützung bei Arbeitsüberlastung. Jäger können Ihnen hier mit ihrer schnellen Arbeitsweise zuweilen die Luft nehmen. Der Schöpfer in Ihnen rebelliert, wenn Sie mit starren Regeln und konkreten Erwartungen konfrontiert werden, auf die oft der Finder besteht. Feste Termine lösen bei Ihnen rasch eine Anspannung aus. Sie lassen sich nur ungern festlegen und bleiben lieber unverbindlich. Dazu gehört, dass Sie die Abwechslung lieben – jemand, der versucht, Sie dauerhaft in Routine zu binden, steht bei Ihnen auf verlorenem Posten.

Konfliktpotenzial – Was andere an Ihnen stört

Während Sie die einen mit Ihrer entspannten und gelassenen Art beruhigen, treiben Sie andere mit eben jenem Verhalten direkt in einen Konflikt hinein.

Den Jäger verärgern Ihr manchmal zögerliches Handeln, Ihr langsameres oder wenig kontinuierliches Arbeitstempo und die umständlichen Ausflüchte, wenn Ihnen etwas misslingt. Er braucht von Ihnen mehr Einheit von Wort und Tat und für den Finder ist es wichtig, dass Sie mehr von Fakten ausgehen und diese umsetzen, als von Ideen zu sprechen. Das heißt, Sie sollten Ihre Ideen in Tatsachen übersetzen und mit einem realistischen (!) Zeitplan versehen. Der Finder in Ihrem

Umfeld kann nicht verstehen, dass Sie nicht immer zu Ihrem Wort stehen und beispielsweise Schusselfehler rechtfertigen, statt sie einfach abzustellen. Mangelnde Genauigkeit ist hier der größte Konfliktpunkt.

Sie sind in einem Team gern gesehen und eignen sich für Teamarbeit, weil Sie eine freundliche, entspannte Atmosphäre verbreiten. Deshalb ist es für Sie schmerzlich, wenn Sie innerhalb eines Teams abgelehnt werden. Reibungspunkte entstehen immer wieder, weil Sie – spontan und emotional aus der Situation geboren – Mitstreitern mehr zusichern, als Sie in der Wirklichkeit einhalten können. Wenn andere dann mit konkreteren Forderungen reagieren, um das von Ihnen Zugesagte zu erhalten, flüchten Sie letztendlich in den passiven Widerstand. Es ist für Sie besonders wichtig, dass Sie den Zusammenhang von unrealistischen Zusagen Ihrerseits und dem darauf folgenden Erwartungsdruck Ihrer Umgebung erkennen.

Der Bewahrer-Finder

Beim Umgang mit Konflikten differenzieren Sie deutlich: Der Unterschied besteht für Sie darin, ob Sie in Konflikten vermitteln oder selbst beteiligt sind.

In der Vermittlung zwischen Konfliktparteien haben Sie das richtige „Händchen“ und sorgen wieder für Entspannung. Anders verhält es sich, wenn Sie in einen Konflikt involviert sind. Hier zeigen Sie sich schnell beunruhigt und vermeiden zunächst eine direkte Klärung. Sie tragen Konflikte oft längere Zeit mit sich und überschlafen diese zuweilen viele Nächte, bevor Sie in die Klärung gehen.

Da Harmonie für Sie eine hohe Priorität hat, stellt fast jeder Konflikt, in den Sie verwickelt sind, für Sie eine Verunsicherung dar. Das kann dazu führen, dass Sie aus Selbstschutz aufkeimende Konflikte zunächst übergehen oder sie sich nach dem Motto: „Was ich nicht sehe, ist auch nicht da!“ schönreden. Wenn Sie sich aber dann ein Herz fassen, versuchen Sie, im Konfliktgespräch nicht verletzend oder zu persönlich zu werden, sondern alles sachlich und ruhig zu besprechen. Erleichtert stellen Sie dann oft fest: Die Aufregung im Vorfeld war eher unbegründet. **Tipp:** Um eigene größere Konflikte zu vermeiden, stellen Sie Ihr „Kopfkino“, das Ihnen den schlimmsten Ausgang der Auseinandersetzung vorspielt, gleich zu Beginn ab. Agieren Sie stattdessen vorbeugend. Wie? Klären Sie Unstimmigkeiten immer sofort. So halten Sie kleinere Störungen auch tatsächlich klein.

Verhalten in Extremsituationen

Geraten Sie in eine Spirale von Konflikten, so empfinden Sie das als übergroßen Druck, den Sie mit ambivalentem Verhalten zu lösen suchen. Einerseits reagieren Sie auf Ihr Gegenüber sehr nachgiebig – beispielsweise mit vagen Aussagen – um keine Angriffsfläche zu bieten. Dabei gleiten Sie manchmal in die Opferrolle und beklagen Ihre Situation ausdauernd und gegenüber vielen verschiedenen Personen. Andererseits gehen Sie in den kurzen, heftigen Angriff über und kritisieren sarkastisch. Dabei schießen Sie dann gern die sogenannten verbalen „Spitzen" ab und heizen damit den Konflikt an. Beide der beschriebenen Verhaltensweisen sollen dazu dienen, das Gegenüber auf die eigene Seite zu ziehen und die Situation unter Kontrolle zu bringen. Hier neigt der Bewahrer-Finder zur subtilen Manipulation seines Gegenübers auf der Gefühlsebene. Wird dem Gegenüber die versteckte Manipulation bewusst, kann der Streit eskalieren. **Tipp:** Suchen Sie weniger Lösungen im Außengespräch, sondern suchen Sie Antworten in sich. Trauen Sie sich selbst mehr zu, dass Sie einen guten Ausweg für die Kontroverse finden.

Lösen Sie den Spagat zwischen Opferhaltung und Angriff auf, indem Sie klar und sachlich formulieren, worum es Ihnen tatsächlich geht und was Sie erwarten. Oftmals hilft es Ihnen, wenn Sie Ihre Position vorab in deutlichen Worten schriftlich formulieren.

Konfliktpotenzial – Was Sie bei anderen auf die Palme bringt

Beim Bewahrer-Finder gehören heftige und laute Auseinandersetzungen, eine negative Einstellung zum Leben und das Gefühl, von der Umwelt gemieden zu werden, zu den konfliktauslösenden Momenten. Persönlichkeitstypen, die sich gern im Wettkampf befinden, wie Jäger oder Schöpfer, empfinden Sie zuweilen als aggressiv. So kann es passieren, dass Sie auf den freundschaftlichen verbalen Schlagabtausch zwischen zwei Jäger-Typen genervt reagieren, weil Sie glauben, in einem Streit vermitteln zu müssen. Möglicherweise versuchen Sie dann etwas gerade zu biegen, was nie krumm war. Anders gesagt: In einer kleinen Reiberei zwischen kämpferischen Personen ist selten etwas zu richten, es gehört bei diesen Persönlichkeitstypen eher zur Kategorie „Freude am Schlagabtausch".

Ein weiterer Aspekt, der Sie verärgert sind Menschen mit hohem Arbeitstempo, die aber mit vielen Schludereien und Qualitätsmängeln die Geduld des Bewahrer-Finders sehr strapazieren. Nichts empfinden Sie als größere Zumutung, als die Schusseleien anderer wieder und wieder auszubessern. Das widerspricht Ihrem Prinzip, alles sofort richtig machen zu wollen. Wenn Sie in Ihrem Team auf Menschen stoßen, die sich selbst oder ihre Arbeit wortreich preisen, dann lehnen Sie diese Personen innerlich ab, weil Sie glauben, es seien „Schaumschläger".

Konfliktpotenzial – Was andere an Ihnen stört

In Prozessen, in denen schnelle Entscheidungen gefordert sind, kann Ihr Verhalten für andere zu einem Konfliktfaktor werden. Für ergebnisfokussierte Personen erscheinen Sie manchmal zu entscheidungsschwach, weil Sie alles ganz genau und für längere Zeit abwägen. Ein anderer Punkt ist Ihre Arbeitsgeschwindigkeit. Da Sie gern linear arbeiten, neigen Sie zum Verzetteln. Gerade für Jäger stellt das ein wirkliches Ärgernis dar. Da Sie aber sehr konsequent an Arbeitsaufgaben dran bleiben, können Sie Ihr langsameres Tempo oft mit Fleiß, Kontinuität oder längeren Arbeitszeiten kompensieren.

Wenn etwas schiefläuft, haben Sie kein Problem, sich zu entschuldigen. Nur Ihre Neigung zu sehr langen Erklärungen und auch Ausflüchten wird für den Jäger zum Problem. Der Schöpfer wiederum reibt sich immer wieder an Ihrer Vorliebe für geregelte Abläufe. Die Sätze „Das macht man eben so!" oder „Das haben wir schon immer so gemacht!", könnten auch von Ihnen erfunden worden sein. Prompt geht der Schöpfer mit seiner Tendenz zu neuen innovativen Methoden in Kampfposition.

Der Finder-Bewahrer

Wenn es Ihnen möglich ist, gehen Sie Konflikten aus dem Weg. Denn Sie leiden unter bestehenden Differenzen sehr und nehmen sich kritische Bemerkungen zu Ihrer Person zu Herzen. Wenn aber die Qualität Ihres Lebens oder Ihrer Arbeit langfristig leidet, beschließen Sie dann doch nach reiflicher Überlegung, die bedrückende Situation zu klären. Dabei achten Sie sehr darauf, keine persönlichen Angriffe zu formulieren, sondern in höflichen Worten am Sachthema zu bleiben. Als Finder-Bewahrer sind Sie sich dabei Ihres persönlichen Anteils am Konflikt bewusst und formulieren diesen auch klar. Sie suchen die Fehler zunächst meist bei sich selbst und denken bei Zwistigkeiten lange und gründlich über Ihr eigenes Verhalten nach. **Tipp:** Schieben Sie die Klärung kleiner Ärgernisse nicht auf die lange Bank. Im Konfliktgespräch ist es wichtig, dass Sie auch Ihre Erwartung an den Gesprächspartner sehr klar formulieren. Gerade für Konfrontationen, die innerhalb von Gruppendynamiken entstehen, sind Sie manchmal blind. Beobachten Sie im Alltag das Verhalten in Teams, damit Sie Situationen sicherer erkennen können: Welche Körpersignale werden in Gruppen ausgetauscht? Wer steht wo? Wo entdecken Sie nonverbale Vermeidungssignale, beispielsweise, wer steht am Rand der Gruppe oder wird kaum angesehen? Üben Sie die Wahrnehmung von Gruppendynamik!

Verhalten in Extremsituationen

Wenn sich bereits ein großer Konflikt entwickelt hat und Sie keine Lösung finden, dann zeigen Sie zwei verschiedene Verhaltensstrategien, zwischen denen Sie schwanken. Sie kritisieren – dann für andere völlig überraschend – plötzlich sehr sarkastisch und heftig. Dabei zeigen Sie sich engstirnig und pochen hartnäckig auf Ihre Sicht der Dinge. (Schließlich haben Sie – so Ihre Meinung – Ihre Position innerlich bereits mehrfach ausgiebig geprüft! Ergo: Sie haben recht!) Auf der anderen Seite verhalten Sie sich scheu und nachgiebig, ohne zu handeln. In dieser Haltung können Sie lange verharren und manchmal sogar erstarren. **Tipp:** Versuchen Sie, nicht von einem Extrem ins andere zu verfallen. Dabei hilft es Ihnen, wenn Sie die Situation von der Faktenseite her analysieren und sofort (!) aktive Maßnahmen zur Klärung ergreifen. Notieren Sie Ihre Maßnahmen am besten schriftlich.

Konfliktpotenzial – Was Sie bei anderen auf die Palme bringt

Als Finder-Bewahrer reagieren Sie sehr empfindlich auf niedrige Qualitätskriterien. Sie fühlen sich in einem unsteten Umfeld schnell unwohl. Auch unausgeglichene, unberechenbare Menschen setzen Ihrem inneren Frieden mehr als anderen Persönlichkeitstypen zu. Obwohl Sie sehr hilfsbereit sind, hört Ihre Unterstützung bei wiederholt fehlerhaften Ergebnissen durch eine zu lässige Arbeitseinstellung auf. Das ist der Punkt, wo Ihr Verständnis endet.

Der Schöpfer darf hier auch eine andere Seite von Ihnen kennenlernen, denn an dieser Stelle kritisieren Sie unmissverständlich. Auch Unstimmigkeiten im Team und mangelnde Zusammenarbeit belasten Sie schwer: Die „Ellenbogen-Mentalität“ ist Ihnen zuwider.

Wenn Sie in einem Umfeld arbeiten, in dem Sie ungeduldig zu schnellen Entscheidungen gedrängt werden, fühlen Sie in starke innere Unruhe – denn es entspricht eher Ihrem Wesen, alles genau abzuwägen und das kostet eben Zeit. So geraten Sie mit dem zeiteffizienten Jäger aneinander.

Konfliktpotenzial – Was andere an Ihnen stört

In flexiblen Abläufen gibt es Reibungspunkte mit dem Schöpfer. Ihre linear geordnete Abfolge von Aufgaben erscheint dem Schöpfer oft zu starr und einseitig. Wenn der Schöpfer eine Abkürzung in der Arbeitsweise vorschlägt, verweisen Sie auf die gängige Herangehensweise. Sie vertrauen auf Bewährtes. Der Schöpfer spürt schnell Ihre Vorbehalte ihm gegenüber, nimmt eine Verteidigungsposition ein und will seine Sichtweisen mit Ihnen diskutieren. Dabei erlebt er Sie mitunter als engstirnig und von der eigenen Position beharrlich überzeugt. Für den Jäger ist es schwer, Ihre Arbeitsgeschwindigkeit als angemessen effektiv zu betrachten. Er erwartet, dass Sie Prioritäten setzen, statt jeden Punkt gleichwertig zu behandeln. Dabei steigt die Kampfeslust des Jägers noch, wenn er Ihre Unsicherheit im Gespräch spürt. Der Jäger sieht darin Ihr Eingeständnis mangelnder Zielausrichtung. Dass Sie über Antworten länger nachdenken, legt er Ihnen gern als Entscheidungsschwäche aus. Missverständnisse entstehen bei Ihnen demnach aus den unterschiedlichen Herangehensweisen: Sie bevorzugen Abläufe Punkt für Punkt, der Schöpfer und der Jäger suchen die Umsetzung anhand von Prioritäten und neuen Methoden.

Der Finder-Jäger

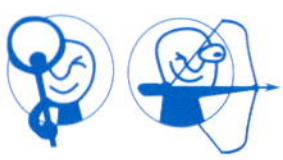

Ohne Ihr Gegenüber persönlich anzugreifen, schieben Sie Konflikte kaum auf die lange Bank. Sie klären sofort und direkt, was zu klären ist. Dabei benennen Sie klar die Fakten des Zwists und schlagen eine sachliche Lösung vor.

Irritiert sind Sie, dass sich emotionale Konflikte im privaten Umfeld oder im Arbeitsteam nicht so leicht für Sie lösen lassen wie sachliche Probleme, beispielsweise Fehler in Prozessabläufen. Hier laufen Sie direkt in Ihre eigene Falle: Da Sie emotionale Themen wie sachliche behandeln, verschärfen sie oft ungewollt Probleme, statt sie zu lösen.

Wächst der Konflikt, wachsen auch Ihr innerer Druck und Ihre Entschlossenheit, eine sofortige Lösung zu finden. Ihr Weg: Sie äußern sich dann mit messerscharfen Bemerkungen und beurteilen Ihr Gegenüber äußerst kritisch. Fast verbissen verteidigen Sie Ihre Position, denn aufgrund Ihrer Analyse haben Sie für sich selbst bereits herausgefunden, dass Ihr Standpunkt der einzig Richtige sein muss. Es fällt Ihnen hier äußerst schwer, sich in die Ansichten Ihres Gegenübers hineinzuversetzen, besonders dann, wenn es sich um gefühlsmäßige Gründe handelt. **Tipp:** Akzeptieren Sie einfach, dass jeder Mensch seinen eigenen

Standpunkt hat. Eine rein faktenorientierte Konfliktlösung ist oftmals nur eindimensional. Besser ist es, sie durch die emotionale Klärung zu bereichern, um eine ganzheitliche Sicht auf Probleme zu erreichen. Emotionale Konfliktbewältigung besteht eher im Hinterfragen, Zuhören und Verstehen als in der sachlichen Analyse.

Verhalten in Extremsituationen

Wenn Sie in eine Extremsituation mit hohem Konfliktpotenzial geraten, reagieren Sie oft ungeduldig kontrollierend. Mit Ihren groben Verurteilungen des Gegenübers fühlen Sie sich ganz im recht und hören im Konfliktgespräch dem anderen nicht mehr zu: Ihre Ansicht steht leider schon vorab fest. Der Konfliktdruck zwingt Sie fast dazu, starr auf Ihrem Standpunkt zu verharren und Sie verlieren dadurch jede Flexibilität. Das drückt sich in sarkastischen Bemerkungen und auch in Ihrer kontrolliert-steifen Körpersprache aus. Sie schüchtern Ihr Umfeld völlig ein und werten dies für sich oft als Beweis dafür, dass Sie mit Ihren Ansichten richtig liegen. In Wahrheit haben Ihre Konfliktpartner bereits die Flucht nach innen angetreten, weil Sie keine Chance sehen, von Ihnen in ihrer eigenen Meinung gehört zu werden. Das gilt vor allem dann, wenn der Streit mit einem Bewahrer ausgetragen wird.

Stoßen Sie hingegen auf einen Jäger oder Schöpfer, kann das in einer lauten, harten Auseinandersetzung enden. Von außen betrachtet, stellt sich das nicht selten als Machtkampf dar. Denn jetzt ist nicht nur Ihr Ehrgeiz geweckt, recht zu behalten, sondern auch der Sieger im Kampf sein zu wollen. Sie verlieren eine Menge an Kraft, Zeit und Energie, wenn Sie Ihren Umgang mit dieser Problematik nicht verändern. **Tipp:** Vermischen Sie nicht den Sachverhalt (eine bestimmte Verhaltensweise) mit dem Menschen an sich. Das heißt, wenn beispielsweise eine Kollegin eine fehlerhafte Arbeit abgegeben hat, dann macht es sie noch lange zu einer, die „nichts auf die Reihe kriegt". Ein Fehler macht doch nicht die ganze Person aus. Den Sachverhalt von der eigentlichen Person zu trennen und sich tatsächlich auf den konkreten Punkt Ihrer Verärgerung zu besinnen, unterstützt Sie dabei, sich insgesamt wertschätzender zu verhalten. Hilfreiche Fragen sind beispielsweise: Was verärgert mich tatsächlich? Was ist in der konkreten Sache selbst zu klären? Mit wem will ich etwas klären? Wie tickt dieser Mensch? Was schätze ich, unabhängig vom laufenden Streit, an ihm? Lernen Sie unbedingt, in Extremsituationen eine Flexibilität im Denken zu behalten.

Konfliktpotenzial – Was Sie bei anderen auf die Palme bringt

Als Finder-Jäger ärgern Sie sich besonders über niedrige Standards und mangelnde Qualität. Wenn Sie Ihr Gegenüber zur Rede stellen, dann wollen Sie einen schlüssigen Grund für dessen Versagen. Umständliche Erklärungen und Klagen stoßen bei Ihnen nicht auf Verständnis, sondern machen Sie zusätzlich ungehalten. Das gilt im Privaten ebenso wie im Beruflichen. Ein genauer Plan ist für Sie eine Selbstverständlichkeit. Bei Kollegen oder Mitarbeitern, die ein langsameres Arbeitstempo als Sie selbst haben, kommen Sie schnell auf den Gedanken, dass hier ineffiziente Arbeitsweise oder mangelnde Arbeitsmoral der Grund sein könnte. Gerade mit dem Bewahrer-Schöpfer geraten Sie dabei aneinander – einem Persönlichkeitstyp, der oft an vielen Projekten gleichzeitig arbeitet, um den Preis vergessener Details oder unpräziser Projektabschlüsse. Die sich daran anschließende Nacharbeit empfinden Sie als pure Zumutung. Auch wenig entschlussfreudige Mitstreiter treffen mitten in Ihr Konfliktmuster. Warum sich Menschen nach Abwägung aller Fakten nicht sofort treffsicher entscheiden wollen oder können, ist Ihnen schleierhaft. Aus Ihrer Sicht deutet das auf inkompetentes Verhalten hin.

Konfliktpotenzial – Was andere an Ihnen stört

Sie sprechen faktenbezogen und in unmissverständlicher Klarheit, was artverwandte Persönlichkeiten sehr zu schätzen wissen. Bewahrer beklagen aber immer wieder bei Ihnen mangelnde menschliche Wärme und Ungeduld und ziehen sich deshalb entmutigt zurück. Im persönlichen Lebensbereich können Sie es spüren, wenn zu Hause nur noch wenig gesprochen wird und Sie kaum noch etwas über die eigentlichen Bedürfnisse und Interessen Ihres Partners oder Ihrer Familie erfahren.

In beruflicher Hinsicht fühlt sich der Bewahrer von Ihnen schnell unter Druck gesetzt und im Team angetrieben. Hier entspringt neues Konfliktpotenzial für den Bewahrer, der eine geduldige und freundliche Ansprechhaltung für eine angenehme Arbeitsatmosphäre benötigt. Sie spüren die Differenzen nicht sofort, aber im Hintergrund hat es schon zu brodeln begonnen. Beim Schöpfer stößt Ihre manchmal sehr einseitige Kritik, die Sie unvermittelt zum Ausdruck bringen, auf Widerstand. Da Sie dabei wenig diplomatisch vorgehen und der Schöpfer ohnehin sehr sensibel auf kritische Worte reagiert, ist die Spannung zwischen ihnen beiden schon fast vorprogrammiert. Einen weiteren Reibungspunkt hat der Schöpfer mit Ihrem Kommunikationsstil. Er kann nur schwer verstehen, warum Sie mit wenig Phantasie und Sprachbildern arbeiten und fühlt sich zusehends in einem Labyrinth aus Fakten gefangen. Davon ist der Schöpfer überfordert, denn er erkennt die Verbindung zwischen Detail und übergeordnetem Zusammenhang nur noch schwer.

Die Konfliktvita

Wer sich mit dem Thema „Konflikt" noch einmal tiefgründiger auf der persönlichen Ebene beschäftigen will, der sollte diesen Abschnitt im Buch gründlich durcharbeiten. Es richtet sich vor allem an jene Leser, denen Konflikte hauptsächlich aus drei Gründen Probleme bereiten:

1. Sie scheinen Konflikte magisch anzuziehen. Dabei nehmen Sie sich immer wieder vor, den aktuellen Konflikt in Ruhe zu klären. Am Ende finden Sie sich aber fast jedes Mal in einer lauten Auseinandersetzung wieder und sagen Dinge, die Ihnen später leidtun. Damit ist der Folgekonflikt oftmals leider schon vorprogrammiert.
2. Sie werden von Problemen wie aus heiterem Himmel überrascht. Immer wenn Sie glauben, es sei alles in Ordnung, stehen Sie plötzlich in einer konflikthaltigen Situation. Sie haben die Auseinandersetzung weder erahnt noch kommen sehen und sind jedes Mal ratlos.
3. Auseinandersetzungen, in die Sie hineingeraten, bereiten Ihnen große Bauchschmerzen. Sie schleppen Ihre Gedanken, die um den momentanen Konflikt kreisen, oft noch mit in die Nacht. Sie haben das Gefühl, dass sich häufig Differenzen wie ein Schatten auf Ihr eigentlich aktives Leben legen.

All diese heftigen Reaktionen haben Ihre Ursache einerseits in persönlichkeitsimmanenten Strukturen, aber andererseits eben auch im erlernten Konfliktmuster. Aus meinen Coachings weiß ich, wie stark die frühzeitig erlernte Streitkultur das künftige private und berufliche Leben beeinflusst. Einer meiner Teilnehmer drückte es einmal so aus: „Frau Fritzsche, vor dem Konfliktgespräch bin ich noch ruhig und will alles ganz sachlich klären. Dann fällt plötzlich ein Reizwort oder ein ganz bestimmter Tonfall und schon schaltet sich etwas in mir auf Autopilot, um den Angriff abzuwehren. Ich reagiere dann besonders heftig, werde sehr laut und bin nicht mehr Herr über die Dinge, die ich sage.

Danach tut es mir immer leid und ich nehme mir vor, beim nächsten Mal ist alles anders. Ist es aber nicht. Was soll ich tun?“ Eine andere Teilnehmerin, Abteilungsleiterin in einem großen Verkehrsunternehmen, beklagte sich: „Um mich herum entstehen ständig Konflikte, in meinem Team haben sich zwei Mitarbeiter so bekämpft, dass der eine mit einem Nervenzusammenbruch in der Klinik liegt. Ich habe davon gar nichts mitbekommen. Ich selbst habe gar keine Konflikte und liebe die Harmonie. Jetzt legt sich im Privaten auch noch der Nachbar mit mir an. Ich weiß immer nicht, wie mir geschieht.“

In beiden Beispielen zeigen sich sehr alte, erlernte Verhaltensmuster, die auf Knopfdruck immer wieder loslaufen: Der eine springt sofort in die emotionale Verteidigung und schießt mit Kanonen auf Spatzen, die andere hat das Prinzip des gezielten Wegsehens erlernt. Wir können nur ändern, was uns wirklich bewusst ist. Deshalb haben Sie in diesem Kapitel die Möglichkeit, Ihre Konfliktvita zu schreiben. Dabei geht es darum, dass Sie einen gedanklichen Spaziergang durch Ihre Vergangenheit des erlernten Streitens machen. Bleiben Sie an bestimmten Eckpunkten stehen und überlegen Sie beispielsweise:
Wie habe ich gelernt, Konflikte zu lösen? Wer waren meine Vorbilder? An welche konkreten prägenden Streitsituationen erinnere ich mich? Welche Schlussfolgerungen ziehe ich aus meiner persönlichen Konfliktvita? Was ist mir bewusst geworden? Was möchte ich verändern – und wie?

Konflikte – erlernte Muster	
Was haben meine Eltern mir grundlegend im Umgang mit Konflikten vermittelt?	
Wie war die Streitkultur in meiner Familie? Welche Rolle hatten Vater, Mutter und Geschwister?	
Was haben Lehrer im Umgang mit Konflikten vorgelebt? Welche wichtigen Bezugspersonen prägten mich außerdem?	

→

Konflikte – erlernte Muster	
An welchen Konflikt erinnere ich mich besonders? Welche Rolle hatte ich in diesem Konflikt?	
Wie löse ich Konflikte in Partnerschaften / Freundschaften? Gibt es typische Verhaltensmuster?	
In welchen Situationen bin ich besonders anfällig für Konflikte? Worin liegen die Gründe?	
Auf welche Menschen reagiere ich besonders stark? Gibt es bestimmte Reizworte? Welche körpersprachlichen Signale in Stimme oder Mimik oder Körperhaltung stacheln mich an? Springe ich besonders auf eine besondere Geste an? Warum?	
Wie gehe ich mit diesen Menschen, die mich reizen, um? Was ist mein erster Verhaltensimpuls? Wie reagiere ich?	
Wie passt die Organisationskultur, in der ich mich beruflich befinde, zu meinen bisherigen Erfahrungen? Warum habe ich mir gerade dieses Unternehmen oder diese berufliche Situation ausgesucht?	

Konflikte – erlernte Muster	
Welche Haltung in Konflikten wünsche ich mir zukünftig für mich selbst?	
Woran würde ich merken, dass ich meine neue (Konflikt-) Haltung umgesetzt habe? Was wären die drei wichtigsten Merkmale?	

Persönliche Konfliktgeschichte

Oder: Warum ich Probleme so löse, wie ich sie löse.

Schreiben Sie nun auf der Grundlage der persönlichen Konfliktvita Ihren Umgang mit Konflikten auf. Orientieren Sie sich dabei an folgenden Fragen:

1. Welche Konflikte treten bei mir häufig auf?
2. Warum habe ich diese Konflikte?
3. Wie löse ich bisher Konflikte?
4. Warum löse ich meine Konflikte bisher so, wie ich es tue?
5. Welche neue Konfliktstrategie will ich umsetzen?

....

....

....

....

....

....

Schlussfolgerung: Welche Art der Konfliktbewältigung habe ich erlernt?

Umgang mit Konflikten:

....

Rollenverhalten in Konflikten:

....

Besondere Konfliktthemen:

....

Typische Personen mit hohem Konfliktpotenzial für mich:

....

Ich hoffe, Sie sind in Ihrer Konfliktgeschichte zu neuen Erkenntnissen gelangt. Da es immer so schön heißt: „Es passiert nichts Gutes, außer man tut es!", wollen wir abschließend Ihre neue Konfliktstrategie für einen Ihrer aktuellen Konflikte anwenden:

1. Mein aktueller Konflikt:

....

2. Mein Ziel in der Konfliktlösung (Was wollen Sie wirklich?):

....

3. Meine Position zum Konflikt:

....

4. Position meines Konfliktpartners:

....

5. Mein altes Muster der Konfliktbewältigung wäre:

....

....

6. Meine neue Konfliktstrategie ist:

....

....

Hilfsfragen zur neuen Konfliktstrategie:

Welche gemeinsamen Interessen gibt es zwischen meinem Konfliktpartner und mir? Gemeinsame Anknüpfungspunkte?

....

....

....

Was schätze ich an meinem Gegenüber, unabhängig vom Konflikt?

....

Welches Körpersprache-Ich kann ich bei meinem Gegenüber ablesen? Jäger, Schöpfer, Bewahrer oder Finder?

....

In welcher Ansprechhaltung muss ich demnach typgerecht ins Konfliktgespräch gehen?

....

Wann setze ich das Konfliktgespräch um? (Datum, Ort, Zeit)

....

....

Kontrolle: Wer kann kontrollieren, ob ich das klärende Gespräch oder die geplante Handlung auch tatsächlich so umsetze? (Mit besten Grüßen an den inneren Schweinehund! ;-)

....

....

....

Nachhall: Wie ist das Konfliktgespräch gelaufen? Mit welchem Ergebnis? Was lief anders als sonst? Wie habe ich mich dabei gefühlt?

....

....

Kapitel 7 Arbeit und Beruf(ung)

Welche Arbeitsweise bevorzugen Sie? Allein? Im Team?

Welcher Job passt zu mir?

Wie in allen anderen Lebensbereichen auch haben die unterschiedlichen Persönlichkeitstypen ebenso im beruflichen Bereich bestimmte Vorlieben. Deshalb fokussieren wir in diesem Kapitel auf folgende Fragen: Welche grundsätzlichen Merkmale sollte Ihr künftiger Beruf beinhalten? Mit welcher inneren Haltung begegnen Sie dem beruflichen Alltag? Folgen Sie lieber einer Person? Oder führen Sie lieber? Wie können Sie sich am besten selbst motivieren? Welche Rolle nehmen Sie – entsprechend Ihrem Naturell – im Team ein? In welchen Berufen ist ein bestimmter Persönlichkeitstypus besonders oft vertreten? Dieses Kapitel kann Ihnen nicht sagen, in welchem Beruf Sie am besten aufgehoben sind. Die Wahl Ihres Jobs hängt schließlich von Ihren persönlichen Interessen ab. Aber ob die grundsätzlichen Kriterien Ihres jetzigen oder künftigen

Jobs zu Ihnen passen, das können Sie hier erkunden. Beispielsweise braucht ein Jäger-Schöpfer in jedem Fall eine abwechslungsreiche Arbeit mit einem hohen Anteil an eigener Verantwortung, unabhängig davon, ob das Interessensgebiet in der Geografie, Philosophie, in den Medien oder der Physik zu finden ist. Das ist sicherlich besonders für jene Leser interessant, die am Beginn des beruflichen Lebens stehen aber auch für jene, die Ihre Tätigkeit wechseln wollen oder müssen. Doch auch, wenn Sie glücklicherweise den Job gefunden haben, der wirklich zu Ihnen passt, können Sie hier nochmals abgleichen, warum Sie sich eigentlich so pudelwohl fühlen oder ob es Ihnen möglich ist, die Rahmenbedingungen innerhalb der Arbeit so zu verändern, dass Ihnen das Berufsleben noch mehr Erfüllung bringt.

Der Jäger-Schöpfer  im Beruf

Mit Ihren Persönlichkeitsmerkmalen handeln Sie ergebnisorientiert und sind in der Lage, Menschen zu führen und schnelle Entscheidungen zu treffen. Sie sind in Ihrem Beruf richtig, wenn jemand gebraucht wird, der

- die Führung und Leitung übernimmt,
- das Ziel vorgibt,
- viele verschiedene Aufgaben überblickt,
- ein Projekt mit Weitsicht führt und dabei Krisen löst,
- komplexe Aufgaben mit neuen, innovativen Lösungen umsetzt,
- gruppendynamische Prozesse steuert.

Sie haben den optimalen Beruf, wenn Sie wettbewerbsorientiert ein Ziel erreichen sollen und dabei freie Hand haben, mit welchen Methoden Sie dies tun wollen. Sie lieben die Herausforderung und haben keine Scheu vor wechselnden Arbeitsaufgaben. Mutig treffen Sie schnelle Entscheidungen und reagieren sofort, wenn Veränderungen Ihnen sinnvoll erscheinen. Dabei fühlen Sie sich in einem Arbeitsbereich wohl, wo Menschen sind, die Sie als spannend und interessant charakterisieren. Sie brauchen Autorität und Spielraum für Entscheidungen, die Sie gern unabhängig treffen. Dabei arbeiten sie als Jäger-Schöpfer dann besonders motiviert, wenn Sie viele Optionen erkunden können. Die Aussicht auf einen Sprung nach oben in der Karriereleiter reizt Sie ebenso wie die Möglichkeit der Gestaltung beruflicher Aufgaben nach freiem Zeitplan. Deshalb sind Jäger auch öfter als andere Persönlichkeitstypen als Selbstständige tätig. Wenn Ihnen etwas angeboten wird, dass Ihre Grenzen überschreitet, dann empfinden Sie es als inhaltlich aufregend und würden am liebsten sofort loslegen. Große Herausforderungen ängstigen Sie kaum, sondern – ganz im Gegenteil – Sie fühlen sich dadurch zusätzlich motiviert. Dabei haben Sie gern jemanden an Ihrer Seite, bei dem Sie Leistungsfähigkeit und Eigeninitiative sehen und der Sie in der Detailarbeit unterstützt. Leiten Sie ein Team, schätzen Ihre Mitstreiter vor allem Ihre Energie und Ihr Engagement, mit denen Sie andere aktivieren. Auch in Krisen sind Sie eine Bereicherung für Ihr Team, weil Sie durch Ihr Lösungsdenken und die Fähigkeit zu schnellen, klaren Entscheidungen einen Weg durch schwierige Zeiten bahnen.

Selbstverständnis

Als Jäger-Schöpfer haben Sie den Anspruch, im Beruf auch Freude, Vergnügen und Erfüllung zu finden. Das unterscheidet Sie sehr vom Finder, der seinen Beruf auch ernst nimmt, diesen aber eher mit Pflichtbewusstsein als mit Spaß assoziiert. Deshalb wechseln Jäger-Schöpfer den Arbeitsbereich, wenn er langfristig zu fade und zu wenig fordernd erscheint.

Wenn Sie etwas tun, dann wollen Sie auch zu den Besten zählen, denn die Aussicht auf Sieg motiviert Sie. Als Jäger-Schöpfer schätzen Sie beruflichen Erfolg und Macht, weil es Ihnen die Freiheit zu mehr Handlungsspielraum gibt. Sie erwarten von sich selbst, schnelle und herausragende Lösungen zu finden und verlieren dann manchmal die Umsetzung aus dem Auge. Das heißt, Sie sehen sich eher als „Löser", als „Motivator", als „Initiator" denn als „Umsetzer" bis zum letzten Punkt. Auch wenn Sie einen Entschluss treffen, sind Sie für Einwände und neue Ansätze anderer offen. Sie beharren nicht unnötig auf getroffenen Entscheidungen, sondern können diese auch korrigieren. Da Sie sich mit unbändiger Energie einer Sache widmen können, zählen Sie eher zu den „Stoßarbeitern" als zu den kontinuierlich arbeitenden Menschen. Sie sind in Wellen sehr produktiv und brauchen auch Ihre Regenerationszeit für den nächsten „Energiesturm". Deshalb schätzen Sie es sehr, wenn Sie sich Ihre Arbeitszeit selbstverantwortlich einteilen können.

Sind Sie als Führungskraft tätig, dann können Sie diese Wellenbewegung Ihrer Aktionen gut ausbalancieren, indem Sie zielgerichtet

initiativ sind, delegieren und an Ihren Ergebnissen gemessen werden. Sie achten immer darauf, dass Ihr Team leistungsfähig und motiviert arbeitet und steuern gekonnt gruppendynamische Prozesse. Die Herausforderung für Sie ist, auch ruhigere Mitarbeiter im Blick zu behalten und auf diese einzugehen. Gehören Sie einem Team an, dann müssen Sie sich eine Strategie für Ihr eigenes hohes Arbeitstempo, die darauf folgende Flaute und den Regenerationsbedarf erstellen. Da Sie sich mit Kopf und Herz völlig einbringen, brennen Sie auch schneller aus.
Tipp: Als Jäger-Schöpfer sind Sie im Beruf engagiert und lösungsorientiert und dabei stets an Entwicklung, Wachstum und Veränderungen interessiert. Achten Sie darauf, dass Sie überlegtere und – vom Entscheidungstempo her betrachtet – langsamere Persönlichkeitstypen nicht überfordern. Wertschätzen Sie auch Ihren faktenorientierten Kollegen und Mitarbeiter, der für Sie auf der emotionalen Ebene zwar schwer verständlich ist, bezogen auf das Arbeitsprodukt jedoch eine ideale Ergänzung für Sie darstellt. Er findet nämlich das fehlerhafte Detail, das Sie durch Ihr Arbeitstempo übersehen haben!

Aufgaben und Arbeitsweise

Es macht Ihnen nichts aus, trotz vieler Aufgaben immer wieder neue anzunehmen. Sie arbeiten mit Freude an verschiedenen Projekten gleichzeitig und erarbeiten dabei wie nebenbei gleich noch neue, unerwartete Lösungen. Was Ihnen schwerfällt, ist, ein Projekt bis zum letzten Detail zu beenden. Das erdachte Projekt tatsächlich in der Praxis zu integrieren, fällt Ihnen nicht so leicht fällt, vor allem wenn es sich um langfristige Prozesse handelt. Dann kann es sein, dass Sie die Lust verlieren. Sie sind dankbar für jede Unterstützung bei der Umsetzung, vor allem bei praktischen Lösungen. Sie brauchen den Austausch und lebendige Kommunikation, aber auch Ihre Freiräume, um in Ruhe Ihrem Rhythmus zu folgen. Dauerhaft arbeiten Sie nur ungern in Abgeschiedenheit. Die Arbeit mit Menschen liegt Ihnen und Sie genießen es, von Menschen umgeben zu sein.

Als Jäger-Schöpfer müssen Sie sich immer etwas zwingen, sich an Regeln und Vorschriften zu halten, die Sie für sich selbst und andere gern großzügig auslegen. Ihr großes Talent besteht im Erkennen von Grundproblemen und Konflikten, wobei Sie gleichzeitig eine Vielzahl von Lösungen generieren können. Dabei bereiten Ihnen abstrakte Gedankengänge keine Probleme.

Motivation

Sie können sich mit allem motivieren, was für Sie einen Zugewinn an Freiheit, Unabhängigkeit und Handlungsspielraum bedeutet. Nicht zu vergessen, sind Sie auch mit einem Wettkampf und einer großen Herausforderung zu Höchstleistung anzuspornen. Wichtig ist für Sie, dass Sie Ihre Handlungen mit einem Ziel verknüpfen können.

Teamarbeit

Jäger-Schöpfer fühlen sich in vitalen und positiven Arbeitsstrukturen wohl, in denen Sie für Ihre Ideen und Gestaltungstalente Raum haben. Da Sie gesellig sind, integrieren Sie sich gern in ein Team, vor allem dann, wenn Sie die anderen als leistungsstark empfinden. Im Team finden Sie Unterstützung für die praktische Umsetzung Ihrer Projekte. Obwohl wir immer noch im Prinzip „gleich und gleich gesellt sich gern" zusammenarbeiten, ist dies nicht immer die beste Ergänzung. Denn wer uns ähnlich ist, hat nicht nur die gleichen Stärken, sondern auch ähnliche Schwachstellen. Das ist für ein Team, das sich in den Stärken ergänzen soll, nicht effektiv. Der Jäger-Schöpfer arbeitet am produktivsten mit dem Finder-Bewahrer zusammen, der die nötige Ruhe, Gewissenhaftigkeit und Kontinuität beisteuert. Die Eigenschaften, Stärken und Wesenszüge von beiden Persönlichkeitstypen verbinden sich zu einem ergebnisstarken Team. Voraussetzung dafür ist, dass beide Persönlichkeitstypen ihre Verschiedenheit als Stärke erkennen können.

Beispielberufe

> **Jäger-Schöpfer finden sich oft in Berufen, in denen sie zielgerichtetes, gestalterisches Handeln mit ergebnisorientierter Arbeitsweise verbinden können.** !

Beispiele für Berufe, in denen besonders viele Jäger-Schöpfer vorkommen:

- Vorstandsmitglied – hat Leitung inne (Jäger), visionär (Schöpfer)
- Manager – fleißig (Jäger), flexibel (Schöpfer)
- Projektleiter – schnell, termingebunden (Jäger), innovativ (Schöpfer)
- Trainer – liebt Aktion (Jäger), anpassungsfähig (Schöpfer)
- Veranstaltungsleiter – Führungsqualität (Jäger), jongliert mit vielen Aufgaben (Schöpfer)
- Werbefachmann – wettbewerbsorientiert (Jäger), kreativ (Schöpfer)

- Office Managerin – priorisiert die Aufgaben schnell (Jäger), flexibel (Schöpfer)

Der Jäger-Finder 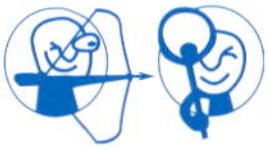 im Beruf

Mit Ihren Persönlichkeitsmerkmalen übernehmen Sie gern Verantwortung und sind in der Lage, ergebnisorientiert zu führen. Sie sind in Ihrem Beruf richtig oder sollten sich in die entsprechende Richtung entwickeln, wenn jemand gebraucht wird, der

- die klare, bestimmende Führung übernimmt,
- das Ziel vorgibt,
- die Regeln festlegt und kontrolliert,
- eine Aufgabe oder ein Projekt termintreu fertig stellt,
- mehrere Aufgaben zielorientiert erledigen kann,
- mit viel Kampfgeist schwierige Situationen bewältigt.

Im idealen Beruf brauchen Sie Herausforderungen. Sie scheuen keinen Wettbewerb, weil Sie es lieben, zu gewinnen. Besonders produktiv arbeiten Sie, wenn Sie klar definierte Ziele haben. In allen Bereichen, in denen jemand über hohe Analysefähigkeit, Beharrlichkeit und Organisationstalent verfügen muss, sind Sie richtig. Sie können zwar ein Team führen, müssen aber nicht zwangsläufig in einem Team arbeiten. Denn Sie sind geeignet, selbstständig und auch als unabhängiger Einzelkämpfer erfolgreich zu sein. Wenn Sie als Führungskraft arbeiten, bevorzugen Sie eher den autoritären und klaren Führungsstil, denn damit versprechen Sie sich effektive Ergebnisse. Dabei schätzt ein Team Ihre Fähigkeit, schnelle und entschlossene Entscheidungen zu treffen, zu denen Sie auch stehen. Sie arbeiten gern mit Zeitplänen, denn Sie mögen den geordneten und nachvollziehbaren Ablauf von Arbeitsaufgaben.

Selbstverständnis

Der Jäger-Finder nimmt seine Berufsrolle sehr ernst und befindet sich nahezu immer im Wettbewerb. Es ist für Sie selbstverständlich, dass Sie immer Ihr Bestes geben. Um auf die „Straße der Besten“ zu kommen, geben Sie alles. Dabei geraten Sie manchmal unter Druck, weil Sie alles gleich beim ersten Mal richtig machen wollen und an sich selbst und andere hohe, manchmal überhöhte Maßstäbe anlegen. Wenn Sie einen beruflichen Entschluss treffen, überlegen Sie oft im Vorfeld reiflich.

Aber wenn Sie sich entschieden und alle Tatsachen abgewogen haben, dann setzen Sie die getroffenen Maßnahmen systematisch um. Diese Position vertreten Sie voller Überzeugung. In der Umsetzungsphase gehen Sie zielgerichtet und hartnäckig vor und ruhen nicht eher, bis die Aufgabe abgeschlossen ist. Dabei erweisen Sie sich als sehr konzentrationsfähig und arbeiten immer mit dem Blick auf hohe Qualität und Präzision bis ins Detail.

Beruflicher Aufstieg ist eine wichtige Antriebsfeder, die für Sie die Anerkennung Ihrer beharrlichen Arbeit darstellt. Macht und Status halten Sie für durchaus erstrebenswert und Sie umgeben sich gern mit erfolgreichen Menschen in Ihrem Arbeitsumfeld. Wenn Sie als Chef arbeiten, werden Sie auf gute Umgangsformen Wert legen. Dabei kommt es Ihnen weniger auf den menschlichen Wohlfühlfaktor im Team an, als vielmehr um höflichen und anständigen Umgang miteinander. Sie motivieren Ihre Mitarbeiter, weil Sie selbst vorbildlich arbeiten. Das entspricht auch Ihrem Selbstverständnis von Ihrer Berufsrolle. Worauf Sie besonders heftig bei Ihren Mitarbeitern oder Kollegen reagieren, ist mangelnde Qualität der Arbeitsergebnisse und langwierige Ausflüchte bei Fehlern. Sie sprechen das oftmals mit harten, klaren Worten an, denn es bereitet Ihnen fast körperlichen Schmerz, wenn Sie mit inkompetenten oder illoyalen Mitarbeitern arbeiten müssen. **Tipp:** Als Jäger-Finder haben Sie eigene klare und feste Überzeugungen. Das führt dazu, dass Sie sich meist im recht fühlen und zu oft nur Ihre eigene Meinung gelten lassen. Versuchen Sie, sich stärker in Ihr Gegenüber hineinzuversetzen und sich zu überlegen, was auch an seinem Standpunkt nachvollziehbar sein kann.

Aufgaben und Arbeitsweise

Sie erledigen Aufgaben im Beruf Schritt für Schritt und stellen Begonnenes gern erst einmal fertig. Als Jäger-Finder liegen bei Ihnen Denken und Handeln ganz nah beieinander, Sie planen jede Aufgabe mit Blick auf die Umsetzung in die Praxis. Sie arbeiten dabei nur widerstrebend in einer unstrukturierten und lauten Umgebung. Kreatives Chaos ist Ihnen ein Graus und gleichbedeutend mit Zeitverschwendung. Als Jäger-Finder hassen Sie es regelrecht, Zeit sinnlos zu vergeuden. Deshalb arbeiten Sie auch gut in der Abgeschiedenheit, in ungestörtem Tempo und setzen sich dabei in Ruhe mit allen Einzelheiten auseinander. Ihr Talent besteht unter anderem darin, Fehler in Prozessen zu erkennen und zu beheben. Es bereitet Ihnen keine Probleme, Regeln zu befolgen und genaue Anweisungen halten Sie selbstredend ein. Es sei denn, Sie zweifeln an der Kompetenz des Anweisenden.

Motivation

Sie sind motiviert, wenn Sie ein wichtiges Ziel zu einem bestimmten Zeitpunkt erreichen müssen. Als Jäger-Finder steigt Ihre Arbeitslust, wenn Sie Autorität für Entscheidungen erhalten und unabhängig arbeiten können, ohne dass Ihnen dabei jemand im Nacken sitzt. Die Aussicht auf bedeutsame Kontrollaufgaben oder eine Führungsposition beflügelt Sie ebenso wie die Gelegenheit, einen höheren Status zu erringen. Für besondere Leistungen werden Sie mit Vorliebe öffentlich gewürdigt.

Teamarbeit

Als Jäger-Finder fühlen Sie sich in Strukturen wohl, die Genauigkeit und Effizienz garantieren. Sie integrieren sich gut in ein Team, wenn Sie mit beständigen und kompetenten Menschen zusammenarbeiten. Aber wie bereits weiter oben erwähnt, brauchen Sie nicht zwangsläufig ein Team, in dem Sie arbeiten. Sie sind auch allein in hoher Eigenmotivation sehr produktiv.

Am besten ergänzen Sie sich mit dem Schöpfer-Bewahrer, der die Leichtigkeit, emotionale Kommunikation und Flexibilität einbringt. Die Eigenschaften, Stärken und Wesenszüge Ihrer beiden Persönlichkeitstypen verbinden sich zu einem ergebnisstarken Team. Voraussetzung dafür ist, dass beide mit langem Atem die Andersartigkeit als Gewinn für die berufliche Situation schätzen lernen.

Beispielberufe

> Jäger-Finder finden sich naturgemäß in vielen Berufen, in denen sie zielgerichtetes bestimmendes Handeln mit prozessorientierter Arbeitsweise verbinden können. !

Beispiele für Berufe, in denen besonders viele Jäger-Finder vorkommen:

- Vorsitzender – Respekt erhalten (Jäger), organisiert (Finder)
- Offizier – Führungsposition (Jäger), strukturierte Grundhaltung (Finder)
- Veranstaltungsleiter – bestimmt (Jäger), hält sich ans Protokoll (Finder)

- Dirigent – zielgerichtet (Jäger), konzentriert (Finder)
- Anwalt – selbstbewusst (Jäger), analytisch bis ins letzte Detail (Finder)
- Geschäftsführer – ergebnisorientiert (Jäger), planend (Finder)
- Controller – fokussiert (Jäger), gewissenhaft (Finder)

Der Schöpfer-Bewahrer  im Beruf

Mit Ihren Persönlichkeitsmerkmalen arbeiten Sie sehr ideenreich und gestaltend (gedanklich oder praktisch) und führen andere wertschätzend mit Blick auf die Menschen in Ihrer Umgebung. Sie sind in Ihrem Beruf richtig oder sollten sich in die entsprechende Richtung entwickeln, wenn jemand gebraucht wird, der

- einen freundlichen und engagierten Eindruck vermittelt,
- innovative Methoden im Team anwendet,
- in unkonventionellen Strukturen arbeitet,
- mit Begeisterung überzeugt,
- viele Ideen und konstruktive Lösungen entwickelt,
- flexibel, weitsichtig und multifunktional einsetzbar ist.

Im idealen Beruf brauchen Sie eine zwanglose, aufgeschlossene Umgebung, die Ihnen viele Freiheiten ermöglicht. Sie heben sich lieber kreativ und gestaltend hervor, statt praktische Maßnahmen zu erarbeiten. Dabei fühlen Sie sich wohl, wenn Sie mit Ideen experimentieren können und dies in eigenem Zeitplan, frei von Zwängen. Sie fordern immer wieder anerkannte Maßstäbe heraus und überraschen Ihre Umgebung mit völlig neuen Methoden oder Denkansätzen. Ihre innovativen Ansätze sind für Ihre Umgebung spannend und beeindruckend. Sie übernehmen nur ungern Führungspositionen, da Sie vor den damit verbundenen Entscheidungen, Verpflichtungen und der Verantwortung eher zurückschrecken. Dennoch können Sie sich wunderbar in Teams integrieren, in denen ein gelassener, unkonventioneller Geist herrscht.

Selbstverständnis

In Ihrer beruflichen Rolle sehen Sie sich eher als Freigeist, der auch in der Berufswelt interessante Erfahrungen machen will. Sie sind nicht der „Nine-to-Five-Arbeitstyp“. Denn Abwechslung, Vielfalt und Freiheit ist für Sie das Salz in der Arbeitssuppe, und Sie lieben es, an mehreren Projekten gleichzeitig zu arbeiten. In Ihrer beruflichen Rolle wollen Sie wachsen, sich verändern und verschiedenste Aspekte Ihrer Persönlichkeit zeigen. Dabei stellt es für Sie kein Problem dar, sich über Nacht auf vollkommen neue Gegebenheiten einzustellen. Im Gegenteil: Sie arbeiten mit Freude in flexiblen Strukturen, in denen Ihre Ideen gedeihen und wohlwollend unterstützt werden. Eine klassische Karriere ist für Sie nicht gleichbedeutend mit Erfolg. Vielmehr empfinden Sie persönliches Wachstum, das Gedeihen von Vorhaben in einer wohlwollenden Umgebung als Aufstieg.

Wenn Sie tatsächlich als Chef oder Führungskraft arbeiten sollten, dann bevorzugen Sie einen zwanglosen und lässigen Führungsstil. Sie sind der Meinung, dass sich vieles von selbst reguliert, wenn man Menschen ihre Freiheit lässt. Dabei wissen Sie ein produktives Team durchaus zu schätzen. Sie übersehen allerdings zuweilen dabei, dass klare Regeln und transparente Anweisungen durchaus einer guten Teamstruktur und Zusammenarbeit dienlich sind. **Tipp:** Geben Sie Ihrem freien Arbeitsrhythmus wenigstens eine grobe Struktur. Ein roter Faden hilft Ihnen auf jeden Fall, Ihre Projekte nicht nur zu träumen, sondern auch umzusetzen.

Aufgaben und Arbeitsweise

Sie haben oft mehrere Projekte auf dem Tisch und arbeiten gern parallel an völlig verschiedenen Aufgaben. Das heißt, Sie arbeiten eher stoßweise als kontinuierlich. Dabei haben Sie immer viel mehr Ideen und Lösungsansätze, als Sie letztlich umsetzen. Denn Ihr Denken ist nicht direkt mit praktischen Umsetzungsprozessen verknüpft – oft reicht es Ihnen bereits, dass ein kreativer Gedanke mit jemandem besprochen werden konnte. Sie arbeiten so, wie Sie es im Augenblick für sinnvoll erachten und brechen dabei Regeln, die Ihnen im Weg sind.

Motivation

Ihre Zutaten zum Rezept der Motivation heißen: Freiheit, Flexibilität, Abwechslung und eine entspannte Arbeitsumgebung. Sie fühlen sich motiviert, wenn andere Ihre Projekte in die Praxis umsetzen oder Ihnen dabei tatkräftig unter die Arme greifen. Dabei hat ein unterstützendes Team eine beruhigende Wirkung auf Sie und beflügelt Sie zu neuen gedanklichen Höchstleistungen. Sie wollen nicht jedes Projekt bis zum letzten Detail begleiten, sondern sich lieber schon in eine neue Aufgabe stürzen. Auf traditionelle Auszeichnungen legen Sie weniger Wert, viel lieber ist Ihnen eine unkonventionelle, überraschende Art der Anerkennung.

Teamarbeit

Als Schöpfer-Bewahrer haben Sie Freude daran, Teil eines Teams zu sein. Sie brauchen es nicht generell, nehmen aber gern die praktische und emotionale Hilfestellung, die eine Arbeitsgruppe bieten kann an. Dabei bringen Sie jede Menge Spaß und lebendigen Austausch ins Team und lenken Ihre Kollegen gelegentlich auch mal von der eigentlichen Arbeit ab. Sie arbeiten meistens völlig entspannt und auch eine laute und unruhige Arbeitsumgebung stört nicht.
Sie werden in Ihren Wesenszügen am besten vom gegenteilig „tickenden" Persönlichkeitstypus Jäger-Finder ergänzt. Der Jäger-Finder zeichnet sich durch entschlossenes, entscheidungsfreudiges und ergebnisorientiertes Handeln aus und ergänzt das kreative und vielseitige Talent des Schöpfer-Bewahrers. Sie müssen sich allerdings Ihrer gegenseitigen Stärken sehr bewusst sein, da, bedingt durch die gegensätzliche Arbeitsweise des Jäger-Finders, hier auch Konfliktpotenzial schlummert.

Beispielberufe

Schöpfer-Bewahrer siedeln in Berufen, in denen sie frei, unabhängig und selbstbestimmt arbeiten können und die sich mit ihrer ideenorientierten und beziehungsgesteuerten Arbeitsweise verbinden lassen. !

Beispiele für Berufe, in denen besonders viele Schöpfer-Bewahrer vorkommen:

- Schriftsteller – frei (Schöpfer), sensibel (Bewahrer)
- Drehbuchautor – auf Ideen fokussiert (Schöpfer), kommunikativ (Bewahrer)
- Landschaftsgestalter – denkt in Optionen (Schöpfer), betrachtet die Wünsche anderer (Bewahrer)
- Künstler – einfallsreich (Schöpfer), introspektiv (Bewahrer)
- Floristen – gestaltend (Schöpfer), einfühlend in die Bedürfnisse des Kunden (Bewahrer)

Der Schöpfer-Jäger  im Beruf

Mit Ihren Persönlichkeitsmerkmalen gestalten Sie gedanklich innovativ, entschlossen und sehr aktiv Ihr berufliches Umfeld. Sie sind in Ihrem Beruf richtig, wenn jemand gebraucht wird, der

- rasche Veränderungen herbeiführt und koordiniert,
- unkonventionelle und innovative Denkarbeit leisten muss,
- ein starres Team als Freigeist belebt,
- als Multitalent einsetzbar ist,
- entscheidungsstark führt,
- mit vielen verschiedenen Menschen in Kontakt kommt.

Im idealen Beruf finden Sie genügend Herausforderungen und die Möglichkeit, mit unkonventionellen Denkansätzen und methodischer Vorgehensweise Aufgaben und Probleme jeder Art zu lösen. Je vielfältiger, desto besser. Als Schöpfer-Jäger lieben Sie die Abwechslung und treffen sich gern mit Menschen, die in einen gedanklichen und verbalen Wettstreit mit Ihnen treten können.

Sie schätzen es, wenn Sie verschiedene Optionen zu einem Thema entwickeln dürfen. Dabei brauchen Sie einen freien Handlungsrahmen, ohne dass Ihnen jemand hartnäckig im Nacken sitzt. Sie mögen es überhaupt nicht, von einem festen Regelkorsett umgeben zu sein. Wenn Sie die Regeln nicht ändern können, dann finden Sie schnell einen Weg, diese trotzdem zu unterlaufen.

Es bereitet Ihnen Freude, an aufregenden Aufgaben zu arbeiten, bei denen Sie auch Ihre individuellen Grenzen überschreiten können. Mit viel Eigeninitiative koordinieren Sie Aufgaben und führen – wenn nötig – sofortige Veränderungen herbei. In der Lösungsfindung sind Sie kreativ und haben viele Ansätze. Sie integrieren sich gern in ein Team, sehen sich aber im Inneren als Individualist. Innerhalb einer Gruppe übernehmen Sie gern einen eigenen Verantwortungsbereich, noch lieber aber führen Sie ein Team an. Eine Führungsposition bedeutet für Sie in erster Linie die Freiheit, eigene Gedanken und Handlungen unabhängiger umzusetzen.

Selbstverständnis

Sie identifizieren sich stark mit Ihrem Berufsbild und arbeiten eher aus Freude denn aus Notwendigkeit. Wenn Sie innerhalb Ihres Berufes viel Abwechslung und Freiheiten finden, können Sie sich lange in einem Arbeitsfeld aufhalten. Wenn nicht, wechseln Sie Ihr Tätigkeitsfeld. Ihren eigenen Zielen weisen Sie oberste Priorität zu und arbeiten wettbewerbsorientiert. Dabei schauen Sie nicht unbedingt auf die Uhr. Sie sind leistungsstark und haben genug Energie, an mehreren Projekten gleichzeitig zu wirken. Dabei arbeiten Sie selbstständig, passen sich aber auch – kurzzeitig – an andere Arbeitsweisen an. Sie sehen sich selbst als Koordinierungstalent und behalten wunderbar den Überblick, wo sich andere schon in Einzelheiten verloren haben.

Arbeiten Sie in einer führenden Position, dann wählen Sie einen kooperativen, aber zielorientierten Führungsstil. Ihre Mitarbeiter haben viel Handlungsspielraum, wenn die Ergebnisse stimmen. Sie überwachen am liebsten das große Ganze, ohne allzu sehr mit Kleinigkeiten behelligt zu werden. Besonders Mitarbeiter, bei denen Sie eigeninitiatives und entschlossenes Handeln beobachten, genießen Ihr Vertrauen und können sich auf Ihre Unterstützung verlassen. Schwerer haben es bei Ihnen die beziehungsorientierten Mitarbeiter, die sich auch emotionale Unterstützung vom Chef holen wollen. Hier übersehen Sie zuweilen, dass Sie nicht nur auf der Ergebnisebene der Vorgesetzte sind, sondern auch für die Teamatmosphäre Verantwortung tragen. **Tipp:** Differenzieren Sie stärker die verschiedenen Mentalitäten Ihrer Kollegen oder Mitarbeiter. Passen Sie Ihren Führungsstil dementsprechend individueller an. Auch als Mitarbeiter lautet die Frage an sich selbst: Wer braucht welche Ansprechhaltung, um besser miteinander zu arbeiten? Hören Sie aufmerksamer zu.

Aufgaben und Arbeitsweise

Da Ihnen die Koordination von Aufgaben liegt, tummelt sich auf Ihrem Schreibtisch oder in Ihrem Kopf stets ein ganzer Stapel von Themen und Aufgaben. Sie arbeiten meist schwerpunktorientiert, springen aber auch schnell und unvermittelt an eine andere Stelle und arbeiten da weiter. Ihre vielfältigen Aufgaben setzen Sie zielgerichtet in die Praxis um. Bei den feinen Details und der exakten Umsetzung bis zum letzten Punkt ist Ihnen jedoch jede Unterstützung herzlich willkommen. Genau das richtige Stichwort für die Finder, die Ihnen hier eine wertvolle Hilfe sind. Wenn Sie Prozesse überwachen, dann erstellen Sie sich doch künftig einen Übersichtsplan, damit Ihnen Einzelheiten nicht aus dem Blick geraten.

Motivation

Sie motivieren sich selbst sehr leicht, da Ihnen Arbeit von Ihrer Grundeinstellung mehr Freude als Last ist. Ihre Arbeitslust steigt in dem Maß, wie Sie selbst gesteckte Aufgaben frei und nach eigenem Zeitplan realisieren können. Jede Situation mit Konkurrenzcharakter beflügelt Sie zusätzlich, denn Sie wetteifern gern. Unbestritten genießen Sie es, der Beste zu sein. Wenn Sie die Chance auf einen höheren Status haben, dabei aber viele Freiheiten und Aufgabenvielfalt verlieren würden, entscheiden Sie sich eher für die größere Eigenständigkeit als für den Aufstieg. Hier kämpfen Sie manchmal innerlich, aber die Aussicht auf Freiheit und Flexibilität motiviert Sie letztendlich doch mehr als Macht und Status, wenngleich Ihnen Letzteres überhaupt nicht egal ist. Von außen sind Sie leicht durch öffentliche Anerkennung oder zusätzliche Freiräume in Ihrem Handeln zu aktivieren.

Teamarbeit

Als Schöpfer-Jäger arbeiten Sie gern im Team, weil Sie die Vielfalt der Charaktere und die Aussicht auf abwechslungsreiche, spannende Zusammenarbeit schätzen. Gleichzeitig arbeiten Sie sehr gut selbstständig und wissen Ihre Eigenständigkeit auch selbst als positive, unabhängige Kraft einzuordnen. Am besten ist es für Sie, wenn Sie regelmäßige Schnittstellen in der Zusammenarbeit mit anderen Menschen haben, hier Austausch und Kommunikation finden, aber Ihren eigenen Verantwortungsbereich haben – entweder als Führungskraft oder als Mitarbeiter mit abgegrenzter eigener Aufgabenverantwortung. Als Selbstständiger oder Freiberufler finden Sie ebenfalls Erfüllung, allerdings sollten Sie sich gut vernetzen und Kooperationen eingehen, um genügend Austausch und Unterstützung von außen zu finden. Ihre Flexibilität lässt Sie sowohl an ruhigen Orten als auch in geschäftiger Umgebung erfolgreich arbeiten.

Als Schöpfer-Jäger arbeiten und harmonieren Sie am besten mit einem Bewahrer-Finder, da sich Ihre Wesenszüge zwar unterscheiden, aber einander nicht widersprechen. Der Bewahrer-Finder-Typ genießt es, Dinge im Detail zu planen, ist ein guter Zuhörer und arbeitet systematisch. Er ist prozessorientiert, hat einen ausgeprägten Sinn für Ordnung und verhält sich gelassen, freundlich und verantwortungsbewusst – für Sie die ideale Ergänzung. Bedingung ist, dass Sie sich darauf einstellen, dass der Bewahrer-Finder eine emotional entspannte Ansprechhaltung und weniger hektisches Agieren für eine gute Zusammenarbeit benötigt.

Beispielberufe

> **Schöpfer-Jäger arbeiten optimal in Berufen, in denen sie flexibel und gestaltend tätig sind und gleichzeitig ein hohes Maß an Ergebnisdichte erzielen.** !

Beispiele für Berufe, in denen besonders viele Schöpfer-Jäger vorkommen:

- Projektleiter – jongliert mit vielen Aufgaben (Schöpfer), Führungsqualität (Jäger)
- Marketing – innovativ (Schöpfer), wettbewerbsorientiert (Jäger)
- Stadtplaner – visionär (Schöpfer), selbstmotivierend (Jäger)
- Architekt – Träumer (Schöpfer), zielgerichtet (Jäger)
- Vertrieb – flexibel (Schöpfer), abschlussorientiert (Jäger)

Der Bewahrer-Schöpfer  im Beruf

Mit Ihren Persönlichkeitsmerkmalen arbeiten Sie gern beziehungsorientiert und zeigen sich sehr anpassungsfähig und flexibel. Sie sind in Ihrem Beruf richtig, wenn jemand gebraucht wird, der

- einen freundlichen und wertschätzenden Eindruck vermittelt,
- die Teamarbeit und Kooperation unterstützt,
- Veränderungen begleiten soll,
- eine gelassene und entspannte Atmosphäre mitgestaltet,
- sich schnell auf verschiedene Persönlichkeitstypen einstellen kann,
- äußerst flexibel und schnell reagiert und kommuniziert.

Im idealen Beruf haben Sie ein angenehmes Arbeitsklima, wenig Druck und viel persönliche Anerkennung Ihrer Leistungen. Sie bauen gern Arbeitsbeziehungen auf und gestalten ein Team mit. Dabei wünschen Sie sich emotionale Unterstützung in der Zusammenarbeit und sind auch bereit, anderen zu helfen. Ermunterung bei Problemen und eine freundliche, geduldige Haltung bei deren Lösung erhält Ihre Arbeitsfreude. Sie arbeiten mit Vorliebe in einer Umgebung, in der Kommunikation eine große Rolle spielt; bei den dabei entstehenden Missverständnissen und Konflikten vermitteln Sie. Vom Wesen her liegt es Ihnen mehr, Teil eines Teams zu sein, als dieses zu leiten. Der mit der Leitung verbundene hohe Erwartungsdruck der Mitarbeiter und die Verbindlichkeit widersprechen Ihrem Verständnis von Wohlfühlatmosphäre. Es bereitet Ihnen keine Schwierigkeiten, an vielen verschiedenen Aufgaben gleichzeitig zu arbeiten – ganz im Gegenteil – denn daran haben Sie großen Spaß. Wichtig ist aber, dass Sie dabei immer eine Struktur wahren.

Selbstverständnis

Als Bewahrer-Schöpfer arbeiten Sie eher aus der Notwendigkeit heraus als aus Freude. Denn Sie lieben es, das Leben zu genießen – und das könnten Sie eigentlich auch ohne Arbeit recht gut schaffen. Sie leben spontan, haben viele Interessen und sind sehr experimentierfreudig. Kein Wunder also, dass Sie sich in Tätigkeiten besonders wohlfühlen, die großen Spielraum für unerwartete Aktionen lassen. Dabei ist es für Sie spannender, auf vielen Spielfeldern zu Hause zu sein, als eine Sache bis ins Detail zu beenden. Sie beginnen mit Vorliebe mehrere Projekte, bevor Sie eines abschließen. Daraus resultiert bei Ihnen manchmal Arbeitsdruck und Hektik, weil Sie sich plötzlich von mehreren Abgabeterminen umzingelt fühlen. Ihr wichtigster Motor ist und bleibt dennoch die Freiheit, Ihre Aufgaben flexibel und nach eigenem Zeitplan zu gestalten. So wissen Sie, dass Ihnen die Koordination verschiedener Aufgaben in einer Arbeitsgruppe nach großzügiger Rahmenvorgabe liegt, denn hier können Sie Ihre Flexibilität und Ihren Teamgeist miteinander verbinden. Gerade in der Teambildung können Sie deshalb einen wertvollen Beitrag leisten.

Sie reagieren mit Rückzug, wenn Ihr berufliches Selbstverständnis mit zu vielen Zwängen und Regeln verletzt wird. Mitarbeiter oder Kollegen, die Sie in ein enges Zeitkorsett einfügen wollen, kommen bei Ihnen nicht weit. Sie wehren sich zwar nicht direkt, finden aber Mittel und Wege, die Anweisungen zu unterlaufen. Sehr exakte Mitstreiter mit festen Normen und Regeln (Finder) widerstreben Ihnen und verunsichern Sie zusätzlich durch ihr sehr ernstes und bedachtes Auftreten. Dennoch sind Sie bereit, Autoritäten zu achten, vor allem, wenn diese mit Phantasie, Kreativität und Intelligenz glänzen.
Tipp: Erläutern Sie Ihrem beruflichen Umfeld Ihr berufliches Selbstverständnis insofern, dass Sie um einen festen Rahmen bitten, aber gleichzeitig in der Art und Weise, wie Sie die Dinge erledigen, frei sind. Lassen Sie sich am Ergebnis messen und nicht an der Art der Umsetzung.

Aufgaben und Arbeitsweise

Wie bereits oben erläutert, arbeiten Sie gern gleichzeitig an verschiedenen Aufgaben. Der Reiz liegt bei Ihnen im Beginnen von etwas Neuem, dabei verlieren Sie die Umsetzung in die Praxis manchmal aus dem Auge. Sie bedauern es zwar, wenn Sie Begonnenes nicht fertig stellen, dennoch fällt es Ihnen nicht leicht, bis zum letzten Punkt konsequent ein Thema abzuarbeiten. Ihre Arbeitsweise spiegelt sich auch in Ihrer Arbeitsumgebung, die andere als „gepflegtes Chaos" beschreiben würden. Sie arbeiten zwar lieber in einer strukturierten Umgebung, es bereitet Ihnen jedoch Mühe, diese selbst herzustellen. Andererseits macht es Ihnen nichts aus, im Trubel und in einer geschäftigen Umgebung tätig zu sein, hier verlieren Sie nicht die Nerven. Wo andere schon gereizt reagieren, bleiben Sie immer noch entspannt und freundlich. Die Arbeit in völliger Abgeschiedenheit und als Einzelkämpfer ist nicht Ihre Sache – hier vermissen Sie den Austausch und die Kommunikation mit anderen auf Dauer schmerzlich.

Motivation

Sie fühlen sich stark motiviert, wenn Sie nach dem Lustprinzip arbeiten dürfen: freie Zeiteinteilung und freie Aufgabenwahl, gepaart mit emotionaler Unterstützung und ausreichend Kontakt mit anderen Menschen. Als Bewahrer-Schöpfer steigt Ihre Arbeitslust, wenn Sie anderen helfen können. Deshalb melden Sie sich auch freiwillig, wenn Helfer gesucht werden. Wenn Sie sich darüber hinaus eine wertschätzende Arbeitsumgebung suchen, die Ihnen viel persönliches Lob für Ihre Leistungen ausspricht, fühlen Sie sich für die nächste Aufgabe bestens motiviert.

Teamarbeit

Als Bewahrer-Schöpfer sind Sie eine Bereicherung fürs Team und lieben es, in Gruppen zu arbeiten. Sie fühlen sich besonders in kommunikativen, fröhlichen und optimistischen Teams wohl, in denen flexible Strukturen herrschen und Effizienz eine eher untergeordnete Rolle spielt.

Der Bewahrer-Schöpfer-Typ wird am besten vom Finder-Jäger ergänzt. Der Finder-Jäger zeichnet sich durch umsichtige Planung in allen Einzelheiten und durch entscheidungsfreudiges, schnelles Handeln aus. Wenngleich Sie das zuweilen unter Druck setzt, werden Sie dennoch gemeinsam sehr produktive Arbeit leisten.
Voraussetzung dafür ist, dass beide Persönlichkeitstypen ihre Verschiedenheit schätzen und sich auf ihre Stärken fokussieren.

Beispielberufe

> Bewahrer-Schöpfer sind in vielen Berufen zu finden, in denen beziehungsorientiertes und sehr flexibles Handeln gefragt ist. Sie blühen auf, wenn sie innerhalb eines überschaubaren Rahmens Raum für eigenes Handeln oder die Gestaltung von Arbeitsabläufen haben.

Beispiele für Berufe, in denen besonders viele Bewahrer-Schöpfer vorkommen:

- Verkäufer – freundlich (Bewahrer), flexibel (Schöpfer)
- Diplomat – gastfreundlich (Bewahrer), anpassungsfähig (Schöpfer)
- Missionar – mitfühlend (Bewahrer), abenteuerlustig (Schöpfer)
- Kellner – offen, herzlich (Bewahrer), schnell (Schöpfer)
- Krankenschwester – einfühlsam (Bewahrer), rasch agierend (Schöpfer)
- Fotograf – kommunikativ (Bewahrer), ideenreich (Schöpfer)

Der Bewahrer-Finder im Beruf

Mit Ihren Wesenszügen arbeiten Sie bevorzugt im Team und sind in der Lage, Anweisungen sehr gut umzusetzen. Sie sind in Ihrem Beruf richtig, wenn jemand gebraucht wird, der

- Konflikte im Team löst,
- ein Team langfristig und nachhaltig aufbaut,
- zu einer entspannten Arbeitsatmosphäre beiträgt,
- Teamarbeit in den Mittelpunkt seiner Arbeit stellt,
- mit unterstützenden Bereichen kooperieren kann,
- lang andauernde Prozesse kontinuierlich begleitet.

Im idealen Beruf haben Sie ein produktives Team und erhalten ausreichend Zeit, Begonnenes nacheinander fertig zu stellen. Sie stellen eine gute Arbeitsatmosphäre über den harten Wettbewerb.

Besonders produktiv arbeiten Sie, wenn Sie sich als Teil des Teams fühlen und vorab alle Einzelheiten in Ruhe planen können. Es liegt Ihnen sehr, Ihre eigene Qualität und die anderer zu kontrollieren und zu überprüfen. Sie bevorzugen Strukturen, die Genauigkeit und Effizienz ermöglichen – die „kreative Ordnung", die beispielsweise Bewahrer-Schöpfer beherrschen, entspricht nicht Ihren Vorstellungen.

In jedem Bereich, in dem Sie kontinuierlich eingebunden sind und auf ein Team zurückgreifen können, fühlen Sie sich rundum wohl. Sie arbeiten oft mit Zeitplänen und To-do-Listen, da Sie den geordneten und nachvollziehbaren Ablauf von Arbeitsaufgaben mögen. Vom Naturell her sind Sie kein Einzelkämpfer, sondern werden gern von kompetenten und beständigen Menschen unterstützt. Wenn Sie als Vorgesetzter tätig sind, bevorzugen Sie den kooperativen Führungsstil, denn Sie verbinden damit eine entspannte, produktive Arbeitsatmosphäre. Dabei schätzt ein Team Ihre geduldige und wertschätzende Haltung, die Ihre Mitarbeiter mit viel Vertrauen honorieren. Sie gelten als wichtiger Ansprechpartner für die verschiedensten Kollegen und Mitarbeiter.

Selbstverständnis

Als Bewahrer-Finder ist Ihre Berufsrolle Teil Ihrer Identität. Wenn Sie etwas tun, dann machen Sie es engagiert und beharrlich. Sie haben einen ausgeprägten Qualitätsanspruch und möchten, dass dies auch in persönlichen Worten Anerkennung findet. Kommunikation und wertschätzender Austausch spielen für Sie insgesamt eine große Rolle, und so fällt es Ihnen auch selbst leicht, andere zu loben oder Ratschläge zu geben. Die emotionale Unterstützung, die Sie für sich erwarten, geben Sie auch weiter. Gerade bei zu treffenden Entscheidungen holen Sie sich oft Rat oder helfen anderen, einen Entschluss zu fassen. Das kommt daher, weil Sie selbst Vorhaben immer wieder durchdenken wollen und gründlich abwägen. Deshalb zeigen Sie großes Verständnis, wenn es anderen ähnlich geht. Haben Sie aber eine Entscheidung getroffen, dann vertreten Sie diese auch nachdrücklich und suchen sich Mitstreiter, um den beschlossenen Weg konsequent umzusetzen. Sie arbeiten gern projektbezogen, denn hier werden alle Ihre Arbeitsqualitäten abgerufen: Prozessdenken, Genauigkeit, Ausdauer und Beharrlichkeit. Sie wissen, dass andere die Zusammenarbeit mit Ihnen schätzen, weil Sie Motivation und Spaß in die Arbeit mit einbringen.

Dennoch werden Sie manchmal unterschätzt: Haben Sie sich in Ihrem Beruf etwas vorgenommen, gehen Sie unbeirrt Ihren Weg. Das irritiert manchmal Ihr Arbeitsumfeld, das hinter Ihrer freundlich-liebenswürdigen Haltung nicht einen solchen „Biss" vermutet. Ebenso wird sich so mancher Mitarbeiter wundern, wenn Sie als Vorgesetzter plötzlich im Vier-Augen-Gespräch sehr klare Worte finden. Mangelnde Teamarbeit und Unzuverlässigkeit sind zwei Themen, die sich ein Mitarbeiter Ihres Teams nicht ungestraft leisten darf. Hart getroffen sind Sie von Illoyalität, die für Sie einen schwerwiegenden Vertrauensbruch darstellt und bei Ihnen rasch zur Kündigung der Zusammenarbeit mit dem betreffenden Mitarbeiter führt. **Tipp:** Als Bewahrer-Finder haben Sie Ihren inneren eigenen Fahrplan ans Ziel. Gestalten Sie diesen Plan für Ihr Team oder Ihre Mitstreiter transparent und häufen Sie kein Herrschaftswissen an, denn damit können Sie kostbares Vertrauen aufs Spiel setzen.

Aufgaben und Arbeitsweise

Sie arbeiten Ihre Aufgaben bevorzugt der Reihe nach ab. Dabei überlegen Sie genau, wer Sie in welchen Punkten unterstützen kann. Da Sie den Finder in der Subdominanz haben, denken Sie immer auch daran, wie sich die Vorhaben in der Praxis auswirken und prüfen dies auf Grundlage von Fakten. Dabei befolgen Sie bevorzugt einen detaillierten Plan, den Sie selbst aufgestellt haben oder der Ihnen vorgelegt wird. Auch im letzteren Fall können Sie mühelos fremde Regeln befolgen. Sie rebellieren nicht, wie beispielsweise der Schöpfer, gegen Vorschriften, sondern akzeptieren gängige Normen problemlos. In der Umsetzung arbeiten Sie lieber mit bewährten Methoden als mit innovativen, da diese aus Ihrer Sichtweise zu risikoreich sein können. Da Sie sich in Prozessen sicher bewegen, durchschauen Sie diese leicht und entdecken rasch vorhandene Fehler. Deshalb sind Ihre Recherchen gründlich und gewissenhaft. Das ist der Grund, warum Ihnen auch Kontrollaufgaben innerhalb des Teams so gut liegen.

Motivation

Sie fühlen sich anerkannt, wenn Sie innerhalb eines konstruktiven Teams einen festen Platz haben und persönliche Wertschätzung für Aufgaben mit Kontroll- oder Organisationscharakter erhalten. Wenn Sie den Eindruck gewinnen, dass Sie tatsächlich gebraucht werden, fühlen Sie sich genau am richtigen Platz. Besondere Auszeichnungen, die zeigen, dass Sie erwartete Maßstäbe erfüllt haben, erhalten bei Ihnen einen Ehrenplatz. Sie wissen das Besondere, das Individuelle von Urkunden oder einfach ein kleines persönliches Dankeschön sehr zu schätzen. Aber auch ein berufliches Umfeld, das Ihnen Stück für Stück zu größerem Status und Aufstieg verhilft, lässt Sie motiviert arbeiten.

Teamarbeit

Wie schon im oberen Teil ausführlich beschrieben, sind Sie als Bewahrer-Finder von Haus aus teamfähig. Sie schätzen das Team, Sie brauchen das Team und das Team schätzt Sie. Eine Win-win-Situation. Wenn Sie im Team einen Sparringspartner suchen, um Ihre Projekte besser umzusetzen, dann schauen Sie gern nach einem anderen Bewahrer oder einem Finder. Ihre effektivere Ergänzung finden Sie aber in einem Schöpfer oder Jäger. Der Freiheitsdrang und die ungestüme Ideenvielfalt mit hoher Zielenergie werden Sie selbst zwar in Atem halten, aber Ihr Projekt gewinnt durch die Fokussierung der unterschiedlichen Stärken Ihrer Persönlichkeiten ungemein an Qualität und Ergebnisdichte.

Der Bewahrer-Finder arbeitet am effektivsten mit dem Schöpfer-Jäger zusammen. Weitblick, ganzheitliche Sicht und Entscheidungsfreude, das sind jene Eigenschaften, die Ihre Stärken ergänzen. Die Wesenszüge von beiden Persönlichkeitstypen verbinden sich zu einem ergebnisstarken Team, wenn Sie es schaffen, das unterschiedliche Naturell wechselseitig zu tolerieren.

Beispielberufe

> Bewahrer-Finder finden sich naturgemäß in vielen Berufen, in denen sie teamorientiertes Handeln mit prozessorientierter Arbeitsweise verbinden können. **!**

Beispiele für Berufe, in denen besonders viele Bewahrer-Finder vorkommen:

- Personalmanager – auf Menschen konzentriert (Bewahrer), organisiert (Finder)
- Krankenschwester – fürsorglich (Bewahrer), detailorientiert (Finder)
- Vermittler – friedliebend (Bewahrer), korrekt in den Umgangsformen (Finder)
- Empfangschef – freundlich (Bewahrer), logisch (Finder)
- Sekretärin – kommunikativ (Bewahrer), organisiert (Finder)
- Organisator – vernetzend (Bewahrer), exakt planend (Finder)

Der Finder-Bewahrer im Beruf

Mit Ihren Persönlichkeitsmerkmalen arbeiten Sie besonders gut analytisch und wirken im Team harmonisierend. Sie sind in Ihrem Beruf richtig, wenn jemand gebraucht wird, der

- Anforderungen punktgenau erfüllt,
- Fakten prüft und analysiert,
- mit verschiedenen Menschen geduldig und tiefgründig kommuniziert,
- allein und selbstständig oder im kleinen Team verantwortungsvoll arbeitet,
- Ursachen für Prozesse detailliert erforscht,
- einen langwierigen Prozess nach Plan exakt umsetzt.

Im optimalen Beruf arbeiten Sie mit kompetenten Kollegen nach gut organisierten Zeitplänen und haben die Möglichkeit, Ihre analysierende Denkweise und den Umgang mit Menschen miteinander zu verknüpfen. Ihre Tätigkeit sollte es Ihnen möglich machen, dass Sie Ihre Leistungsfähigkeit mit klar definierten Aufgaben und innerhalb konkreter Zeiträume kontinuierlich unter Beweis stellen können.

In Teams sind Sie als angenehmer und kooperativer Kollege anerkannt und geben Ihrem Umfeld gern emotionale Unterstützung. Bei Bedarf leisten auch Sie Ihren Beitrag für Konfliktlösungen zwischen Mitarbeitern, denn es ist Ihnen wichtig, dass in Ihrem Team ein guter Umgangston herrscht.

Da Sie lieber einer kompetenten Person folgen als selbst zu leiten, findet sich Ihr Persönlichkeitstyp nicht so oft in Führungspositionen. Wenn doch, dann führt der Finder-Bewahrer sehr kooperativ, oder er leitet eine Institution, in der bereits feste Regeln herrschen. Sie werden dann aufpassen müssen, dass Sie auch die agilen Persönlichkeitstypen ins Team integrieren, die nicht immer nach Ihren Regeln spielen. Eine Gruppendynamik zu durchschauen, fällt Ihnen ziemlich schwer. Oder um es direkter zu sagen: Die Dynamik zwischen den einzelnen Mitarbeitern, die feinen Töne, die indirekten Konfliktsignale sind für Sie oft genug ein Brief mit sieben Siegeln. Das bedeutet, dass Konflikte im Team für Sie wie aus heiterem Himmel hereinbrechen können, da Sie die Vorboten nicht erkannt haben. Für einen zielorientierten Chef sind Sie der ideale Stellvertreter, weil Sie den Draht zum Team behalten, den Führungskräfte leider oft verlieren. Sie sind die ideale Verbindung zwischen Chef und Team oder eine wichtige Schnittstelle zwischen Kooperationspartnern.

Selbstverständnis

Als Finder-Bewahrer arbeiten Sie ernsthaft und sind für jedes Team eine Bereicherung. Sie erfüllen im Beruf jede Aufgabe verantwortungsvoll und gewissenhaft, daran muss Sie niemand erinnern. Damit nicht genug: Für Sie endet Ihr berufliches Selbstverständnis nicht mit der exakten Aufgabenerfüllung, sondern Sie setzen auch auf werteorientierte Maßstäbe in der Zusammenarbeit. Es sind oft die Finder-Bewahrer, die an Fairness, Höflichkeit und Hilfsbereitschaft erinnern, wenn es Diskussionen zu Teamregeln gibt. Nicht selten sind Sie derjenige, dem im Team das beste Verhalten nachgesagt wird. Es liegt Ihnen viel an einem angenehmen Arbeitsklima, denn Sie richten sich innerlich immer auf eine langfristige Zusammenarbeit ein. Wenn Sie sich wohl und gebraucht fühlen und für Ihr Qualitätsbewusstsein aufrichtige Anerkennung erhalten, bleiben Sie für eine lange Zeit in einem Team. Sie sind ein loyaler Mitarbeiter. Sprunghafte Arbeitswechsel und rasche Veränderungen entsprechen nicht Ihrem Berufsbild von sich selbst. Sie müssen auch nicht über Nacht Karriere machen, um berufliche Bestätigung zu finden, denn Sie haben einen langen Atem. Dennoch möchten Sie, dass Ihre Arbeitsumgebung Sie schätzt und mit immer verantwortungsvolleren Aufgaben betraut. **Tipp:** Achten Sie darauf, auf Ihre Leistungen selbst aufmerksam zu machen, wenn Sie das Gefühl haben, zu wenig geschätzt zu werden. Stehen Sie für sich selbst und Ihre Leistungen aktiver ein.

Aufgaben und Arbeitsweise

Sie arbeiten am produktivsten, wenn Sie erst eine Aufgabe beenden, bevor Sie eine neue beginnen. Der logische, feste Ablauf hat eine beruhigende Wirkung auf Sie und so überblicken Sie die Anforderungen besser. Ihre Aufgaben im Beruf sind oft sowohl inhaltlicher als auch personeller Natur. Neben der Erfüllung von Sachthemen arbeiten Sie oft auch mit Menschen zusammen. Die Verknüpfung beider Bereiche bereitet Ihnen manchmal deshalb Probleme, weil Sie zwar fachliche Punkte gut zeitlich kalkulieren können, Menschen jedoch unberechenbarer sind. Dieser variable Faktor „Mensch" macht dann zuweilen Ihren sorgfältig geplanten Zeitablauf zunichte. Hier müssen Sie einerseits lernen, flexibler in den Zeitplänen zu reagieren (mehr Puffer einbauen!) und sich andererseits auch von sehr zeitraubenden Menschen abzugrenzen (beispielsweise in für Sie stressigen Situationen). Ihre Begabung liegt im Auffinden von Fehlern in Prozessen, unabhängig davon, um welches Thema es sich konkret handelt.

Motivation

Ihre Motivation liegt in der gelungenen Mischung von fachlichen Aufgaben und der Arbeit mit Menschen. Ihre Zufriedenheit steigt in dem Maße, wie Sie Ihr Fachthema mit angenehmer Kommunikation im Kreise kompetenter Menschen verbinden können.

Wenn es Ihnen Ihr Arbeitsumfeld ermöglicht, einen guten Ruf zu genießen und dies auch mit anerkennenden Worten zum Ausdruck bringt, arbeiten Sie hoch motiviert.

Teamarbeit

Sie sind die ruhige, zurückhaltende und beständige Kraft im Team. Es ist für Sie selbstverständlich, dass sich alle Mitarbeiter unterstützen. Sie leben das tagtäglich selbst vor. Als Finder-Bewahrer können Sie zwar gut selbstständig arbeiten, sind aber vom geborenen Einzelkämpfer weit entfernt. Stattdessen mögen Sie die berufliche Geborgenheit, die ein Kollegenkreis bieten kann. Wenn Sie es sich aussuchen könnten, dann würden Sie ein ruhigeres, kleines Team einem lebhaften vorziehen.

Der Jäger-Schöpfer-Typ zeichnet sich durch eine schnelle, innovative und ergebnisorientierte Arbeitsweise aus. Er ergänzt Sie in der Zusammenarbeit durch seinen Blick für das große Ganze, seine Flexibilität und sein entscheidungsfreudiges Handeln. Beide Persönlichkeitstypen müssen jedoch auf eine regelmäßige, klare Kommunikation achten, um Missverständnisse zu vermeiden, die Wesenszüge des anderen zu begreifen und zu schätzen. Blindes Verstehen wird sich in dieser Konstellation schwer einstellen. Dennoch können Sie gerade in dieser Zusammenarbeit bei ausreichendem Austausch langfristig hervorragende Arbeitsergebnisse erzielen.

Beispielberufe

> Finder-Bewahrer finden sich oft in vielen Berufen, in denen sie qualitätsorientiertes Denken mit analytischer und beziehungsorientierter Arbeitsweise verbinden können. **!**

Beispiele für Berufe, in denen besonders viele Finder-Bewahrer vorkommen:

- Redakteur – exakt und detailorientiert (Finder), kommunikativ (Bewahrer)

- Stadtplaner – Planungstalent (Finder), prozessorientiert (Bewahrer)
- Sekretär – ordentlich (Finder), tritt sehr freundlich auf (Bewahrer)
- Museumsdirektor – verantwortungsvoll (Finder), umsichtig (Bewahrer)
- Forscher – analytisch (Finder), geduldig und ausdauernd (Bewahrer)

Der Finder-Jäger  im Beruf

Mit Ihren Persönlichkeitsmerkmalen arbeiten Sie sehr qualitätsbewusst und analytisch und führen ergebnisorientiert. Sie sind in Ihrem Beruf richtig, wenn jemand gebraucht wird, der

- Anforderungen genauestens erfüllt,
- größten Wert auf Spitzenqualität und Detailkenntnis legt,
- beharrlich langwierige Arbeitsvorgänge umsetzt,
- die Ursache einer Angelegenheit ergründen muss,
- prozessorientiert und effizient zugleich arbeitet,
- unpopuläre Entscheidungen umsetzen muss,
- leistungsstark und belastbar ist.

Im passenden Beruf brauchen Sie eine Umgebung mit hohen Qualitätsstandards. Als Finder-Jäger streben Sie nach Perfektion. Sie arbeiten mit hochgesteckten Zielen, sind sehr produktiv und benötigen einen festen Zeitplan. Sie fühlen sich wohl, wenn Ihre Arbeit Sie ausreichend fordert. Zeitdruck stellt für Sie kein Problem dar – im Gegenteil, Sie arbeiten dann sehr motiviert. Ihre Leistungsfähigkeit ist für andere Menschen beeindruckend: Sie sind kompetent und arbeiten äußerst zuverlässig. In allen Bereichen, in denen Sie die Führung übernehmen oder mit wichtigen Aufgaben betraut sind und im weitesten Sinne kontrollieren, bewerten, analysieren und beurteilen können, sind Sie goldrichtig.

Selbstverständnis

Sie nehmen Ihre berufliche Rolle ernst und arbeiten sowohl selbstständig als auch im Team äußerst effizient. Gut ist für Sie noch lange nicht gut genug. Ihr Ziel ist es, alles gleich beim ersten Mal perfekt und fehlerfrei umzusetzen. Ihr eigenes berufliches Selbstverständnis genügt den höchsten Maßstäben. Sie suchen dies abzusichern, indem Sie es mit bewährten traditionellen Methoden umsetzen. Als Finder-Jäger agieren Sie entschlossen und übertreffen gern Erwartungen, vor allem dann, wenn Sie die Möglichkeit sehen, einen höheren Status zu erringen. Berufliche Veränderungen entscheiden Sie hingegen nicht über Nacht, denn ständige berufliche Wechsel gehören nicht in Ihr Naturell. Sie wägen zunächst alle Fakten und bekannten Tatsachen ab. Dann aber entsteht Ihr Umsetzungsplan und Sie sind nicht mehr aufzuhalten. Für den beruflichen Erfolg sind Sie bereit, den entsprechenden Preis zu bezahlen.

Der wichtigste Motor Ihrer beruflichen Zufriedenheit besteht darin, dass Sie in Arbeitsstrukturen tätig sind, die Ihnen Genauigkeit und Effizienz garantieren. Große berufliche Verantwortung und den Aufstieg auf der Karriereleiter sehen Sie dabei als folgerichtig an.

Wenn Sie Chef sind, kann sich Ihr Team auf Ihre Vorbildwirkung in puncto Engagement und Fachkompetenz voll verlassen. Sie überzeugen durch Ergebnisse und durchdachte Planung. Weniger Wert legen Sie auf eine Wohlfühlatmosphäre, da Sie Ihren Arbeitsstil auch auf andere übertragen. Dabei übersehen Sie manchmal, dass – anders als bei Ihnen – für viele Ihrer Mitarbeiter lebendige Arbeitsatmosphäre sehr motivierend wirkt und somit auch Arbeitsergebnisse steigert. Ganz nebenbei trägt ein positives Unternehmensklima auch zur Konfliktvermeidung bei. **Tipp:** Wenn es Ihnen nicht so sehr liegt, an einem wohlwollenden Arbeitsklima mitzuwirken, delegieren Sie diese Aufgabe an eines Ihrer Teammitglieder (bevorzugt an einen Bewahrer). Ihr Gewinn dabei sind bessere Arbeitsergebnisse und weniger Konflikte im gesamten Team.

Aufgaben und Arbeitsweise

In Ihrer Tätigkeit erledigen Sie aufeinanderfolgende Aufgaben am besten nacheinander in einer festgelegten Reihenfolge. Ähnlich wie beim Jäger-Finder verknüpft sich Ihr Denkprozess direkt mit dem Umsetzungsprozess in die Realität. Abstrakte Gedankenspiele und realitätsfremde Ideen empfinden Sie als ineffiziente Ablenkung. Ihre Aufgaben zerlegen Sie in präzise Schritte und lieben den logischen Ablauf, der daraus resultiert. Fast detektivisch finden Sie dabei auch kleinste Fehler in Prozessen. Sie arbeiten dabei regelkonform und legen Wert auf gute, sachliche Umgangsformen unter Ihren Mitstreitern.

Motivation

Sie fühlen sich motiviert, wenn Sie wichtige Aufgaben systematisch zu einem konkreten Zeitpunkt erledigen können. Dabei arbeiten Sie gern selbstbestimmt und unabhängig. Ihre Arbeitsfreude steigt, wenn Sie mit Autorität für eigene Entscheidungen ausgestattet sind oder Sie eine gehobene Führungsposition im Visier haben. Allgemeines Lob erreicht Sie wenig. Hingegen fühlen Sie sich von auf den Punkt formulierten Empfehlungsbriefen oder Referenzen beflügelt.

Teamarbeit

Als Finder-Jäger integrieren Sie sich pflichtbewusst in ein Team, das Sie vorrangig aus der Sichtweise effektiver Arbeitsstrukturen heraus bewerten. Sie brauchen nicht notgedrungen die Geborgenheit eines Teams, wie zum Beispiel der Bewahrer. Da Sie sich selbst gut motivieren können, arbeiten Sie auch konzentriert in einem eigenen Büro oder von den anderen etwas abgeschieden. Sie möchten Ihre Arbeit lieber in Ruhe als im geschäftigen Trubel verrichten.

Als Finder-Jäger-Typ werden Sie am besten durch den Bewahrer-Schöpfer ergänzt. Nein, auch das ist kein stilles Verstehen, da Sie sehr gegensätzliche Verhaltensmerkmale aufweisen. Bewahrer-Schöpfer sind kreative, freundliche und fürsorgliche Teamspieler, die aufgrund ihrer Art die Harmonie im Team unterstützen. Auch wenn Sie das etwas lässige Auftreten der Bewahrer-Schöpfer vielleicht zunächst irritiert, so sollten Sie die vielen Vorteile, die Ihnen eine Zusammenarbeit mit einem beziehungsorientierten und gestaltenden Kollegen oder Mitarbeiter bietet, unbedingt im Blick behalten.

Beispielberufe

> Finder-Jäger finden sich naturgemäß in vielen Berufen, in denen sie qualitätsorientiertes Handeln mit analytischer und ergebnisgesteuerter Arbeitsweise verbinden können.
>
> !

Beispiele für Berufe, in denen besonders viele Finder-Jäger vorkommen:

- Richter – strukturiert (Finder), bestimmend (Jäger)
- Chirurg – konzentriert (Finder), sicher und vertrauenswürdig (Jäger)
- Ingenieur – analytisch (Finder), entschlossen (Jäger)
- Qualitätsprüfer – qualitätsbewusst (Finder), initiativ (Jäger)
- Offizier – konzentriert (Finder) – durchsetzungsstark (Jäger)

Kapitel 8 Entwicklung

Das eigene Potenzial zum besseren Miteinander

Wir alle haben unsere Stärken und unsere Baustellen. Um uns zu entwickeln, zu wachsen und mit anderen besser zurechtzukommen, kommen wir nicht umhin, uns wieder und wieder in die Erlebniswelt unseres Gegenübers hinein zu versetzen. Das ist immer auch ein Übersetzen – nämlich von der anderen Lebenssicht in die eigene und umgekehrt. Jeder von uns ist mit ausreichend Fähigkeiten ausgestattet, um Wege für ein besseres Miteinander zu finden.

Teamwork – Gewinnbringendes Miteinander

Gerade für den Umgang mit jenen Persönlichkeitstypen, die am weitesten von unserem eigenen Wesen entfernt sind, garantiert die nonverbale Übersetzungsarbeit ein neues Verständnis und einen wertschätzenden Umgang miteinander. Jeder lebt mit seinen eigenen „blinden Flecken", die wir kennen sollten, um auch – dann und wann – daran zu arbeiten. Nicht, um uns von unserem authentischen Ich zu entfernen, sondern vielmehr, um es zu bereichern. Dabei wächst auch unser Gespür, ein Meisterübersetzer vom Körpersprache-Ich ins Körpersprache-Du zu werden. Die eigentliche Frage ist hier: Was kann ich von denen lernen, die so ganz anders sind als ich selbst? Und zwar so, dass ich diese Verhaltensweisen nicht nur künftig besser verstehen, sondern auch schätzen kann, auch oder gerade weil sie nicht meinem Wesen entsprechen. Menschen, an denen wir uns am meisten reiben, sind unentbehrliche Helfer in unserer Entwicklung und unserem persönlichen Wachstum.

Der Jäger-Schöpfer

Als Jäger-Schöpfer entwickeln Sie sich besonders gut, wenn Sie Ihre ausgeprägten Stärken im Blick behalten und fördern. Mit Ihren Führungsqualitäten und Ihrer Entscheidungsfreude entwickelt Ihre innovative Gestaltungskraft eine beeindruckende Qualität. Für Sie sind der Bewahrer und der Finder wunderbare Lehrmeister für die „blinden Flecken" in Ihrem Verhaltensmuster: Von der Beharrlichkeit des Finders zu lernen heißt, dass Sie Ihre Projekte auch besser bis zum letzten Punkt umsetzen und abschließen können. Aufgaben auch mit einem „langen Atem" zu begleiten, darin liegt Ihr Wachstumspotenzial. Hier dürfen Sie detailverliebte und prozessorientierte Menschen durchaus mehr schätzen lernen. Vom Bewahrer können Sie sich etwas Geduld und Empathie abschauen und die geduldige Gelassenheit, die Ihnen oft fehlt.

Aktivieren Sie den Bewahrer und Finder in sich selbst – oder erweitern Sie Ihr Umfeld mit Menschen, die diese Qualitäten haben und unterstützen Sie sich gegenseitig mit Ihren jeweiligen Stärken.

> **Ihr Entwicklungsfeld liegt vor allem in den Bereichen der praktischen, prozessorientierten Umsetzungskompetenz und der geduldigen emotionalen, empathischen Kommunikation.** !

Der Jäger-Finder

Ihr Wachstumspotenzial als Jäger-Finder liegt in Ihren größten Stärken, sodass Sie auf Ihre Führungskompetenz, Entschlossenheit und konzentrierte Zielorientierung fest bauen können. Diese Kraft mit mehr emotionaler Empathie und Flexibilität zu verbinden, würde Ihnen neue Türen zu anderen Menschen und Aufgaben öffnen. Emotionale Kompetenz können Sie sich vom Bewahrer abschauen. Von der Leichtigkeit und Flexibilität, die Ihnen der Schöpfer vorlebt, etwas mitzunehmen, würde Ihnen mehr Lebendigkeit und Spontaneität in Ihrem Kommunikationsverhalten bescheren. Gehen Sie spielerischer mit Lösungsansätzen um, würdigen Sie innovative Methoden und zeigen Sie mehr Interesse an den Gefühlen anderer. Dies hilft Ihnen, sich leichter in ein Team zu integrieren; als Führungskraft legen Sie so neben Ihrer Sicherheit, die sich zuweilen auch in Verbissenheit wandeln kann, eine entspannte Souveränität an den Tag.

> Ihr Entwicklungsfeld für ein besseres Miteinander liegt in den Bereichen der emotionalen Kommunikation und der gestalterischen Flexibilität. !

Der Schöpfer-Bewahrer

Als Schöpfer-Bewahrer liegt der Ausgangspunkt all Ihrer Entwicklungskraft in Ihren Stärken. Bewahren und pflegen Sie Ihre geistige Freiheit und die Neugier für neue, ungewöhnliche Denk- und Lebenswege, und vertrauen Sie Ihrer Energie und Begeisterungsfähigkeit. Wenn Sie diese wunderbaren Qualitäten konsequenter mit der Kraft des Finders verbinden können, indem Sie sich auch disziplinierter mit Fakten und Einzelheiten beschäftigen und sich einen gewissen Planungsrahmen setzen, werden Sie zufrieden sehen, wie Ihre Projekte in der Wirklichkeit wachsen (Ich weiß, im Kopf ist bereits alles fertig). Verbunden mit der Entschlossenheit und der mutigen Durchsetzungskraft des Jägers haben Sie die Möglichkeit, viel mehr zu verwirklichen, als Sie im Moment ahnen. Sie können die Kraft des Finders und des Jägers in sich fördern oder auch Menschen mit diesen Qualitäten in Ihrem Umfeld suchen, um sie für Ihre Projekte zu begeistern und sie darin einzubeziehen.

> Ihr Entwicklungsfeld liegt vor allem in den Bereichen der rationalen, analysierenden Wahrnehmung und der zielgerichteten Umsetzungskompetenz. !

Der Schöpfer-Jäger

Als Schöpfer-Jäger findet sich der Startpunkt jeglicher Entwicklung wie bei allen anderen Persönlichkeitstypen auch in Ihren Stärken. Mit Ihren beeindruckenden Qualitäten geistiger Flexibilität, visionärer

Kraft und Phantasie, verbunden mit Ihrem ergebnisorientierten Blick auf Ziele und Umsetzung, stehen Sie auf einem festen Fundament für Ihre weitere Entwicklung. Das müssen Sie sich immer wieder bewusst machen. Wenn Sie es zudem schaffen, noch die Genauigkeit, die Exaktheit und die Beharrlichkeit des Finders in Ihre Projekte zu integrieren, ergänzen Sie Ihre emotionale Überzeugungskraft. Im Blick auf die Gefühlswelt anderer kann Ihnen der Bewahrer helfen, die emotionale Kommunikation Ihres Gegenübers besser zu verstehen und vor allem auch anzunehmen. Hier würden sich für Sie ganz neue Wege auftun, auf denen Ihnen unerwartet neue Mitstreiter begegnen, die dann aus tiefster Überzeugung Ihre Vorhaben unterstützen.

Sie können die Eigenschaften des Finders und des Bewahrers in sich fördern oder auch Menschen in Ihrem Umfeld suchen, die diese Fähigkeiten haben.

> Ihr Entwicklungsfeld liegt vor allem in den Bereichen der faktenorientierten und der emotionalen, empathischen Kommunikation. !

Der Bewahrer-Schöpfer

Wenn Sie sich auf Ihre großartigen Stärken besinnen und Ihr flexibles Gestaltungstalent, Ihren entspannten Umgang mit Menschen und Ihre Hilfsbereitschaft mit mehr praktischen, konsequenten Lösungsstrategien verbinden, werden Sie Ihr persönliches Wachstum fördern. Träumen und denken Sie auch weiterhin, aber handeln Sie mehr. Sich von der Gewissenhaftigkeit und Beharrlichkeit, die Ihnen der Finder tagtäglich vorlebt, eine kleine Scheibe abzuschneiden, würde Ihnen helfen, Ihre tollen Ideen auch erfolgreich umzusetzen. Der Jäger lehrt Sie, dass Sie mit festgesteckten Zielen mehr Erfolge verzeichnen können, was Ihnen wiederum Möglichkeiten zu mehr gestalterischer Freiheit eröffnen könnte. Dabei würde es Ihnen zugutekommen, wenn Sie Konflikte klar, direkt und mutig ansprechen.

> Ihr Entwicklungsfeld liegt vor allem in den Bereichen der zielgerichteten Handlungskompetenz und der gewissenhaften Planung. !

Der Bewahrer-Finder 

Das Wachstumsfeld als Bewahrer-Finder besteht darin, dass Sie Ihre Stärken, wie tiefe Anteilnahme an den Gefühlen anderer, das Harmonisieren von Teams und Ihre systematische Herangehensweise an Aufgaben, weiter ausbauen. Gerade Ihre emotionale Intelligenz eröffnet Ihnen neue Wege, wenn Sie sie gezielter einsetzen. Ihr Potenzial liegt darin, von der Entscheidungsfreude des Jägers zu lernen und in der Kommunikation und der Bewältigung von Aufgaben Prioritäten zu setzen. Der Schöpfer lädt Sie ein, neue Wege auszuprobieren und das Leben auch im Moment zu genießen und nicht immer erst nach getaner Arbeit. Wenn Sie es schaffen, klare Schwerpunkte in Ihrem Leben zu definieren (Besser als Ihre geliebte To-do-Liste wäre eine Prioritätenliste!), dann werden Sie eine neue Lebens- und Arbeitsqualität erleben.

> Ihr Entwicklungsfeld liegt vor allem in den Bereichen der rationalen (priorisierenden) Handlungskompetenz und der zielgerichteten Kommunikation. **!**

Der Finder-Bewahrer 

Am erfolgreichsten sind Sie in Ihrer Entwicklung, wenn Sie sich fest auf Ihre wesenseigenen Stärken stützen. Ihre kontinuierliche, qualitätsorientierte Arbeitsweise, Ihr analytischer Sachverstand und Ihre Fähigkeit zur Empathie sind Erfolgsfaktoren, auf denen Sie aufbauen können. Verbinden Sie diese Kompetenzen stärker mit der Entschlossenheit und Durchsetzungskraft des Jägers und holen Sie sich die Unterstützung des Schöpfers, der Sie mit neuen Ideen und Weitblick nach vorn bringt. Sich aktiv einzubringen, Ihr eigenes Licht nicht unter den Scheffel zu stellen und für sich selbst einzustehen, all das können Sie vom Jäger und Schöpfer lernen. Um diese Fähigkeiten auch bei sich selbst zunehmend abrufen zu können, suchen Sie den regelmäßigen Umgang mit diesen Persönlichkeitstypen.

> Ihr Entwicklungsfeld liegt vor allem in den Bereichen der rationalen (kontextuellen) Wahrnehmung und der Konfliktkompetenz. **!**

Der Finder-Jäger

Ihr Entwicklungsmotor liegt in Ihren Stärken, die Sie immer weiter verbessern und ausformen sollten. Ihr analytischer Sachverstand, gepaart mit der Beharrlichkeit, mit der Sie all Ihre Projekte zielgerichtet umsetzen, bildet eine stabile Plattform für Ihre persönliche Entwicklung. Wenn Sie Ihre Fähigkeiten mit der Flexibilität des Schöpfers und seiner Offenheit für neue, innovative Wege koppeln können, haben Sie die Möglichkeit, bessere Ergebnisse zu erzielen. Die teamorientierte Gefühlsintelligenz des Bewahrers beflügelt Ihre Mitstreiter, Sie mit Begeisterung bei der Umsetzung Ihrer Ziele zu unterstützen.

Sie können die Kraft des Bewahrers und die Energie des Schöpfers in sich aktivieren oder mit Menschen verstärkt in Kontakt treten, die diese Eigenschaften mitbringen.

> Ihr Entwicklungsfeld liegt vor allem in den Bereichen der kontextualen Wahrnehmung von Situationen und der emotionalen Kommunikation. **!**

Kapitel 9 Das Fritzsche Prinzip – Häufige Fragen

Frage 1: Hilfe, ich bin jeder!

Ihr Testergebnis bescheinigt Ihnen die unterschiedlichsten Persönlichkeitstypen? Sie sind jeder? So sind Sie beispielsweise in der Mimik ein Jäger, in der Gestik ein Bewahrer, im Tonfall ein Schöpfer und in der Körperhaltung ein Finder? Kann das sein? Ein klares Nein. Sie können auf der körpersprachlichen Klaviatur nicht gleichzeitig alle Persönlichkeitstypen sein. Wäre dem tatsächlich so, hätten Sie eine schwerwiegende psychische Störung und lebten in multiplen Persönlichkeiten. Davon wollen wir hier nicht ausgehen. Meist sind es simple Wahrnehmungsfehler, die die Resultate verzerren. Menschen, deren Ergebnis im Körpersprache-Test nicht eindeutig ist und die dann noch im Verhaltenstest sehr gegenteilige Aussagen erhalten, geben mir in Coachings und Seminaren sehr oft das Feedback, dass sie sich in Ihrer Umgebung mit vielen Missverständnissen und Konflikten herumschlagen müssen. Die Ursache scheint recht eindeutig: Wie wir uns selbst sehen und wie unser Umfeld uns einschätzt, stimmt nicht miteinander überein. Wir senden zwiespältige Signale zwischen dem, was wir meinen und dem, was wir sagen. Das irritiert natürlich die Menschen, die uns umgeben. Was ist zu tun?

Sie beschäftigen sich nochmals genauer mit Ihrem Körpersprache-Profil. Darauf können Sie bauen. Analysieren Sie Ihre Körpersprache nochmals und gemeinsam mit einer Person, der Sie vertrauen. Sie wissen ja: Vier Augen sehen mehr als zwei! Welche Fehleinschätzungen finden Sie? Bitte korrigieren.

Oder: Zäumen Sie das Pferd von hinten auf. Lassen Sie das Testkapitel erst mal links liegen und lesen Sie die Auswertungen der einzelnen Persönlichkeitstypen. Markieren Sie, wo Sie sich am besten wiederfinden. Welcher Typus kristallisiert sich heraus? Machen Sie den Test dann nochmal zum Schluss.

Frage 2: Wechselt meine Körpersprache nicht von Situation zu Situation und ändert sich damit nicht mein Persönlichkeitstyp?

Natürlich ist Ihre Körpersprache situationsabhängig. In gelöster psychischer Verfassung werden Sie auch entspannte Körpersignale senden. Ebenso passen sich Ihr Gesichtsausdruck, Ihre Gestik und alle anderen Körpersprache-Marker in einem freudigen Gemütszustand oder heftigem Stress Ihren Gefühlen an. Allerdings – und das ist das Entscheidende – jeder Persönlichkeitstyp bewegt sich innerhalb seines eigenen Körpersprache-Areals, so vielfältig und groß es in seinen Ausdrucksformen auch sein mag.

So zeigt sich die Freude des Finders beispielsweise sehr viel zurückhaltender als die des Schöpfers. Der Schöpfer drückt seine gute Stimmung eher in großen, fließenden, lebhaften Gesten, einem strahlenden Lächeln, einem singenden Tonfall mit hoher Sprechgeschwindigkeit und einer oft wechselnden Körperhaltung aus. Auf den Finder würden diese Gefühlsbezeugungen zu übertrieben und damit unangemessen erscheinen. Er zeigt glückliche Momente in ruhigerer Körpersprache an, die ihm eigene aufrechte, korrekte Körperhaltung bleibt erhalten. Ebenso verhält es sich mit dem Bewahrer und dem Jäger – auch sie spielen auf ihrer eigenen Tonleiter der Körpersprache. Die speziellen Körpersprache-Marker, wie Sie sie im Körpersprache-Test für sich analysiert haben, stellen charakteristische Merkmale der Persönlichkeitstypen dar. Diese werden situationsabhängig mit unterschiedlichen Körpersprache-Signalen abgerufen. Die grundsätzliche Körpersprache-Signatur der Persönlichkeitstypen bleibt aber in unterschiedlichsten emotionalen Zuständen erhalten. Das bedeutet, dass Ihr Persönlichkeitstyp situationsübergreifende Gültigkeit besitzt.

Frage 3: Kann sich meine Körpersprache im Laufe der Zeit ändern?

Die Körpersprache ist Ihr Fingerabdruck vom Ich. Das heißt, die Körpersprache ist mit Ihrem Wesen verwoben und Ausdruck Ihrer Gefühle und Gedanken. Da unsere Persönlichkeit sowohl erblich ist als auch im Erziehungsprozess geformt wurde, ist sie im Fundament äußerst stabil. Viele von uns können ein Lied davon singen, wenn wir über Jahre immer wieder versuchen, bestimmte grundsätzliche Verhaltensmuster zu ändern. Oft erscheint es uns wie Sisyphos-Arbeit. (Nach dem geflügelten Wort nach der Geschichte um den tragischen Helden der griechischen Mythologie, der als Strafe von Göttervater Zeus auf Ewigkeit einen schweren Felsblock einen Berg hinaufrollt, der immer wieder herabrollt und das Ganze dann wieder von vorn beginnen muss.)

Wichtig ist an dieser Stelle, dass wir unsere grundsätzliche Persönlichkeit, also ob wir eher zielorientiert, analytisch, gestaltend oder beziehungsfokussiert veranlagt sind, nicht mit einzelnen Verhaltensweisen verwechseln, die wir als unangenehm empfinden. So stört es Sie vielleicht an sich selbst, dass Sie anderen immer wieder ins Wort fallen und es Ihnen Mühe bereitet, geduldig zuzuhören und Ihre Gesprächspartner ausreden zu lassen. Sie reagieren demnach impulsiv oder eben mit mangelnder Impulskontrolle. Sie können an diesem Charakterzug arbeiten und lernen, andere aussprechen zu lassen. Dennoch bleibt Ihnen der Wesenszug „Impulsivität" wesensimmanent. Denn auf der Lichtseite führt dieser Wesenszug gleichzeitig zu Spontanität und schneller Begeisterungsfähigkeit. Und Hand aufs Herz: Wollen Sie wirklich auf diese positiven Auswirkungen dieses Verhaltensmerkmals verzichten? Das heißt, Ihr grundlegendes Ich und dessen Ausdruck in der Körpersprache bleiben erhalten und damit die Beständigkeit der Testergebnisse. Die Reflexion der Auswertung kann Ihnen aber helfen, dass Sie die Stärken mehr ausbauen, an Selbstklarheit gewinnen und die Schattenseiten mehr und mehr integrieren und besser beherrschen können.

Frage 4: Mir gefällt mein Testergebnis nicht. Ich wäre lieber ein Jäger!

Aussagen wie diese begegnen mir nach den Testergebnissen immer mal wieder. Der Bewahrer wäre gern mehr Jäger. Der Finder will ein Schöpfer sein. Oder umgekehrt – eine recht menschliche Eigenschaft, dass wir gern haben wollen, was andere besitzen. Dass wir manchmal sein wollen, wer wir nicht sind. An sich nichts Schlimmes, aber für die Lebensqualität dann doch. Denn wenn wir ablehnen, wer wir in unserem Inneren sind, lehnen wir auch die Stärken ab, mit denen wir beschenkt geworden sind. Stärken sind aber das sicherste Fundament, auf dem wir uns entwickeln können. Indem wir unser Wesen ablehnen, stoppen wir unseren Entwicklungsprozess und das langfristig mit verheerenden Folgen auf unsere Lebensqualität. „Erkenne dich selbst!", mahnte uns bereits der antike Philosoph Sokrates. Der Weg der Selbsterkenntnis ist die Voraussetzung für ein erfülltes Leben, das unserem Naturell entspricht. Sollten Sie nun immer noch den Wunsch verspüren, mehr wie ein anderer Persönlichkeitstyp zu sein, dann schauen Sie sich bitte jetzt nochmal Ihr Testergebnis im Hinblick auf Ihre Stärken an. Überlegen Sie, wie diese Vorzüge Ihrer Persönlichkeit Sie unterstützen. Denken Sie an die vielen Beispiele aus Ihrem Alltag. Wollen Sie tatsächlich auf diese Qualitäten verzichten?

Der Mensch, die reflektierendste Spezies der Welt, ausgestattet mit der Fähigkeit, abstrakt zu denken und sich selbst zu erkennen, steht in diesem Punkt hinter der Tierwelt zurück. Wir vergeuden oft viel (Lebens-)Zeit mit dem Versuch, anders zu sein. Kennen Sie einen Löwen, der statt zu jagen, zu fressen und sich fortzupflanzen, nur unter dem Baum sitzt und sich wünscht: „Wäre ich doch ein Adler!" Was würde passieren? Da sich keine Beute freiwillig vor den Löwen legt, würde dieser jämmerlich verhungern und sterben. So hungern auch wir im übertragenen Sinne aus, seelisch, gefühlsmäßig, geistig und in unserer Lebenskraft, wenn wir nicht leben und gestalten, wer und was wir sind. Sondern untätig träumen, wer und wie wir sein könnten. „Aber der Vergleich hinkt doch!", rufen Sie jetzt vielleicht empört aus. „Der Löwe kann ja schließlich nicht denken wie wir!" Sie haben völlig Recht – aber von dieser Selbstverständlichkeit, dass man ist, wer man ist, davon können wir lernen.

Stehen Sie also zu sich und machen Sie das Beste daraus! Einerlei, ob Sie nun als Jäger, Finder, Schöpfer oder Bewahrer sich selbst und die Welt mit Ihren Eigenschaften und Fähigkeiten bereichern.

Frage 5: Erhalte ich in meiner beruflichen Rolle im Vergleich zur privaten ein anderes Testergebnis?

Es kommt darauf an, inwiefern Sie sich in der beruflichen Rolle von Ihrem eigenen Ich wegbewegen. Das heißt, es kann durchaus sein, dass Sie im privaten Test ein Bewahrer-Finder sind, im beruflichen Kontext aber ein Jäger-Finder. Bei diesem Beispiel wären Sie auf Arbeit deutlich mehr auf zielorientierte und klare Ergebnisse fokussiert, als in Ihrem Persönlichkeitstypus veranlagt ist. Sie leben dann in einem Spagat, der viel Kraft kostet, weil Sie Eigenschaften abrufen müssen, die nicht Ihrem Inneren entsprechen. Viele Bewahrer wissen das, wenn sie als harmoniebegabte Menschen im Beruflichen plötzlich von permanenten Konflikten umgeben sind und diese lösen sollen. Anders als beispielsweise der Jäger, der Konflikte durchaus als konstruktive Reibungsfläche betrachtet, leidet der Bewahrer unter dem beruflichen Gewitter und gerät unter einen Druck, der ihn nicht selten bis nach Hause und in die Nacht begleitet. Durch meine Arbeit weiß ich, dass das nicht selten passiert. Was können wir also tun? Auch hier helfen uns unsere Kerneigenschaften, denn sie sind gleichzeitig die Quelle unserer Erholung und Regeneration. Wenn Sie in der Dominanz beispielsweise ein Finder sind, brauchen Sie es, in Ruhe, konzentriert und allein zu arbeiten. Hat Sie Ihre berufliche Wahl aber in ein Großraumbüro verschlagen oder beispielsweise in eine Werbeagentur, wo naturgemäß viele Schöpfer zu finden sind, dann brennen Sie als Finder schnell aus.

Sie können in Ihrer Freizeit entgegensteuern. Stille Stunden am Wochenende, in denen Sie mit sich selbst sein können, wenig Aktionismus und ausgewählt geplante Besuche von Freunden helfen Ihnen, wieder ins innere Gleichgewicht zu kommen – wenn Sie ein Finder sind. Der Schöpfer regeneriert sich beispielsweise über schöne Erlebnisse, die er spontan gestaltet; der Bewahrer mit Familienaktivitäten; der Jäger, indem er ein selbstgestecktes Ziel erreichen kann.

So können Sie Defizite zwischen der gewählten Rolle und Ihrer eigentlichen Wesenseignung ausgleichen und auch im beruflichen Umfeld mit Freude und Energie arbeiten. Ist der Spagat zwischen Ihrer beruflichen Rolle und Ihrem Persönlichkeitsprofil jedoch zu groß und Sie bemerken, dass sich Signale wie depressive Verstimmung, Gedankenkreisen und innerliche Unruhe gerade auch in freien Stunden bemerkbar machen, besteht Handlungsbedarf. Testen Sie noch einmal Ihre Körpersignale und Eigenschaften in Hinblick auf Ihre berufliche Rolle und vergleichen Sie die Ergebnisse. Haben Sie das Gefühl, dass Sie in Ihrem Job in eine gänzlich fremde Haut schlüpfen müssen? Wenn ja, erarbeiten Sie Alternativen. Das muss nicht immer den Wechsel der Arbeitsstelle oder des Berufs bedeuten, Sie können sich auch innerhalb Ihres Unternehmens oder Ihrer Selbstständigkeit nach Tätigkeiten umsehen, die eher Ihrem Wesen entsprechen. Halten Sie die Augen offen und handeln Sie! Selten bis nie erledigen sich Probleme oder Konflikte dadurch, dass Sie die seelischen Hilferufe Ihres Inneren ignorieren. Ist der Energiepegel erst so weit gesunken, dass Sie von einer depressiven Verstimmung in eine Depression übergleiten, wird es Ihnen umso schwerer fallen, die Energie für eine Analyse und den daraus folgenden Entscheidungen und Handlungen aufzubringen. Deshalb: Handeln Sie! Lesen Sie dazu noch einmal Kapitel 7.

Frage 6: Kann ich auch meine Kinder testen?

Das ist eine oft gestellte und schwierige Frage. Aus mehreren Gründen: Zum einen ist der Verhaltenstest mit seinen Begrifflichkeiten nicht kindgerecht, sondern auf die Lebenswirklichkeit von Erwachsenen ausgerichtet. Kinder können Begriffe wie „ergebnisorientiert" oder „improvisierend" aus ihrer Lebenswirklichkeit heraus oft nicht richtig beantworten, weil sie dazu andere Assoziationen haben oder den Begriff schlicht noch nicht verstehen können. Zum anderen durchlaufen wir in der Kindheit viele Veränderungsphasen; die einprägsamste ist sicherlich die Pubertät. Diese Ausnahmephase als Übergang vom Kind zum jungen Erwachsenen ist für einen aussagefähigen Test wenig geeignet.

Meine Empfehlung ist es, das komplette Testverfahren auf keinen Fall vor Abschluss der „heißen Phase" der Pubertät durchzuführen. Das ist je nach Entwicklungsstand Ihres Kindes zwischen dem 16. und 18. Lebensjahr. Der Test kann dann durchaus auch als eine Vororientierung für eine spätere Berufswahl dienen oder die Entscheidung für eine Studienrichtung unterstützen.

Dennoch kann ich aus meinen Erfahrungen und Studien heraus sagen, dass sich der dominante Persönlichkeitstypus schon früh in unserem Leben zeigt. Eine Frau in meinem Coaching formulierte es einmal so: „Schon direkt nach der Geburt hatte ich das Gefühl, dass mich ein Finder anschaut. Konzentriert, ernsthaft und ruhig. Ich bin ja ein Schöpfer und damit begann meine Herausforderung, die bis heute anhält. Während ich gerne spontan entscheide, braucht mein Sohn David einen ganz festen Rhythmus und liebt langes, ruhiges Spielen, am liebsten nur mit einer Person oder einem Spielpartner aus dem Kindergarten. Das ist für mich eine große Umstellung, denn sobald ich eine Aussage zurücknehme, zum Beispiel: 'Nach dem Mittagessen gehen wir doch nicht auf den Spielplatz, sondern mit Paul in den Zoo.', reagiert mein Kind irritiert, fast ein wenig ängstlich. So, als hätte ich ihm jede Sicherheit genommen. Auch in seinem Zimmer muss alles seinen festen Platz haben, damit er sich wohlfühlt."

Die Beschreibung der Mutter können Sie vielleicht selbst nachvollziehen oder haben Ähnliches in Ihrem Freundeskreis schon einmal gehört oder selbst beobachtet. Ob sich der kleine David später als ein Finder-Jäger oder Finder-Bewahrer entpuppt, wird noch einige Entwicklungsphasen in Anspruch nehmen. Die subdominante Komponente wird im Prozess des Erwachsenwerdens noch stark von äußeren Prozessen und Einflüssen gesteuert. Was Sie aber dennoch tun können, um Ihr Kind möglichst wesensnah zu begleiten und zu unterstützen: Beobachten Sie die Körpersprache Ihres Kindes. Daraus können Sie die dominante Persönlichkeitsstruktur ableiten und erkennen, was es besonders braucht, um seine Stärken prächtig zu entwickeln.

Im Falle des kleinen David wäre das ein gut strukturierter Tagesablauf, feste Rituale, gemäßigte Emotionen im Umgang (für ihn wirken die emotionalen Ausbrüche des Schöpfers eher verstörend), dazu viel Sicherheit und Ruheinseln. Spiele, die das analytische Denken anregen oder mit denen er systematisch über einen längeren Zeitraum etwas aufbauen kann, sind besonders gut auf sein Naturell zugeschnitten. Wichtig ist es für David, Sachen, die er begonnen hat, auch zu Ende zu führen. Über die Brücke sicherer, sich wiederholender Abläufe kann

David dann mehr und mehr einen flexibleren Ablauf aushalten und daran wachsen.

Haben Sie auch ein Kind, das ganz anders „tickt" als Sie selbst? Freuen Sie sich darüber, auch wenn dies für Sie mehr Anstrengung bedeutet. Denn hier üben Sie tagtäglich, sich in Worten und Gesten in die Lebenswirklichkeit eines anderen Persönlichkeitstypus hineinzuversetzen.

Frage 7: Mein Kollege und ich sind beide Bewahrer-Finder. Wir verstehen uns zwar sehr gut und ticken ähnlich, haben aber doch einen anderen Charakter. Haben wir im Test etwas falsch gemacht?

Im Gegenteil, Sie haben alles richtig gemacht. Sie haben herausgefunden, dass Sie ähnlich „ticken". Das heißt, als Bewahrer-Finder gibt es zwischen Ihnen beiden kaum Reibungspunkte, weil Sie gleiche grundsätzliche Rahmenbedingungen, ähnliche Herangehensweisen, Arbeits- und Sichtweisen, aber auch die Arbeitsgeschwindigkeit verbindet. Die charakterlichen Besonderheiten sind jeweils Teil Ihrer individuellen Lebensgeschichten und der unterschiedlichen Gene. Sie sind beide „Unikate". Diese Feinheiten im Charakter sollen und müssen so sein; der rationale und emotionale Gleichklang mit Ihrem Kollegen ergibt sich aus Ihrem gleichen Persönlichkeitstyp.

Frage 8: Kann man wirklich in acht Persönlichkeitstypen die ganze Bandbreite des Körpersprache-Ichs abbilden?

Die grundsätzlichen nonverbalen Ausdrucksformen und deren Bedeutung bilden diese acht Persönlichkeitstypen ab, ja. Das haben tausende Tests bewiesen. Aber der ganz persönliche Fingerabdruck der eigenen Persönlichkeit ist und bleibt so einzigartig wie Sie selbst. Lesen Sie bitte dazu auch die Antwort für Frage 9.

Frage 9: Wenn ich im Testergebnis mit 19:0 ein eindeutiger Jäger-Finder und meine Frau ein knapper Jäger-Finder mit einem Ergebnis von 11:8, haben wir dann nicht auch ganz verschiedene Charaktere?

„Alle Charaktere sind aus denselben Elementen zusammengesetzt; nur die Proportionen machen den Unterschied aus." (Théodore Jouffroy)

Zunächst ist es wichtig, noch einmal zu verstehen, dass der individuelle Charakter und grundsätzliche Persönlichkeitsmerkmale nicht ein und dasselbe sind. Die Persönlichkeitsmerkmale, die sich in Ihrem Körpersprache-Ich und in Ihrem Verhalten spiegeln, zeigen die grundsätzliche Tendenz Ihrer Individualität, wie in diesem Buch besprochen. Der Charakter eines Menschen selbst differenziert sich durch ganz persönliche Erlebnisse und Lebenserfahrungen, durch ererbte Anlagen und erlernte Muster noch einmal ganz individuell heraus. Das heißt, dass selbst zwischen Menschen mit ganz ähnlichen Testergebnissen Unterschiede in den charakterlichen Feinheiten, Vorlieben und Interessen auftreten. Aber die grundlegende Richtung des Denkens, Wahrnehmens, der Kommunikation und des Konfliktverhaltens stimmt überein. Das bedeutet für die oben gestellte Frage: Natürlich haben Sie und Ihre Frau unterschiedliche Charaktere, unabhängig vom Testergebnis. Als Persönlichkeitstyp sind Sie beide Jäger-Finder. Während bei Ihnen die typischen Merkmale des Jäger-Finders sehr ausgeprägt sind, schwächen diese sich bei Ihrer Frau ab. Ihre Frau trägt mehr Anteile eines beziehungsorientierten Verhaltens in sich, also mehr Aspekte vom Bewahrer als Sie selbst. Insofern unterscheidet sich Ihr Persönlichkeitstypus in der Ausprägung der Intensität der für Jäger-Finder typischen Aspekte.

Ein abschließendes Wort für alle, die sich immer noch fragen: Welcher Persönlichkeitstyp ist denn nun der Beste?

Die Antwort ist: Jeder! Jeder, der auf seine ureigenen Stärken zurückgreift und darauf aufbaut, ist der Beste. Schielen Sie nicht unglücklich auf die Stärken anderer. Denn dort liegen nicht Ihre Entwicklung, Ihr Glück und Ihre Erfolge.

Es soll ein Leben sein, von dem Sie sagen: „Ja, das passt zu mir. So fühle ich mich wohl und ganz ich selbst!" Denn es geht nicht darum, sich so verbiegen, dass Sie sich in jede Situation einfügen. Im Gegenteil: Ändern Sie selbst die Dinge so, dass die Lebensumstände zu Ihnen passen – ob in kleinen Schritten oder eben mit einem großen Sprung. Kurzum:

Gestalten Sie Ihr Leben passend zu Ihrer einzigartigen Persönlichkeit!

Literatur

Ausgewählte Literatur

Körpersprache

Birkenbihl, Vera; Signale des Körpers; mgv Verlag 1998.
Bruno, Tiziano / Adamczk, Gregor; Körpersprache; Haufe Verlag 2004.
Bruno, Tiziano / Adamczk, Gregor; Karrierefaktor Körpersprache; Haufe Verlag 2005.
Ekman, Paul; Gefühle lesen; Spektrum Akademischer Verlag 2010.
Ekman, Paul; Ich weiß, dass du lügst; Rowohlt Verlag 2011.
Molcho, Samy; Körpersprache; Goldmann Verlag 1996.
Molcho, Samy; Alles über Körpersprache; Goldmann Verlag 2001.
Morris, Desmond; Das Tier Mensch; vgs Verlagsgesellschaft 1994.
Morris, Desmond; Bodytalk; Heyne Verlag 1997.
Navarro, Joe; Menschen lesen; mvg Verlag 2012.
Navarro, Joe; Menschen verstehen und lenken; mvg Verlag 2012.

Empfohlene ergänzende Literatur

Drucker, Peter; The Future of Industrial Man; Transaction Publ. 1995.
Eibel-Eibesfeldt, Irenäus; Verhaltensforschung; Piper Verlag 2004.
Wirtschaft
Fritzsche, Silke; TV-Moderation; UVK Verlag 2009.
Gladwell, Malcolm; Blink!: Die Macht des Moments; Piper Verlag 2007.
Gladwell, Malcolm; Überflieger: Warum manche Menschen erfolgreich sind – und andere nicht; Piper Verlag 2010.
Handy, Charles; Gods of Management: The Changing Work of Organizations; Oxford University Press 1996.
Handy, Charles; Ohne Gewähr; Goldmann Verlag 1999.
Thompson, Richard; Das Gehirn, Spektrum Akademischer Verlag; 2001.

Arbeit kann Spaß machen

Das "Making of ..." des vorliegenden Buches.

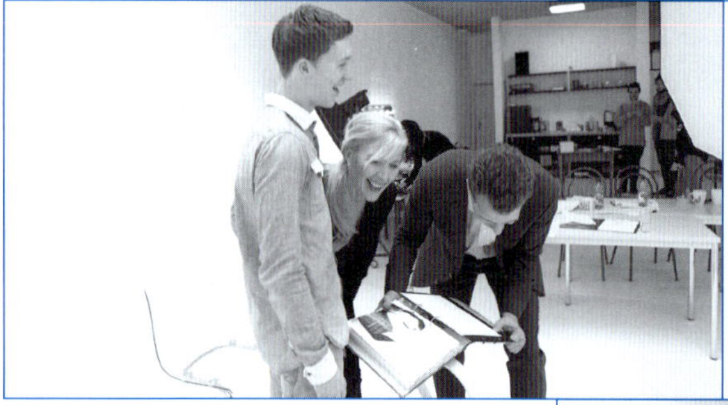

Danke

Während des Schreibens kommt eine Phase, da fragt man sich: „Warum schreibst du eigentlich dieses Buch? Gibt es nicht schon genügend Bücher? Ist es nicht besser, jetzt und sofort vom Schreibtisch aufzustehen und lieber einen Kaffee trinken zu gehen?“. In solchen Arbeitsflauten sind Begleiter, Unterstützer, Mitdenker und Menschen, mit denen man einfach mal herzlich lachen kann, ein Geschenk. Diesen Menschen möchte ich ganz herzlich danken.
Jeder von Ihnen hat auf seine ganz eigene Weise zum Gelingen dieses Buches beigetragen:

Ich danke Sandra Maxeiner für ihre große Offenheit, sich auf die Ideen ihrer Autorin einzulassen; René Kindermann für die unkomplizierte und fröhliche Zusammenarbeit beim Fotoshooting, Rolf-Christian Stratz für seine wichtigen inhaltlichen Feedbacks sogar zur Weihnachtszeit; Susann-Isabel Bendt für ihre unermüdliche Kommajagd; Susanne Gläser und Katrin Köstler für ihre grafische Unterstützung unabhängig von jeder Tageszeit; Sabine Kauffeld-Veigel für ihre sonnige Gelassenheit; Simone Dake für Sätze wie „Das wird schon!“; Roslinde Graupner und Joachim Graupner für hundert kleine und größere Dinge, mit denen sie mir den Rücken frei gehalten haben und meinem Sohn Max-Magnus Fritzsche für sein Vertrauen in mich, sein Wohlwollen und die richtige Geste zur richtigen Zeit.

Letzter Punkt: JETZT gehe ich einen Kaffee trinken und schau mal, was im Café ohne Worte erzählt wird.

Aus unserem Verlag

Band I:
ISBN: 978-3-9523672-0-9
Preis: 59,95 €
944 Seiten

Psychologie einmal anders – „Dr. Psych's" Lehrbuch mit der Lustformel

Endlich ein Lehrbuch, das keine Grundkenntnisse voraussetzt und Ihrem Gehirn nicht nur trockenen Lehrstoff, sondern auch Abwechslung, Spaß, Unterhaltung und sogar Phasen der Entspannung bietet. Das glauben Sie nicht? Lassen Sie sich überraschen und gehen Sie mit Ihrem Dozenten "Dr. Psych" auf eine spannende Reise durch die menschliche Seele. Sie werden begeistert sein.
In Band I beginnen wir mit einem Überblick über die Häufigkeit psychischer Erkrankungen und machen Sie mit Grundbegriffen, Berufsgruppen, Klassifikationssystemen sowie mit den psychopathologischen Symptomen und Syndromen vertraut. Außerdem vermitteln wir Ihnen einfach und verständlich neurophysiologisches, diagnostisches und gesetzliches Basiswissen und stellen Ihnen die wichtigsten Psychotherapieformen und ihre Anwendungsbereiche vor. Wir erläutern Symptome, Ursachen und Therapiemöglichkeiten organischer Störungen (F0), deren bekannteste die Demenz ist.
Anschließend widmen wir uns Verhaltensstörungen, die durch den Missbrauch psychotroper Substanzen (F1) wie Alkohol und Drogen entstehen, ihren Folgeerkrankungen und Behandlungsmöglichkeiten.
Dann stellen wir Ihnen eines der schwersten psychischen Störungsbilder vor, die Schizophrenie (F2), und zum Schluss geht es um depressive und manische Erkrankungen, die Affektiven Störungen (F3), die unsere Stimmungslage massiv beeinflussen.